U0518181

元宇宙数字世界

技术迭代、应用生态
与全球产业趋势

中金公司研究部　中金研究院　著

中信出版集团 | 北京

图书在版编目（CIP）数据

元宇宙数字世界：技术迭代、应用生态与全球产业趋势 / 中金公司研究部，中金研究院著 . -- 北京：中信出版社，2023.10

ISBN 978-7-5217-5834-4

Ⅰ . ①元… Ⅱ . ①中… ②中… Ⅲ . ①信息经济－研究 Ⅳ . ① F49

中国国家版本馆 CIP 数据核字（2023）第 115458 号

元宇宙数字世界：技术迭代、应用生态与全球产业趋势

著者：　　中金公司研究部　中金研究院
出版发行：中信出版集团股份有限公司
　　　　　（北京市朝阳区东三环北路 27 号嘉铭中心　邮编　100020）
承印者：　北京盛通印刷股份有限公司

开本：787mm×1092mm　1/16　　　印张：16.5　　　　　字数：310 千字
版次：2023 年 10 月第 1 版　　　　印次：2023 年 10 月第 1 次印刷
书号：ISBN 978-7-5217-5834-4
定价：78.00 元

版权所有·侵权必究
如有印刷、装订问题，本公司负责调换。
服务热线：400-600-8099
投稿邮箱：author@citicpub.com

目 录

规则篇

应用篇

风险篇

前　言

　　人类正面临着百年未有之大变局：新冠肺炎疫情席卷全球，世界逐步进入动荡和变革期，全球化遭遇逆流，与此同时，全球经济发展面临下行风险，技术进步与商业范式创新逐步趋缓，人类的生产生活正面临着前所未有的挑战与考验。在大变局之中，危和机同生并存。人类开始寻找重返先进生产力的新大陆，试图创造全新的土地、资源和生产力，建立全新的生产关系，形成和谐共生的社会治理体系，而这片虚拟的新大陆就是"元宇宙"。

　　仰望着元宇宙的星空，本书脚踏实地地对元宇宙进行了详细而深入的描摹与分析。

　　算力网络、AI（人工智能）、建模与渲染引擎，以及 VR/AR（虚拟现实 / 增强现实）设备等技术能力与基础设施，是元宇宙得以存续并塑造强烈真实感与交互性的根基。通过回顾技术能力的发展历程与应用推广脉络，本书对技术的迭代方向和全球产业的动态趋势进行了分析和展望。在底层技术能力的加持之下，上层体系与应用才能实现"内外兼修""虚实相生"。

　　建立在技术能力与基础设施之上的，是元宇宙中新的经济金融体系与社会治理体系。在经济金融体系方面，元宇宙通行证 NFT（非同质化通证）发挥着确权作用，参与构建新型互联网身份；DeFi（去中心化金融）体系是由智能合约构成的积木式生态系统，要重塑真正的信任仍需底层价值支撑，经济金融体系与元宇宙的融合发展具备极大的可能性。在社会治理体系方面，Web 3.0 是后端生产关系的创新，为各行各业的发展提供了"生态共荣"成长模型的解决方案，驱动建立了 DAO（去中心化自治组织）。社会治理体系尚存挑战，人类需要摸着石头过河，在发展中解决问题。

应用生态是元宇宙技术与体系的最终落脚点，也是虚拟世界与现实世界的交会点。VR/AR 游戏是沉浸式娱乐的新模式，也是新一代内容承载终端。在初级场景之上，将不断叠加真实生活场景，最终实现空间升维和虚实互联；虚拟人将以数字分身、AI 共生的形式在人文与科技的交互点上释放价值，成为元宇宙与现实世界的接口。

元宇宙的发展仍然面临着挑战与风险：技术创新与进步可能不及预期，经济金融体系的核心机制建设仍然不完善，去中心化体系下的隐私保护与监管的平衡难题还未找到完美答案，内容生态的上线和商业化进程可能速度缓慢……对于这些挑战与风险的反思引导着、驱动着我们完善技术能力，不断优化体系建设与监管，构建符合人民利益和美好畅想的元宇宙。

开 篇

第一章

元宇宙：
空间升维、时间延展、社会重构

如何定义元宇宙

元宇宙：从虚拟现实到数字世界

元宇宙的定义不断扩充。 最初的元宇宙是"新瓶装旧酒"，由混合现实和数字孪生技术的一种新说法开始发展，其定义和内涵不断扩充，不断地将区块链、加密货币、DAO、Web 3.0 等概念吸纳融合，时至今日已经成为一个庞然大物。我们在讨论元宇宙的时候，仿佛是在讨论一切，但又难以将其具象化为一个简单的事物。

清华大学新闻与传播学院沈阳教授认为："元宇宙基于扩展现实技术提供沉浸式体验，基于数字孪生技术生成现实世界的镜像，基于区块链等技术搭建经济体系，将虚拟世界与现实世界密切融合。"[①] 扩展现实技术服务于"由虚向实"，数字孪生技术服务于"由实向虚"。在这两项技术的帮助下，我们终将在技术上实现"虚实相生""虚实融合"。但若止步于此，元宇宙就真的只是一个"新瓶装旧酒"的概念了。源自加密学的区块链技术与去中心化理念的加入，或使元宇宙给现有社会秩序与制度带来根本性改变。

---

① 清华大学新闻与传播学院新媒体研究中心，《2020—2021 年元宇宙发展研究报告》，2021 年。

综合以上思考，**我们将元宇宙定义为：以混合现实和数字建模等技术为基础，以去中心化思想构建的拥有崭新经济、身份、制度体系的数字世界。**

元宇宙是基于多种技术打造的虚实相生的数字世界，打通了线上线下次元壁，给用户带来了沉浸式体验。基于现有的技术认知，元宇宙中的数字世界将在虚拟世界场景、用户参与深度方面有所升级。在虚拟世界场景方面，元宇宙是平行于现实世界的时空，但该数字世界并非局限于对现实世界的数字复刻，而是会逐步发展到数字原生阶段，在对现实世界实现精准孪生复刻之后，借助 AI 等技术在元宇宙数字世界中开发新场景。在用户参与深度方面，元宇宙中的用户不仅能观看内容，而且能全身心地沉浸式交互，打通视觉、听觉、触觉、嗅觉、味觉、第六感等感官及认知体验，全面实现沉浸式状态，从在媒介之外的观看式互动模式，发展到生于媒介的深度交互模式。

元宇宙：去中心化思想重构的新型社会形态

现有的经济社会形态与秩序严重依赖中心化平台，致使垄断和信息泄露等问题突出。现有的社会形态与运行规则是中心化的，本质源自人与人之间难以建立起信任体系，因此演化出了具有公信力的中心化平台，为用户的信用背书并保障用户的权利。但随着平台经济的快速、野蛮增长，中心化机构出于商业目的大量收集个人隐私数据，平台垄断与个人信息泄露问题日益严峻。

去中心化弥补了现实世界中缺失的信任体系，重塑了元宇宙特殊的社会形态。区块链具有分布式、公开、加密三大特点，是一种"世界账本"和可信的协议（The Trust Protocol）。其公开账本的透明性为用户的诚实行为提供了强大的激励机制，不诚实行为则具有极高的成本，这驱动了互不信任的集体的利己动机，形成无信任的信任（Trustless Trust），架设了去中心化的信任桥梁。区块链技术保障了数据的不可篡改、全程可追溯，以去中心化的方式解决了社会交往中的信任构建难题，从经济体系、身份体系、治理体系 3 个方面重构了现有的社会形态，构成了元宇宙世界超越互联网时代的核心特点。

元宇宙拥有自由的身份体系

元宇宙赋予个体主动根据自我意识构建数字身份的权利，相较中心化平台中被标签化的数字账号具有超越性。在互联网时代的发展中，人们在不同的平台拥有不同的数字账号，按照中心化平台的规则与其他用户交互，并被平台按照特性赋予标签归类，个人的特性被磨平，只保留了标签化的符号。而去中心化技术提供了自由且开放的源代码，数字居民可以自由编辑并创造自己的多重身份及特征，打造更多元、立体的数字身份，形成个性的延伸。

元宇宙中数字身份无须与物理真实身份绑定，这将超越现实的制约，成为个人意识与精神的化身。在元宇宙构建身份的过程中，身体的主体地位被弱化，取而代之的是以意识作为媒介，是基于自我意识构建的数字身份。在元宇宙中，自由且开放的源代码赋予个人定制超现实化身的权利，化身可以根据自我意识或情绪的变化而改变，个人也可以定制多个化身，使得数字身份具有角色易变性和映射多重性，极大丰富了元宇宙文化的自由度与丰富度，形成了更加立体多元的数字身份。

元宇宙拥有自洽的经济体系

元宇宙的价值形成功能通过设定产权来实现，人为构建了数字世界中的稀缺性，创造了供给与需求，是形成经济循环的前提条件。数字世界带来了零复制成本，任何商品都可以无限供给，数字商品仿佛取之不尽的空气。正如没有人愿意为空气付费一样，消费者无法因商品的稀缺性而产生效用进而购买，供给者也无法因得到回报而形成生产激励。稀缺性是产生交换价值的根源，人为构建稀缺性对元宇宙中的价值形成具有必要性。以区块链为底层技术的数字资产通过设定产权的方式构建了稀缺性，其中 NFT 代币最为流行。NFT 具有不可替代和不可分割的特点，代表了数字资产的产权，通过资产通证化（Asset Tokenization）人为构建了数字商品的稀缺性。区块链技术保障了数字商品的确权与溯源，使得数字资产产权 NFT 得以明晰，创造了供给与需求，在供需的交换中形成价值。

元宇宙中的价值转移功能在数字资产的初次交换、二级市场的流通中得以体现。在初次交换中，区块链及 NFT 保障了数字商品的确权，构建了稀缺性，创造了产品的交换价值，进而创造了供给与需求，价值转移功能在供需双方的交换中体现，形成了自由市场决定均衡价格。在二级市场流通中，NFT 作为有价代币，增强了数字资产的流动性和交易的活跃性，形成了更为灵活的价格调整，价值转移功能进一步增强。

去中心化也重塑了元宇宙经济体系中的供需双方，用户分别代替企业、家庭单位成为主要的生产单元、消费单元。随着区块链技术的不断完善，也将构建出代币激励系统，DAO 便可以在分布式的条件下保障去中心化平台的交易，许多用户逐步从纯粹的内容消费者变成了内容提供者，UGC（用户生成内容）产品将成为主流，用户则将取代企业成为最重要的生产单元。同时，用户还将取代家庭成为元宇宙中的基本消费单位。

传统形态与元宇宙新形态的经济循环情况如图 1-1 所示。

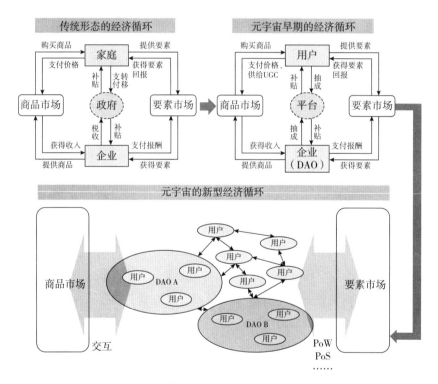

图 1-1 传统形态与元宇宙新形态的经济循环

资料来源：陈永伟、程华，《元宇宙经济：与现实经济的比较》，中金公司研究部，2022。

元宇宙拥有自治的制度体系

基于去中心化的治理架构与公开透明的治理规则，元宇宙可以实现公共自治的制度体系。DAO 基于区块链技术，以智能合约的形式将组织管理规则编码在区块链上，使得去中心化管理模式得以运转。在早期的元宇宙实践中，通常是由提供服务的平台来扮演管理者角色，而随着元宇宙的发展，DAO 可以组织社区内数字居民对各类方案进行不可篡改的公平投票，多方博弈后制定出组织治理规则，并将投票得出的社区治理规则以智能合约的模式编码在区块链上，以公开透明的方式进行治理，使得中心化的管理者角色逐步让位于更为广泛的公共选择。

元宇宙潜在的积极意义

元宇宙延伸出劳动力及"土地"等生产要素，创造了增量经济价值

劳动力维度：元宇宙打破了劳动力的时空限制

元宇宙通过打破时间与空间的壁垒，解除了人类开展传统生产活动的限制，从而扩大了劳动力生产要素供给。传统商务活动的开展往往需要所有人处在同一物理空间，这也给全球化背景下有广泛跨区域交流需求的现代人设置了障碍。诚然有诸如 Zoom（一款多人云视频会议软件）等线上会议形式，能够远程传递音视频信息，但其在体验感、沉浸感、仪式感上都大打折扣。一方面，元宇宙通过对现实世界的仿真和映射，配以强大的计算、协调和分析能力，能够实现超远距离的远程控制、场景感知和互动交流，从而省去了调整物理位移所需耗费的时间。另一方面，元宇宙让人们在同一时间、不同的元宇宙中做不同的事成为可能，进而延伸了现实的物理世界，最终更加充分地释放人类的生产能力。

以元宇宙虚拟办公软件 Gather 为例。Gather 专注于元宇宙的办公场景应用，其使用者可以沉浸式地模拟真实世界场景，仅需在虚拟空间中靠近其他用户即可进行交流，对话完毕离开后音画也随之淡出。同时，在虚拟场景中可以配合使用白板、沙发等内建物体，以超真实还原的办公场景，让商务活动高效运行。

"土地"维度：元宇宙创造新的空间与场景

元宇宙创造的新的空间与场景，打破了物理世界生产函数中土地等资源禀赋的供给瓶颈，驱动着经济持续高增长。物理世界中的土地、空间、自然资源是有限的，受限于资源禀赋的约束以及物质守恒定律，物理世界的经济无法实现永续增长。而元宇宙中的"土地"以数字化的形式存在，因而元宇宙能够提供增量的空间与资源，新的"土地"将带来新的商业模式、消费需求以及场景创新，进而带动经济增长。截至 2021 年末，元宇宙几大核心平台供给的虚拟土地总数约为424 665 块，假设单位地块年产值约为 5 万美元，那么现存的虚拟土地有望实现212 亿美元的市场空间，元宇宙有望打破物理世界生产函数中土地和资源供给的约束，驱动经济可持续增长。截至 2021 年末各公司提供的虚拟土地数量情况如图 1-2 所示。

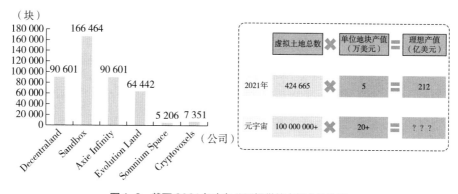

图 1-2 截至 2021 年末各公司提供的虚拟土地数量

资料来源：Decentraland，Sandbox，Axie Infinity，Evolution Land，Somnium Space，Cryptovoxels，中金公司研究部。

元宇宙重构生产关系，带来新的协作模式

区块链底层技术：重构信任机制，降低社会交易成本

在现实世界中，社会需要承担较高的成本以增加信任，信任由少数中心化机构掌控。现实世界缺乏有效的技术手段实现信任，因而人们需要通过中心化的中

介机构来增信。因此在贷款、司法、供应链金融、知识产权交易等商业链条中，增信机构作为重要一环创造了可信的交易环境，但同时导致了交易双方交易成本的增加，造成了社会资源的浪费。

区块链赋能下，元宇宙有望建立低成本的社会共识机制。 ISO（国际标准化组织）发布的《区块链和分布式记账技术术语》将区块链定义为使用密码技术链接，将共识确认过的区块按顺序追加而形成的分布式账本。根据区块链的运作机理，区块链将传统中心化认证的权力分配给每一个参与方，在竞争记账、最长链、共识、智能合约和非对称加密等底层技术的基石下[①]，建立起信任机制。将每一笔交易公开透明化，通过多方共识记录交易结果，所有人都知道交易的发生，没有人可以质疑交易的合法性，实现了可信、共识与防篡改[②]，在去中心化的底层，元宇宙有望降低社会承担的信任成本，建立信任、安全与透明的社会体系。

Web 3.0——打破 Web 2.0 阶段的互联网平台垄断问题

Web 2.0 阶段，平台经济运作过程中富集海量用户数据，对用户数据的掌控构成了互联网平台经济的坚实地基，进而成为垄断行为滋生的温床。 Web 2.0 阶段互联网赋予用户创作并分享内容的权利，平台企业首先通过技术的规模效应降低产品/服务的成本约束，再通过免费服务等手段积累用户数据。如此形成网络效应[③]从而实现边际成本递减，因此用户数据积累是平台规模效应的驱动力。此外，在电商的价值链中，通过提供免费的 C 端用户服务，平台基于用户数据挖掘以及精准的用户画像描绘，为 B 端企业提供增值服务从而变现，用户数据的积累是平台创造价值的核心生产力。通过梳理平台经济的运行机制与价值链，我们认为数据是平台企业的第一生产力，平台经济运行过程自然而然地沉淀海量用户行为数据，构成了垄断问题的基础。

Web 2.0 模式下中心化数据库存储赋予互联网平台掌控用户数据的权利，打

---

① 魏然，《区块链源起与信任机制重构》，2017 年。

② Ericsson, Blockchains and online trust, March 2019.

③ Michael L. Katz, Platform Economics and Antitrust Enforcement: A Little Knowledge is a Dangerous Thing, January 2019.

通垄断成因的最后一环。中心化 Web 2.0 架构下，用户需要以互联网平台为窗口与其他参与方交互信息，为获取服务，用户需要将身份识别数据、行为数据存储在平台储存应用程序状态的集中式数据库中，因而 Web 2.0 用户没有身份数据的控制权，头部互联网平台在细分板块占据着主体市场份额，平台承载的用户体量与数据规模成滚雪球式增长，在垂直场景占据一定的话语权后，部分互联网平台滥用流量、资金、数据等优势实施垄断，采取算法控制、价格操控、客户挟持、过度并购等垄断行为，损害生态圈层每一位参与者的利益。

Web 3.0 的去中心化架构使数据的控制权重返用户手中，Web 2.0 阶段的互联网平台垄断地位被打破。 Web 3.0 以区块链技术为依托，用户将个人的身份、行为、标签等数据存储在区块链的分布式节点中[1]，可以与其他用户点对点直接进行信息交互，而无须通过中心化的机构，若需要接受平台的服务，需要用私钥签署交易协议，则用户个人数据禁止被平台方用于商业用途。Web 3.0 消除了互联网平台在生态圈层中扮演的重要角色，取消了存储应用程序状态的集中式数据库，也没有后端逻辑所在的集中式 Web 服务器，打破了互联网平台的垄断地位，用户是自己数据的唯一保管人，真正实现了用户拥有自己的数据，而且交易得到了加密技术保障。

Web 2.0 与 Web 3.0 对比如图 1–3 所示。

DAO：基于共识的去中心化管理范式

在元宇宙中，DAO 打破了层级森严的管理架构，去中心化、代码化管理势能凸显。 DAO 是一种将组织的治理规则以智能合约的形式编码在区块链上，从而在没有中心化管理的情况下自主运行的组织形式。DAO 不存在中心化的节点与层级化的管理架构，管理不再是金字塔式而是社区自治。内部根据事前达成共识的规则治理，最大限度地降低信任成本。

---

[1]　高德纳咨询公司，巴克云 Web 3.0 圆桌论坛。

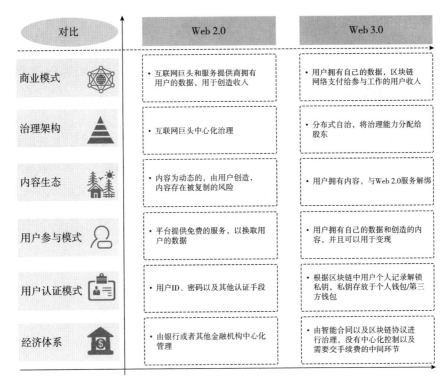

对比	Web 2.0	Web 3.0
商业模式	• 互联网巨头和服务提供商拥有用户的数据，用于创造收入	• 用户拥有自己的数据，区块链网络支付给参与工作的用户收入
治理架构	• 互联网巨头中心化治理	• 分布式自治，将治理能力分配给股东
内容生态	• 内容为动态的，由用户创造，内容存在被复制的风险	• 用户拥有内容，与Web 2.0服务解绑
用户参与模式	• 平台提供免费的服务，以换取用户的数据	• 用户拥有自己的数据和创造的内容，并且可以用于变现
用户认证模式	• 用户ID、密码以及其他认证手段	• 根据区块链中用户个人记录解锁私钥，私钥存于个人钱包/第三方钱包
经济体系	• 由银行或者其他金融机构中心化管理	• 由智能合同以及区块链协议进行治理，没有中心化控制以及需要交手续费的中间环节

图 1-3 Web 2.0 与 Web 3.0 对比

资料来源：高德纳咨询公司，中金公司研究部。

DAO 有望成为元宇宙中各类组织内部治理的底层范式。（1）DAO 是基于共识的去中心化管理范式，以去中心化治理机制解决现实世界中心化机构治理衍生出的问题，降低委托代理成本；（2）DAO 将社区治理规则与收入分配规则事先编入代码，以公开透明的方式运行，组织基于群体的共识运行，打破各角色参与方之间的信息不对称，创造信任关系；（3）在区块链技术的加持下，各参与方（开发者、用户、交换者、矿工）按贡献大小获取收益、享有投票权，使用代币激励参与方，可以降低中心化的管理成本。截至 2021 年末，全球已经设立 2 000 个 DAO，同比增长 7 倍，去中心化自治组织平台 DAOHaus 现有 10 000 个 DAO 成员。根据 The Block 报道，DeFi DAO 每月创造的现金流在 2021 年 5 月时已经超过 3.5 亿美元。DAO 的商业实践印证了其去中心化的治理优势，展望未来，DAO 的渗透率有望进一步提升，成为元宇宙中各种组织管理模式的底层范式。

元宇宙的畅想和发展节奏

发展阶段：准备期—启动期—爆发期，完成基础设施和经济体系建设，场景日益丰富

按照元宇宙世界构建所需要素，我们将元宇宙主要分为准备期、启动期和爆发期3个阶段。准备期重点在于搭建元宇宙底层地基，该时期元宇宙所需基础设施将进一步完善，应用场景从游戏、社交向办公、教学、运动、文旅等多场景延伸，产业、城市场景仿真出现；启动期重点在于编织元宇宙参与机制，该时期元宇宙经济体系开始建立、技术持续升级、应用场景不断扩大，数字世界开始影响实体空间；爆发期在基础设施和经济体系搭建完善的情况下，将迎来应用场景大爆发，真正实现元宇宙世界。

准备期：搭建元宇宙底层地基

▶ 技术层面，元宇宙相关基础设施进一步升级

元宇宙基础设施主要包括建模渲染、交互技术、物联网、区块链、人工智能等。根据 Gartner 技术成熟曲线分布图，上述技术多数仍处于萌芽阶段与起步阶段，元宇宙对相关技术提出了更高的要求，区块链由于技术特性，天然适配元宇宙场景，有利于搭建其经济体系。不同于传统网络协议，元宇宙需要互通、开放的网络协议。建模渲染和交互技术等能够满足元宇宙准备期的需求，但为了实现物理世界的数字重建、提供沉浸式虚拟现实体验，技术仍需持续升级。在网络算力方面，海量元宇宙数据需要云计算、边缘计算等技术，以解放本地算力、降低用户参与难度、缩短通信链路，为数据产生侧提供更加快捷、高效的需求响应；元宇宙众多内容、网络、图形显示和其他功能均需要强大算力的支撑，对芯片算力的要求大幅提升。在数据传输方面，通信网络需要保证超高的带宽、超低的时延和超高的可靠性，以支撑各类元宇宙场景的实现。

▶ 场景层面，从游戏延伸向其他场景，并催化各行业数字化

在 2C（面向消费者）领域，游戏等是元宇宙的初期应用场景，并逐渐推动部分线下场景线上化，如办公、教学、运动等；虚拟人出现并商业化，再造内容

与社交。在 2B（面向企业）领域，各行业的数字化、虚拟化升级受到元宇宙概念及相关技术升级的催化，如出现可视化人形 AI 助手等功能性虚拟人；产业、城市应用场景最初以场景仿真为主，如仿真流水线、基础设施三维数字化等。

启动期：编织元宇宙参与机制

▶ 技术层面区块链和 NFT 辅助经济系统搭建

元宇宙的合理运行离不开经济系统搭建，主要涉及身份系统和价值系统的搭建，两者都是通过区块链技术和 NFT 系统完成的。身份系统赋予元宇宙参与者虚拟世界的身份，价值系统维持元宇宙正常的交易和运行，区块链和 NFT 为元宇宙万物提供身份，通过去中心化记录交易和运行。NFT 是基于区块链发行的数字资产，赋予元宇宙万物不可分割、不可互换的独特属性和虚拟身份，其产权归属、交易流转都被记录在了不可篡改的分布式账本上。在元宇宙中，NFT 将成为赋能万物的"价值机器"，也是连接物理世界资产和数字世界资产的桥梁，帮助创作者从元宇宙中获得自身创作的版权收益，维持价值系统正常运行。

▶ 数字空间开始影响实体空间，部分场景出现新型经济与协作

该阶段，实体世界与数字世界交互增强，数字世界进行模拟推演并影响实体世界的实际决策，如工业智控、全息医疗等。此外，在该阶段中，随着区块链等技术的应用加深，部分数字世界中出现了数字资产的生产与确权方式，以及数字产品的交易体系，创作者经济涌现，信任机制、交易方式被重塑；协作关系逐渐变化，DAO 或成为数字设计组织治理的底层范式，多个分散化的中小生态出现，形成了元宇宙局部雏形。

爆发期：生态体系逐渐完善，应用场景爆发

▶ 应用场景大量出现，万物互联融入元宇宙世界

经历过前期的基础准备和体系搭建，元宇宙发展已有底层基础设施支撑，且经济系统日渐完善，用户参与度提高，且各方企业主具备充分的动力去帮助构建各类场景，共同打造元宇宙，应用场景迎来爆发。在此阶段，需要特别注意避免出现一家独大的去中心化系统或场景，或存在多个元宇宙，但彼此间能够形成生态互通。元宇宙从数字孪生走向数字原生，部分元宇宙可能与实体空间形成联

动，还有部分元宇宙可能脱离实体空间的数字映射，人们或拥有多个数字分身，在数字世界中可以进行生活、生产活动，并借助人机交互、物联网等技术，实现元宇宙与现实的联动、融合。

发展节奏：软硬件相辅相成促进元宇宙世界发展，C端、B端持续推动

软硬件相辅相成促进元宇宙世界发展。在元宇宙发展的过程中，软件和硬件均不可或缺，硬件主要包括可视化及可感知装备，软件分为内容、平台及开发工具。除了综合性元宇宙参与方，大部分硬件厂商和软件厂商相对独立，核心因素差异大，硬件端和软件端互相依赖。一方面，元宇宙的兴起将带动硬件设备市场的火热，同时硬件设备的推广应用也需要软件的支持才能发挥作用。另一方面，软件端发展需要优质的内容带动，但硬件功能和体验是否良好决定内容端的盈利能力和发展。因此，软件和硬件相辅相成，共同推动着元宇宙世界的持续发展。

C端测试先行，B端基于应用产生规模化经济效应，再往B端、C端更多场景大规模扩张。元宇宙C端应用内容开发难度相对较小，适合率先测试元宇宙内容的稳定性和拓展性。目前来说，游戏是元宇宙稳定性与扩展性的绝佳试验场，游戏场景可实现在虚拟元宇宙中测试基本功能，有助于率先构建元宇宙世界，再往其他领域拓展。在C端完成对部分场景的基本测试后，可拓展至B端场景，基于应用产生规模化经济效应，降低相应基础设施成本，提高效率，便于未来往B端和C端更多场景的大规模扩张。

未来场景：有望持续搭建各类场景

C端场景丰富，触及生活各方面，帮助延伸、拓展现实场景，实现虚实共生

元宇宙C端场景触及生活各方面，在现实场景基础上辅助各领域实现功能和体验延伸，拓展用户物理感受边界，实现虚实共生。

▶ 元宇宙帮助C端众多场景升级延伸，丰富消费者体验

C端场景主要包括消费、娱乐、办公、旅游、教育、健身、医疗、居住等方面。在消费领域，元宇宙有望结合线上线下实现虚实共生消费，推动新消费时代

变革；在娱乐领域，元宇宙可推进新的娱乐商业模式创新，当前娱乐游戏已具备元宇宙雏形；在办公领域，元宇宙可实现沉浸式远程办公，促进灵活办公；在旅游领域，元宇宙有助于打破时空限制，丰富旅游体验；在教育领域，元宇宙可拓展教育边界，丰富教学场景；在健身领域，元宇宙有助于突破运动健身场地限制，带来全场景运动体验；在医疗领域，元宇宙辅助加强健康诊疗，建立全方位医疗防治；在居住领域，元宇宙可实现全面沉浸式购房体验，帮助住户实现数字化居家环境管理监测。

▶ 元宇宙创造全新 C 端场景模式，带来 C 端新体验

在元宇宙下，开创了众多全新的 C 端模式，打破了目前的固有模式，结合元宇宙技术，如区块链、NFT、Web 3.0 等技术带来新的场景模式，颠覆目前的传统模型，如区块链 P2E（Play to Earn，边玩边赚）游戏，颠覆了传统游戏的 Free to Play（免费游玩）模式。过去，游戏发行商拥有端到端所有权，并控制着游戏的开发、发行和管理。P2E 游戏借助代币激励机制和社区所有权，通过自下而上的贡献者、参与者和公会来剥离游戏发行商的角色，提供参与者对游戏内部资产及其周围世界的真实所有权，并最终创造出更大的社区黏性和留存率。目前，P2E 游戏如《STEPN》非常火爆，参与者通过运动来获得相应奖励，用户以运动鞋的形式拥有 NFT，通过运动获得游戏代币，这些代币可在游戏中使用，也可兑换为实际利润。

B 端产业元宇宙赋能生产，激发实体经济活力和创造力，现实企业主延展业务参与元宇宙建设

元宇宙在 B 端的应用主要表现为产业元宇宙，产业元宇宙将延展泛人工智能技术在产业落地的深度和广度，加速技术与产业的深度融合，激发实体经济的活力和创造力，运用领域包括智能制造和智慧城市等。此外，现实企业主未来有望在元宇宙中延展、丰富自身业务，助力元宇宙建设。

▶ 产业元宇宙逐步升级，最终数字原生帮助预见新机会，助力产业发展

参考商汤智能产业研究院的研究，未来产业元宇宙可主要分为数字孪生、数字伴生和数字原生。最初阶段以复制为主，将产业现实对象在虚拟世界准确描述后，逐步建立虚拟和现实双向连接，在虚拟世界中辅助解决现实问题，用数字技

术加速实体经济成长。最终，产业元宇宙的最高级阶段为数字原生，借助 AI 在高度真实的元宇宙数字世界中发现产业新联系，激发实体经济活力和创造力。B 端产业元宇宙机遇重大，我们预计未来会出现"元宇宙＋医疗保健"、"元宇宙＋工厂"和"元宇宙＋城市"等诸多应用场景。以"元宇宙＋城市"为例，目前已有部分城市开始大力推进元宇宙基础设施建设，扩展搭建各类元宇宙落地场景，如韩国首尔市政府 2021 年率先发布《元宇宙首尔五年计划》。

▶ 现实企业主延展业务，参与元宇宙建设

未来在元宇宙世界中，许多 B 端厂商除了继续开展现实中的主营业务，也开始逐步在元宇宙虚拟世界中推广相应业务，参与元宇宙建设。企业主参与元宇宙建设，让现实世界的物体更容易在元宇宙中生动展现，一方面帮助企业拓展业务，主动参与元宇宙世界的建设交易；另一方面为元宇宙带来更真实的虚实相融体验，丰富了元宇宙世界。

构建元宇宙的现实问题

元宇宙是人类在经典互联网时代陷入"存量残杀"情形时的破局之法，也是人类对未来虚拟世界的美好畅想。我们渴望拓展交互、体验的边界，渴望创造全新的土地、资源、劳动力，也渴望建立一个自由、平等、共同富裕的新世界。但在与现实世界的对照和比较之中，我们也不免产生许多隐忧：元宇宙真的能够实现我们所有美好的想象吗？我们需要直面这些隐忧，因为正是这些隐忧驱使着人类去完善和规范元宇宙生态体系。

元宇宙的技术基础：如何解决技术水平不足和技术霸权问题

技术能力成为制约元宇宙发展的第一要素。在底层技术水平不够完善的情况下，元宇宙无法实现自身高速、高交互性和高沉浸感的特点。元宇宙的平稳运行依赖于计算能力、硬件基础、软件应用的发展水平。

技术基础也成了元宇宙运行的底层逻辑。马克思在对现实世界的考察中提出：经济基础决定上层建筑。而在元宇宙中，物质资源取之不尽、用之不竭，物质资源的稀缺性不再能够制约生产力的进步和生产关系的变革。然而，元宇宙的区块链技术和去中心化的体系规定了人如何确立自己的数字身份，规定了元宇宙经济体系的运行方式，构建了元宇宙生态系统，可以说"技术基础决定上层建筑"，其具体情况如图1-4所示。

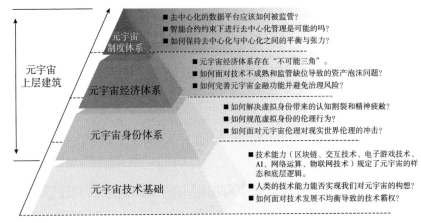

图1-4　元宇宙的技术基础和上层建筑

资料来源：中金公司研究部。

技术发展能否跟得上人类对元宇宙的想象？ 当下5G（第五代移动通信技术）网络的发展情况还不足以支撑数据的实时快速传送，云计算的稳定和低成本解决方案尚停留在探索阶段，而帮助用户进入元宇宙的VR设备在清晰度等方面的表现仍然不尽如人意（见表1-1）。我们不禁要问：技术发展能否跟得上人类对元宇宙的想象？

如何面对潜在的技术霸权问题？ 部分领先国家可能借助于技术积累优势成为元宇宙顶层设计和制度体系的引领者，同时提供大量底层基础设施来实现垄断。一旦技术优势逐渐转化为制度优势，就可能进一步产生技术霸权。一方面，在元宇宙领域布局较晚的国家可能无法表达自身在社会、政治体系建设方面的意见，并引发强烈的社会思潮；另一方面，领先国家可以通过关停基础设施等方式对其他国家实施"元宇宙制裁"，激化落后国家更多的不稳定因素。

表 1-1　VR 设备发展水平无法使用户完全沉浸

用户需求	技术指标	当前主流设备技术能力	达到完全沉浸所需技术能力
模拟真实观看视角	视场角（FOV）	100°～120°	150°～200°
类视网膜体验	单眼分辨率	2K	8K
更高锐度和清晰度	视角分辨率（PPD）	20	60
佩戴舒适	头显重量	500~600 g	100 g
长时间使用	续航时间	4 h	12 h 以上
流畅度高	刷新率	90~120 Hz	240 Hz
沉浸感好	延迟	不稳定，普遍超过 50 ms	20 ms 以下

资料来源：信通院，中金公司研究部。

元宇宙身份体系：如何解决虚拟身份带来的认知割裂和伦理影响

个体对元宇宙的过度沉溺将带来虚拟身份与现实身份的割裂，由此可能引发身份认同危机、身体虚弱等问题。 当虚拟世界中的体验感比现实世界中的体验感更好时，现实世界中的肉体生活就会与虚拟世界中的精神生活产生割裂，在元宇宙中能够创造理想外形，但在现实世界中不具备这些能力，因此个体可能在现实世界中产生严重的自卑、焦虑情绪。

元宇宙中的伦理判断和法律责任没有缺席，存在着公序良俗和法律规则，以约束数字替身在其中的行为。 元宇宙中侵犯、杀害他人的行为一方面会引发社会秩序的混乱，另一方面也可能传导至现实世界，造成现实世界中的违法犯罪行为，因此应该被制止。另外，任何人在进入元宇宙时都应该具有知情同意权。所以，现实世界中的一些基本伦理规则（如生命伦理、知情同意等）必须在元宇宙中也适用，否则元宇宙的秩序将不复存在。

虚拟身份的存在也能带来对自我约束的放松，从而产生一系列违法犯罪或违背伦理的行为。 元宇宙中的身份具有虚拟属性，而个体习惯于仅在现实世界中为自己的行为负法律、伦理责任，因此元宇宙中的人可能会放松对自我约束的要求，从而产生一系列问题。比如，在经济活动中为了利益而不遵守承诺，或实施盗窃、抢劫、性骚扰等违法行为。

人类现实世界的伦理观能否被重塑? 普罗透斯效应告诉我们,数字形象和数字行为对人类在现实世界中的认知具有较强的反作用力。元宇宙中的伦理观念如果被直接带入现实世界,也可能造成严重的混乱。例如,在元宇宙中,由于数字替身的虚拟性,同一个人同时有多名配偶可能会被允许,但这种伦理观念若被移植入现实世界,就可能颠覆人类在长期的历史实践中达成的共识。

元宇宙与现实世界的伦理规则互动,如图1-5所示。

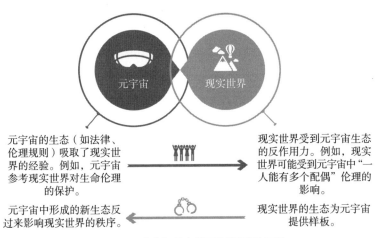

图1-5　元宇宙与现实世界的伦理规则互动

资料来源:中金公司研究部。

元宇宙经济体系:如何规避资产泡沫和治理风险

区块链的去中心化理念应用到经济和金融层面,形成并产生了比特币、以太币等加密货币,以及去中心化金融体系。在较为美好的构想中,运用区块链上的智能合约,所有的交易情况和交易数据都能够被查看,保证金融活动能够高效、快速、无中介地进行,降低了交易成本。但现实并没有想象中那么美好,元宇宙中的经济体系还面临着相当多的挑战。以太坊联合创始人维塔利克·布特林提出了"不可能三角"问题（Scalability Trilemma）[①]，在以区块链为基础的加密货币和 DeFi 中同样如此，很难同时保持去中心化的运营模式、提供多样和全覆盖的金融服务，并保证金融活动的安全。

技术不成熟和监管缺位可能导致加密货币价格剧烈波动和资产泡沫问题，影响现实世界。一方面，加密货币背后的信用体系仍然被人们所质疑，同时也缺乏监管、调控的机制，收益率的波动和风险较传统货币更大，甚至可能进一步将金融风险传导至现实世界之中。另一方面，DeFi 相关技术和智能合约的激励机制仍然处于不成熟的阶段，黑客可能利用安全漏洞大量获益，而更多的普通使用者则会因此产生巨额损失。

去中心化银行等元宇宙金融体系仍然存在功能缺失和较大的治理风险。首先，在 DeFi 中，一旦债权方因还款地址问题而无法承担履约义务，智能合约就无法解决这一问题，因此无法进行传统金融业务中的无抵押贷款。除此以外，在智能合约的约定过程中，部分持有较大决策资源的个体可能显著影响最终的投票结果。举例来说，2019 年 10 月，在 MakerDAO 关于 Dai 利率的投票中，单一持有人曾投出 4 万票，占总投票数的 97%。[②] 一旦投票结果出现失误，则可能引发整个 DAO 内部体系的混乱。

元宇宙制度体系：如何把握去中心化和中心化之间的平衡

应该如何监管去中心化的数据平台？

去中心化数据平台是否会威胁国家和社会安全？ 在 Web 3.0 中，用户产生数据，并独自拥有和保管着数据，无论是互联网平台还是其他中心化的组织都无法在未得到授权的情况下查看、使用甚至追踪这些数据。这种设计虽然防止了数据垄断问题的发生，但在一定程度上却成了传播恐怖主义、反社会、反人类信息的温床。如果数据的自由传播威胁了安全，就应该存在一个外部的中心化集体，对数据进行一定的监控与监管。

---

① Why sharding is great: demystifying the technical properties.
② 郑磊，去中心化金融与金融创新的监管：以 DeFi 商业模式为例，《财经问题研究》，2022 年第 4 期。

对数据的不当监管和有偏颇的呈现能否影响元宇宙的和谐？ 如果仅由平台运营方或大资本对数据进行监管，那么它们在采集用户数据并进行分析后，就可能通过信息流的定向推送或"信息轰炸"的形式来影响数字替身的决策，以此获取个人利益。运营者、与运营者合作的既得利益者或大资本能够过滤部分信息，以加强或弱化用户的价值倾向，从而达成操纵群体思想观念的目的，影响元宇宙的和谐。

智能合约约束下进行的去中心化管理是可能的吗？

构想中的元宇宙采取了 DAO 的自治管理模式，其核心在于将多方博弈和讨论后得到的组织治理规则以智能合约的模式编码在区块链上，从而自主地运行整个体系，达成去中心化管理的目标。但无论是建立合约的过程，还是合约本身的可行性都存在值得深思的问题。

如何避免在合约建立过程中产生的隐性歧视和制度性垄断？ 在元宇宙技术真正平民化和简单化之前，必然存在着一个高学习门槛和使用门槛的时期，老人、孩童、残疾人和经济弱势群体也可能在元宇宙社会发展的初期缺席，制度与合约可能会相应地忽视该类群体的利益和诉求，从而造成长期的隐性歧视。而有能力支撑元宇宙发展并建立智能合约的运营方却可能凭借现实世界中的资源优势，占据更多的决策资源，从而建立更偏向自身的制度，形成制度性垄断。

人类社会运行的规则能否合约化？ 首先，由于元宇宙参与个体在阶级、国家、价值观方面存在巨大差异，实行同一套准则将非常困难。除了基本的、公认必须遵守的伦理准则，还存在着大量处于模糊地带的伦理准则。对于元宇宙中的一部分人来说，监管是必须的；但另一部分人可能认为对这些行为的监管将违背元宇宙创设的初衷——自由和创造。

除此以外，智能合约的建立意味着道德选择的确定性，但在不同情境和不同背景下，人的道德选择却可能存在巨大差异。高度依赖情境和背景知识的道德选择暗示我们，可能不存在一种合约性质的道德规则，能够让人因遵循这种规则而总是做出正确的道德选择。

元宇宙是关于去中心化与中心化之间平衡的艺术，我们真的做好准备了吗？ 可以说，并不存在真正意义上的去中心化，负责指引、监督和规范去中心化体系的中心化体系是必要的，而关键在于如何把握去中心化与中心化之间的平衡：过于偏向中心化的结果就只是复刻了一个与现实社会完全相同的虚拟世界，失去了元宇宙本身的价值和意义；但过于偏向去中心化也会导致治理体系内部的混乱，会对现实世界产生不利的影响。我们不禁要问：人类对于政治体系、社会形态、道德与法律乃至整个制度体系的理解程度是否足以支撑我们维持二者之间的张力与平衡？

基础篇

第二章

建模引擎：
数字孪生之基，虚实交融之纽

建模引擎：三维图形开发中间件，元宇宙的基础设施

建模引擎是构建虚拟数字世界的重要基础设施。建模引擎负责在虚拟世界中构造、描述建模对象的几何与物理属性，为三维数字对象建模提供基本的开发环境，并使其能够在计算机虚拟环境中得到展示。自 20 世纪 70 年代出现以来，计算机图形学以及几何图形建模技术已经发展了约 50 年，建模引擎的应用领域已经覆盖了工业建模、建筑建模、游戏建模、动画建模等丰富的场景。放眼未来，元宇宙、数字孪生等新兴概念的实现也都离不开建模引擎技术迭代与应用落地，可以说建模引擎技术是构建虚拟世界、实现元宇宙的重要基础技术。

如何构建一个数字对象？建模、渲染、仿真为基本的三大步骤。首先，需要构建基本的几何和拓扑结构，创建点、线、面之间的基本框架；其次，要在几何模型框架的基础上进行着色渲染，使模型呈现出在视点、光线、运动轨迹等因素作用下的视觉画面；最后，根据各类场景的需要进行模拟仿真，使建模对象能够呈现与现实世界一致的物理属性。而在实际的设计场景中，建模设计人员关注更多的是设计对象本身，需要的是一个标准、易用的三维图形开发环境，为其提供底层的建模、渲染以及仿真能力，而这便是所谓的建模引擎。

建模引擎提供标准的三维图形开发环境，协助用户实现数字对象的创建及编辑。建模引擎本质上就是基于算法及图形库的三维图形开发环境，对应上述三大

建模步骤，其内部又可拆解为几何建模、图形渲染、仿真计算三大引擎模型。

▶ 几何建模

负责以点、线、面为基本操作单元，创建和编辑曲线、曲面、实体以及相互之间的几何关系、拓扑关系，其本质上是一个用 C 语言编写的数学几何关系算法库。几何引擎以微分几何学及计算数学为理论基础，从基本数学出发，最终输出基于数值模型的几何形状面数。目前，行业中主流的几何引擎包括 Parasolid、ACIS、Open Cascade 等。几何建模技术赋予建模对象以基本的几何数据结构。

▶ 图形渲染

调用底层硬件算力资源，即 GPU/CPU（图形处理器 / 中央处理器），对三维线框造型进行着色渲染，使得在人机交互界面中的建模对象能够呈现出在视点、光线、运动轨迹等因素作用下的视觉画面，表现出类似真实世界的材质与光影效果。图形渲染技术的理论基础为计算机图形学，目前行业中主流的渲染引擎包括 V–Ray、Iray 等。图形渲染技术使得建模对象能够在计算机图形界面中呈现三维视觉效果。

▶ 仿真计算

负责对对象的物理属性进行仿真分析和数值计算，其本质上是采用有限元计算方法的仿真求解器。仿真引擎对建模对象进行不同方向的仿真分析（结构、流体、热、电磁），使其能够表现出近似真实世界的物理属性。目前行业中主流的工业级仿真求解器主要包括 Ansys、Simulia 等，而在游戏领域中，游戏引擎内置的物理引擎、声音引擎均可归类为仿真引擎。

建模引擎是三维图形开发领域的"中间件"，支撑起丰富的泛工业、泛娱乐场景应用。在实际应用中，建模引擎是处于底层硬件算力资源和上层应用之间的中间层，通过三维图形 API（应用程序接口）调用底层算力资源，实现对象的造型建模、图形建模、仿真计算，演化出在泛工业（制造、建筑、特种应用、智慧城市等）、泛娱乐（游戏、影视、动画等）场景的丰富应用。

建模对象的"虚实之分"是泛工业与泛娱乐领域各自建模偏重的差异所在。在泛工业场景应用中，建模的最终目的是进入生产环节制造出实体产品，因此对于底层几何建模及仿真引擎的可靠性、严谨性、稳定性具有更高的要求，目标是让最终输出的三维模型与现实世界的数学和物理规则尽可能地贴合，追求"设计即可用"；在泛娱乐场景应用中，建模的目的不在于转化生产为物理世界中的实体，而更注重建模呈现出的视觉效果的美观度与逼真性。在下文中，我们会对这两大建模引擎的应用方向分别进行详细的分析讨论。

几何建模：泛工业应用为先，通往正向设计的"阶梯"

几何建模技术：构建造型对象的几何与拓扑关系

几何建模技术实现物体模型在计算机中的数学表述。几何建模造型技术最早出现于 20 世纪六七十年代，其通过对点、线、面、体等基本几何对象的数学描述，经过平移、旋转、变比等几何变换以及并、交、差等几何布尔运算，产生实际或者虚拟的几何模型。几何建模技术的本质就是在计算机内部构建并抽象化出造型对象在几何属性（形状、大小、位置）与拓扑属性（点、线、面之间的连接关系）之间相互对应的数据模型。**传统的直接建模方法包括线框建模、表面建模、实体建模。**

▶ 线框建模

以点表与边表作为模型数据存储的基本元素，以顶点与棱线表示形体，利用基本线素定义设计对象的棱线信息，进而生成实体的立体框架图。线框建模所需信息较少，数据运算简单，但由于缺少面的信息，对物体形状的判断会产生多义性，因此目前线框建模方法已经较少应用于复杂 3D（三维）建模领域。

▶ 表面建模

基于离散数据点构造曲面，使用插值、逼近或拟合算法构造出逼近这些离散数据点的曲面，再将曲面拼接成 3D 模型的外表面，通过顶点、棱线和表面的有限几何建立造型对象的内部模型。表面建模是目前 3D 建模中构造曲面的基本方法，可用于构造复杂的曲面物体。常用的曲面表达方式模型包括旋转面、线性拉伸面、直纹面、网格曲面等，而在曲线、曲面之间的边界，连续性又可以按照 G0、G1、G2、G3 来定义。

▶ 实体建模

以点、线、面、体作为造型的基本元素，同时生成造型对象的表面与实体。

实体建模方法能够定义建模对象内部的结构形象，因此其也能够完整地描述造型对象全部的几何信息和拓扑信息，是目前构造复杂结构最成熟的建模方法。在具体的建模应用中，实体建模通过对基本体素（拉伸体、旋转体、扫描体等）进行变、交、差等布尔运算，最终构造出各类复杂实体。

参数化建模是基于约束的自动化设计。参数化设计能够仅通过修改设计的初始条件参数、约束逻辑的计算，以自动化的方式得到产品模型的设计结果，而不用像直接建模那样完全手动完成设计过程。参数化设计中可调整的参数一般包括几何约束和工程约束，其中几何约束包括尺寸约束（长度、角度、半径）和结构约束（几何元素间的拓扑关系，比如平行、垂直、相切等），而工程约束则指实际产品模型的功能限制。在设计的过程中，设计人员可以调整这些可变参数，而参数化建模引擎则会在这些约束条件下进行求解，自动维护在可变参数之外的模型几何信息，最终完成自动化建模。

几何建模应用：泛工业领域 CAX 建模，从正向设计到数字孪生

3D 几何建模内核是泛工业领域 CAX 应用的基础

在泛工业应用场景中，提供几何建模能力的 **3D 建模引擎通常又被称为"三维几何建模内核"，成为 CAX 应用的内核。**广义的 3D 几何建模内核囊括从底层的数据管理架构，到顶层的 3D 造型组件，从内到外又分为内存与数据管理层（架构基础）、几何对象数学算法层（数学支撑）、3D 造型实现层，其中最外层的造型实现层包括几何建模引擎、图形渲染引擎、参数化设计引擎（包含约束求解引擎）等组件。3D 几何建模内核为 CAX 应用提供了最关键的 3D 图形定义、建模、编辑能力，是构建 3D CAX 建模平台的核心。

Parasolid、ACIS 是全球两款主流的商业几何建模引擎。经过数十年的产业整合，全球工业软件以及工业几何建模引擎的格局已经由 20 世纪的百花齐放进入寡头垄断阶段，达索、西门子等海外巨头基本上主导了这一领域的话语权，同时拥有着目前全球应用极为广泛的 Parasolid、ACIS 两款建模引擎。这些建模引擎最早也是从巨头的工业软件产品中独立出来的，目前它们一方面被应用于巨头自有的软件产品中，另一方面也被授权给了部分缺乏底层建模引擎能力的中小厂

商，支持其开发出 CAX 应用软件。

少数国产工业软件厂商掌握自主几何建模引擎。中望软件在 2010 年通过收购美国 VX 公司，获得了其 Overdrive 内核的全部知识产品，并在其技术上进行了大量自主研发，最终迭代出目前的 ZW3D 内核；华天软件通过与日本 UEL 公司的合作，开发出 CRUX IV 内核，使用在其 3D CAD 产品 SINOVATION 上；2022 年新迪数字收购 SolidEdge 全部源代码，并获得了其几何建模引擎 Parasolid 的永久授权。除少数几家公司外，大部分国产工业软件厂商目前仍以 Parasolid 等商业几何建模引擎授权或 Open Cascade 开源几何建模引擎为主，具体情况见表 2-1。

表 2-1 海外主流 3D 几何建模引擎以及国内厂商所有引擎概览

几何建模内核	开发者	现拥有者	国家	典型产品	发展历史
CGM	达索	达索	法国	CATIA	CGM 内核从 CATIA 中独立而出，CGM 在曲面建模上的能力遥遥领先
ACIS	Spatial	达索	法国	Abaqus/Simulia	由 Spatial 开发，2000 年 Spatial 被达索收购，同时 Autodesk 也购买了 ACIS 的全部源代码，并在其基础上进行大量重构。ACIS 的特点在于高效及 API 完备
				AutoCAD	
				MSC	
Parasolid	UGS	西门子	德国	NX	Parasolid 最早是服务于 UGS 的内部外包研发团队，后在 20 世纪 90 年代正式并入 UGS；2003 年 UGS 被西门子收购成为其工业软件部门。Parasolid 的强项在于实体造型
				SolidWorks	
				SolidEdge	
				Ansys	
Granite	美国参数技术公司	美国参数技术公司	美国	Creo	PTC 首创参数化造型建模，Granite 也是其自主开发的建模内核；其典型特征为参数化建模能力
Open Cascade	马特拉资讯	达索	法国	FreeCAD	Open Cascade 是由马特拉开发的一款建模内核，1998 年马特拉由于经营困难被达索接管，之后 OCC 被开放成为开源内核；由于缺乏稳定的维护，OCC 内核的性能和稳定性较差
Overdrive	中望软件	中望软件	中国	ZW3D	Overdrive 由美国 VX 公司开发，2010 年中望整体收购 VX，获得了其 3D 内核的全部知识产权并在其基础上进行了大量的研发升级

资料来源：各公司官网，各公司公告，中金公司研究部。

3D 几何建模内核主要以 CAX 产品的方式实现商业化

3D 几何建模内核最初是从专业 CAD 中独立出来的。3D CAD 发展之初其实并没有内核这一独立概念，内核作为 CAD 软件的底层，与其紧密耦合。但随着 3D CAD 产品的发展，其底层内核也逐步达到了产品级的成熟度，同时由于 3D 几何内核的开发门槛较高，众多中小厂商也的确具有购买 3D 几何内核授权并在其基础上进行二次开发的需求。这让 UGS、达索等厂商看到了单独销售 3D 几何内核的商机，于是陆续将自身的内核独立出来作为单独的授权业务。目前仍有一部分中外 CAD 厂商是在购买的 Parasolid 等商业内核的基础上，进行自有 3D CAD 产品的研发。

单纯内核授权的市场规模较小，主要以完整 CAX 产品的方式实现商业化。从全球来看，目前 Parasolid 和 ACIS 是两款应用最为广泛的商业化内核，各自授权的中小厂商均有数百家，但由于其本身的授权费用并不高昂，通常在几十万美元至上百万美元不等，因此总体上的内核授权市场规模并不大，全球应用范围最广的 Parasolid 内核的授权业务收入也仅在 4 000 万美元左右。与之相对的是，达索、西门子、Autodesk 等工业软件 CAX 巨头的收入均达数十亿美元量级，CATIA、Solidworks、AutoCAD 等单款产品的收入都接近 10 亿美元。因此目前单独的几何建模内核授权并未产生成规模的商业化市场，其仍主要以内嵌于 CAX 产品的方式实现商业化。

图形渲染：泛娱乐应用为重，构建虚拟世界的"画笔"

图形渲染技术：实现建模对象的 3D 视觉效果呈现

图形渲染帮助建模对象在 2D 屏幕上呈现出 3D 视觉效果。在完成建模对象的几何数据建模之后，为了让点、线、框组成的几何模型在 2D 屏幕上呈现，并能够表现出立体的 3D 视觉效果，需要给模型增加纹理、色彩、光影等信息，使几何模型最终得以呈现 3D 图像，这一过程就被称为"渲染"。例如在电影、动画、广告等场景的应用中，需要对建模完成后的模型和动画帧进行进一步渲染，以形成最终的效果图和动画。

图形渲染引擎调用底层硬件资源，实现 3D 对象在计算机显示器上的绘制呈现。在实际应用中，3D 对象在计算机显示器上的绘制呈现需要调用一系列软硬件资源，通过完整的图形渲染流程来实现，其中图形渲染引擎（或称图形渲染器）是核心软件组件。在图形渲染的过程中，渲染引擎承接由应用（游戏、动画）提出的渲染任务，对渲染任务和相关数据进行处理；通过图形 API 对接显卡驱动，进而调用显卡 GPU 的计算资源进行图形的计算渲染；GPU 渲染完成后再将图像画面输出给视频控制器，并最终在计算机屏幕上呈现。渲染上下游技术发展情况如图 2-1 所示。

图形渲染的方法原理：光栅化与光线追踪

光栅化是最为经典的图形渲染方法。光栅化渲染是将物体投影，近似转化为屏幕可显示的像素的过程。其渲染过程需要将连续的 3D 模型拆分为若干个三角面，再投影为屏幕可以显示的像素块，接着对像素块进行一系列的材质、阴影、纹理等着色和合并处理后得到最终图像。但光栅化的本质是在计算速度的限制下，对色彩光影效果的一种近似模拟。其缺陷是对全局的光线显示效果一般，例如点光源的软阴影处理、毛玻璃材质的处理以及多次反射的环境光线等。

光线追踪则是对光线的真实模拟，可实现更为真实的渲染效果。光线追踪（Ray tracing，简称"光追"）将人眼看作一台摄像机，从人眼出发，追踪每条光线在物体表面的反射情况，描述光线的求交，并进行计算。由于更为接近现实中光线传输的本质，光线追踪的视觉效果比光栅化更为真实。渲染中对光线追踪画面质量的衡量指标是每个着色像素用到的光线样本数。为了保证每个像素点的颜色显示足够准确，光线追踪需要向每个像素点发射近千条的光线来计算其求交结果。不考虑其他降噪和优化算法，假设我们希望实现 4K 分辨率下的 60 帧实时光追渲染，需要实现 1 011 条光线 / 秒级别的计算求交速度，因此目前光线追踪技术受限于运算速度的不足。

图形渲染的技术分支：离线渲染与实时渲染

图形渲染技术在应用上分为两个分支：离线渲染和实时渲染，来自两类产业

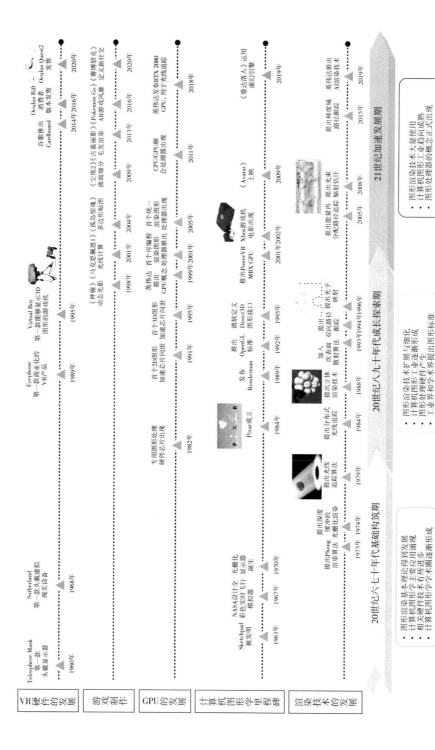

图2-1 渲染上下游技术发展复盘

资料来源：CSDN、中金公司研究部。

元宇宙数字世界：技术迭代、应用生态与全球产业趋势

的不同需求。

离线渲染：高精度的长时间离线渲染，主要应用于非实时交互的场景，如动画 CG 和电影。 离线渲染指计算画面时并不显示画面，计算机根据预先定义好的光线、轨迹渲染图片，渲染完成后再将图片连续播放，实现动画效果。为了追求极致的视觉效果，离线渲染往往采用光线追踪技术，但渲染一帧所需的时间可达数个小时。由于光线追踪需要进行庞大且复杂的计算，一般使用软件渲染器在 CPU 中进行计算，常见的离线软件渲染器包括 Mental Ray 和 Render Man 等。

实时渲染：牺牲一定画质来交换效率的选择，主要应用于 3D 游戏、VR 等强实时交互的场景。 实时渲染指计算机边计算画面边将其输出显示，可以实时操控预览画面，在游戏、VR 等强实时交互的场景中，用户与 3D 内容的实时交互需要得到及时反馈，渲染速度需要达到每秒 30 帧以上，但对画面精度的要求不如影视作品。目前成熟的实时渲染模式是使用算法优化后的光栅化技术。由于 GPU 的并行运算特性更适合高速大量计算，光栅化实时渲染使用的是 GPU 加速的硬件渲染器。但随着硬件技术的突破，目前也可使用搭载了光线追踪模块的 GPU 来实现实时光追。

图形渲染走向云端：基于云计算理念，终端需求与算力部署相分离

由于动画、游戏渲染对计算密度要求高、耗时久，需要耗费大量 CPU、GPU 及存储资源，本地资源部署需要投入的 Capex 较高、性价比低，渲染业务搭建面临如下挑战。

▶ **资源预测难，自建费用高**

由于渲染业务需求存在波动性，高峰时资源紧缺，低谷时资源冗余，建设私有渲染农场需要大量 IT 资源，成本高，存在资源浪费。

▶ **渲染效率低**

基于通用服务器，一次渲染需要 10 余个小时，集群负载过重时，延迟较高，影响渲染效率。

▶ **存储规格要求多样**

渲染集群同时访问共享存储，对于存储带宽要求高，针对海量数据保存急需

低成本的存储环境。

▶ 交付效率低、运维复杂

客户自建周期长，安装部署及后续运营维护复杂度高，扩容难度大，缺乏灵活性。

基于自建渲染集群难度高、效率低等因素，云渲染平台依托灵活性高、运维便利、性价比高等优势应运而生，为游戏、动画、仿真等领域渲染需求赋能。

云渲染架构：弹性扩展、灵活调度

以云架构为底座，减少对单个 CPU/GPU 的依赖。云渲染基于云计算架构而生，云计算架构具备弹性、灵活性，IaaS 作为云计算的基础算力提供层，为上层应用提供支撑。云渲染同样包含 IaaS 层的计算、存储、网络、安全。计算包含 CPU 渲染池和 GPU 渲染池以及作为分配调度的管理节点。CPU 渲染池与 GPU 渲染池各有分工，CPU 主要确认渲染环境、对象，整合渲染信息，向 GPU 发送指令；GPU 按照 CPU 的指令完成整个渲染工作。云计算的可扩展性在于，通过将算力资源池化，满足了渲染对于海量高并发算力的要求，一方面可以更加灵活地调度资源，另一方面可以实现与特定硬件解耦。

云渲染的工作流程：云渲染平台的脚本根据文件、触发器和用户参数设定准备好配置环境。分派器将任务分发到空闲的、可以满足渲染需求的服务器。服务器完成渲染工作后，将结果回传用户侧。在整个渲染过程中，用户只需要提交渲染任务，调度节点会将渲染任务下发到渲染集群，将结果存储后，传回用户侧，提升用户工作效率。

云渲染的商业模式：云渲染和普通云服务商业模式一样，按需收费、弹性扩容，提供可伸缩性资源与高性价比服务。炫云、瑞云、渲染 100 这 3 家云渲染厂商均按照用户使用量收费，但收费标准有所差异。炫云按照不同 CPU/GPU 的每小时处理频率收费，瑞云基于使用线程时长收费，渲染 100 则按照使用时长收费。从选择自由度来看，炫云提供了丰富的渲染软件、硬件配置供用户选择。从使用简便性看，瑞云和渲染 100 后台提前设置硬件配比，用户使用更简单。

基于公有云的规模效应，云渲染性价比较高、边际成本低，反映出其在价格层面具备优势。根据炫云官网对其服务的统计，五成以上用户渲染单张效果图仅需 0.888 元，七成以上用户单个动画镜头渲染价格在 100 元以内。此外，云渲染的硬件配置灵活、分布式存储、拥有各类渲染软件等特点为其增添了差异化优势，用户在云渲染平台上可以更好地聚焦自身业务，而不必担忧烦琐的硬件配置与运维工作。

硬件迭代、云边协同，延伸实时互动场景下全栈云服务能力

▶ 硬件迭代加速光线追踪技术发展

光栅化的痛点是信息不完整。 传统计算机图像学主要利用光栅化生成像素，光栅化后用户仅选取看得到的图形，造成用户视野之外的信息丢失，导致渲染不完整。同时，在光栅管线下，用户需要通过近似算法模拟真实世界的光影，最终的视觉呈现效果无法达到最优。

光线追踪作为现代渲染方法，视觉效果更优。光线追踪基于物理的渲染方法，是向空间投射光线，从光源出发经过真实的反射、折射，输出与实物相近的图像，保证了渲染效果的完整性与真实性。但由于之前硬件设备发展不够成熟、匹配不到位，光线追踪受到硬件的阻碍，处理速度较慢，只能适用于对时延敏感度较低的特定场景。随着硬件更新，2018 年人工智能公司英伟达推出了 GeForce RTX 显卡，可以通过实时光线追踪技术带来高视觉保真度以及人工智能和可编程着色技术的优越性能，目前已在多个游戏中应用。元宇宙世界追求渲染效果的真实性，从而为用户提供更好的沉浸式体验。技术层面，GPU 等硬件技术的更新迭代可以加速光线追踪在实时场景的普及。

▶ 部署方式："中心云 + 边缘云"渲染赋能实时交互

本地部署渲染农场前期需要用户进行硬件配置，且后续运维成本较高。公有云部署依托分布式计算、存储处理并行任务，提升渲染效率。此外，由于用户对虚拟世界交互速度要求的提高，通过各类硬件设备随时随地访问游戏等场景，边缘云渲染可以降低延迟，保障用户就近接入。当用户进入元宇宙的虚拟世界，进行任意交互操作时，画面将在用户无感知状态下切换，增强沉浸式体验效果。

用户对于实时性要求高的任务会优先选择在边缘侧部署，边缘节点强大的全域分布式异构算力和智能调度可以有效支撑画面实时渲染效果；而将对实时性要求较低的任务部署在中心云，以满足低成本需求。云端渲染引擎也在商业模式层

面不断向公有云趋近，用户可以按需付费，无须操心底层硬件的配置，可以更好地聚焦业务内容。

▶ 上下游延伸：从视觉领域基础设施到新型综合算力服务商

国内领先的云渲染服务商蔚领时代、海马云、瑞云、威尔等都在基于渲染能力，向云游戏引擎、3D 交互、底层硬件等能力拓展。游戏是目前虚拟世界里实时互动场景中最主流的落地领域，云渲染厂商的核心价值在于将游戏厂商开发的高性能损耗的游戏搬上云端，在支持终端用户的优质使用体验、实时呈现高清画面的同时节约算力。降本是推动技术迭代的源头，云原生顺应海量算力需求下提质增效的趋势，领先的云渲染服务商也在打造云原生游戏引擎、实现云端开发原生应用。

元宇宙不仅需要高性价比的云端算力，还要求完整的实时互动流媒体技术支持。云渲染厂商提供与视频 / 游戏相关的云原生全栈解决方案，囊括音视频实时编解码传输、GPU 虚拟化、容器技术等 PaaS 服务能力，延伸底层硬件自研、边缘节点覆盖、分布式存储技术、云原生引擎算法，云计算在从通用性服务到专用领域的演进中，将推动算力供给格局重构，垂直行业专用云服务商和通用性传统云计算服务商将以竞合关系博弈。

实时交互与云渲染

交互体验是元宇宙的核心，XR（高度沉浸式的扩展现实）作为 VR、AR、MR（混合现实）的融合，为用户带来了更好的沉浸式体验。

▶ 交互技术的实现方式

VR 通过人机交互和计算机共同生成 3D 模型，利用模拟环境使用户沉浸，用户通过带有传感器的电子设备等在模拟环境中实现交互。AR 将真实环境的内容与计算机软件生成的数字内容融合，依托数字信息增强用户对现实世界的感知，但相较 VR，其沉浸式体验感相对较差。MR 是现实世界与虚拟世界的融合，物理世界与现实世界的对象可以共存并实时交互，还可以提供实时的数字信息，如果说 VR 是将用户带入虚拟世界，那么 MR 则是将数字世界融入真实环境。XR 是 VR、AR、MR 的融合，运用数字化的方式增强用户感官，为沉浸式虚拟体验提供不同层级的虚拟传感器输入。

▶ 云端实时渲染为交互技术提供支撑

渲染是复杂的过程，从材料、纹理、光线的渲染，以及各种细节的完善到输出，每帧渲染的时间都存在差异。元宇宙中大量的交互式模型都需要用到实时渲染，需要强大的算力对图形进行几乎无延迟的计算与输出。因此，渲染处理器需要尽可能多地接收传感器带来的信息。例如，用户在 VR 世界中行动时，周围的数字环境需要快速切换，大量图像需要被实时渲染，从而使用户能够感知其在运动；在 MR 环境中，大量数字世界的图像也需要无缝切入，转换到现实世界中，这就需要强大的 CPU/GPU 算力作为支撑。

云端实时渲染依托规模化的云环境、分布式存储等技术，弹性调度 CPU/GPU 算力资源，为实时交互提供基础。XR 应用可以部署在云端，云端依托算力对图形数据做实时计算和输出，最终的运行结果将以 Streaming 的形式被推送到终端，使用户能够随意访问 XR 应用，从而增强体验感。

虚拟人与云渲染

作为进入元宇宙的入口，虚拟人或将是虚拟世界中人物实体的代表。根据量子位智库的数据，2030 年我国虚拟人市场规模将达到 2 700 亿元，其中多用于社交、娱乐的身份型虚拟人占比为 64.6%，服务型虚拟人占比为 35.4%。

虚拟人框架包括人物形象、语音生成、动画生成、音视频合成现实与交互等模块，主要基于建模、驱动、渲染三大核心技术。

▶ 建模：依托静态重建、动态光场重建等技术，构建虚拟人基础形象。核心在于形象的制作和还原

动态光场重建技术可以忽略材质，直接采集 3D 世界光线，实时渲染出真实的动态表演者模型。海外的微软、谷歌、英特尔、Meta（Facebook，即脸书母公司）等公司都在开展相关研究。例如，谷歌的 Relightable 系统将结构光、动态建模、重光照技术进行融合。国内的商汤、华为等公司也在相关领域有所研究。

▶ 驱动：通过传感器、终端等捕捉、采集到的动作驱动虚拟人。核心在于对动作的精确捕捉

动作捕捉技术可以分为光学式、惯性式、电磁式、基于计算机视觉的动作捕捉，目前光学式和惯性式动作捕捉较为流行。其中光学式动作捕捉基于对目标上

特定光点的监视及跟踪完成捕捉任务。

▶ 渲染：通过各种渲染技术将虚拟人的外观进行展现，对虚拟人所处环境进行刻画

渲染底层硬件能力的提升以及算法技术的突破可以提升虚拟人的真实性和实时性，使虚拟人的皮肤纹理更显真实。在 PBR（基于物理的渲染技术）出现之前，3D 渲染引擎聚焦实现 3D 效果，真实感欠佳。PBR 依托真实物理世界的成像规律模拟出渲染技术的集合，可以更真实地反映出物体表面反射光线与折射光线的强弱。传统虚拟人渲染方式是根据皮肤的投射、反射计算渲染结果，误差较大，而重光照技术则是采集多种光照条件下的图像数据，在测算出虚拟人表面的反射特性后，合成新光照条件下的虚拟人模型，实现高精度的人体光照采集与重建。

云端实时渲染的突破，赋能虚拟人实时交互。传统实时渲染强调时效性、交互性，渲染效果真实度较低。但随着底层硬件技术 CPU/GPU 的发展，以及依托云计算的分布式算力，虚拟人的渲染速度、效率、画面分辨率得以优化。未来在元宇宙应用中，将为用户带来更好的虚拟世界体验。

云游戏与云渲染

▶ 云游戏

与传统游戏不同，云游戏是在云端边缘计算节点上运行，而不是在本地终端运行。云游戏以云计算架构、渲染、云传输为底座，用户在本地终端接收云端的游戏画面及声音，也可以在本地终端发送指令对云端游戏的人物进行控制。

▶ 硬件解耦，云游戏应用场景更显丰富

由于游戏部署在云端，减少了对特定硬件、操作系统的依赖，用户可以在手机、平板电脑，甚至小程序中接入游戏。未来用户可以随时随地通过各类设备进入云游戏，解除对硬件设备的依赖。目前，云游戏的主要形式包括端游／手游覆盖、多人云游、云游直播。

▶ 利用边缘计算节点提升交互效率

渲染在云游戏中主要包含终端渲染与交互处理两个过程，终端需要具备较强的音视频解码能力，实现同步渲染输出。随着硬件、技术的不断提升，终端音视

频解码速度和效率有望同步提升，从而使用户未来在元宇宙的切入更加灵活。在交互处理层面，依托边缘云节点，云游戏对于硬件设备的依赖度降低，用户可以利用键盘、手柄、头盔等各类输入设备，与云端游戏实现实时交互，使边缘节点的计算减少延迟。

在边缘节点构建渲染服务，实现就近接入与实时交互。云渲染技术厂商在边缘云操作系统基础上逐步构建 PaaS 渲染平台，实现智能调度、编排底层算力与任务资源，叠加渲染引擎、音视频解码能力，为上层应用，包括虚拟人、云游戏、VR 等提供强大的渲染能力。边缘节点的优势体现在：一方面实时渲染需要低时延交互，距离用户终端更近的边缘节点有效降低了时延，例如边缘节点可以利用 CDN（内容分发服务）加速能力，更快地进行画面切换，提升实时交互能力；另一方面离线渲染场景表现更优。根据火山引擎，一个 1 G 大小的项目工程文件需要生成 100 帧、每帧 300 MB 的图片场景，中心节点完成渲染任务的处理时间是 760 秒，边缘节点仅需 79 秒，边缘计算整体效率大概是中心节点的 10 倍。

智慧城市与云渲染

▶ **智慧城市是数字孪生的子集**

数字孪生概念由美国教授迈克尔·格里夫斯在 2002 年提出，有望在元宇宙中广泛应用。智慧城市作为数字孪生的重要应用场景之一，将物理世界的元素利用传感器、IoT（物联网）等硬件设备映射到数字世界，在数字世界中构建开放的城市系统，包括交通、园区、商业、人口等各类集合。数字世界的集合利用大数据、AI 等技术对多维度数据进行分析，依托自动化、数智化管理业务，对现实城市的治理、编排起到优化、补充的作用。长远看，未来元宇宙将包含一个个智慧城市，用户利用虚拟人身份进入其中，在智慧城市中学习、生活、工作。智慧城市是元宇宙有效运行的虚拟基础设施。

▶ **云渲染展示虚实交融的世界**

渲染作为智慧城市的展示基础，物体在数字世界建模之后，渲染提供色彩呈现。智慧城市中元素丰富、切换频繁、场景变化速度快、终端硬件适配性要求高。整个方案需要为用户提供具有沉浸式体验、能够创意互动、低时延的高清画质，以及各类可接入终端。延伸至元宇宙，用户可以通过各类可穿戴设备进入虚拟城市，与虚拟世界中的元素进行实时交互，实现最佳的沉浸式体验。对整个智慧城市进行云端渲染，规模化的服务器可以对渲染任务进行分布式处理，降低实时交互延迟；构建智慧城市的客户仅需要对素材进行收集与上传，将目光更多地聚焦内容创作本身，而无须关注云端渲染的过程，就能得到完整的虚拟世界渲染方案。

图形渲染应用：泛娱乐领域的数字原生创作

与工业领域相同，泛娱乐领域的建模同样需要经历从几何建模、图形渲染到场景细节设计以及虚拟仿真的过程。所使用到的软件可分为两类：一是几何建模和渲染中用到的 Maya、3D Studio Max（以下简称"3Ds-Max"）等动画建模引擎，完成模型的设计、渲染；二是游戏场景细节开发所使用的游戏引擎，将 Maya 等创造的模型导入，设计动作、光照、声音、事件触发等诸多交互式的游戏内容。泛娱乐建模的流程从几何建模开始，先用 Maya、3Ds-Max 等动画建模软件完成几何模型的搭建，再进行平面展开（即展 UV），将在 Mental Ray 等渲染器中烘焙得到的贴图贴到几何模型的对应位置上，得到最终的模型。如需进一步的游戏开发，再将 3D 模型导入游戏引擎，完成游戏动作、仿真等内容设置。

游戏与动画建模更为注重视觉效果呈现，图形渲染成为其中的核心步骤。相较工业级建模追求实用性与可靠性，在游戏、动画等泛娱乐场景下建模更关注的是最终所能呈现出的材质、光影、轨迹等视觉效果的逼真性，因此在这些场景的应用中图形渲染引擎的能力更为重要。目前行业中主流的专业渲染引擎包括 V-ray、RenderMan 等，而像 Maya、3Ds-Max 等 CG 建模软件以及 Unity、虚幻引擎等游戏引擎也都可内置或外接渲染引擎模块。

独立离线渲染器：最基础的渲染工具

渲染器是用来进行图像渲染的软件。常见的渲染器有 RenderMan、Brazil、Mental Ray 等，均是通过光线追踪技术进行离线渲染的软件渲染器（仅使用 CPU 计算）。但随着计算要求的提高，部分渲染器如 V-Ray、Arnold 等也开始增加对于 GPU 硬件渲染的支持。主流渲染器都可与动画建模软件如 3Ds-Max 和 Maya 等兼容，作为建模软件的一部分参与泛娱乐建模过程。

动画建模软件：集成的泛娱乐建模工具

3Ds-Max 和 Maya 都是当前泛娱乐领域主流的 3D 建模软件，均属于 Autodesk 公司的产品。在游戏领域的建模流程中，设计者往往在动画建模软件中完成对游戏角色和环境对象的建模，再导入游戏引擎中进行动作和事件的编辑。3Ds-Max 和 Maya 在功能上差异较小，均可实现 3D 建模中的建模、贴图、动画、渲染等功能。

游戏引擎：模块化、可复用的游戏创作工具

游戏引擎是可交互 3D 内容创作的核心工具。游戏开发人员包括策划、美术、声音和技术等多个团队，其中使用游戏引擎的技术团队是游戏开发的核心。游戏引擎之于游戏开发，就像车辆引擎之于汽车，其提供游戏过程中的底层渲染、物理运算、动画系统、AI 等功能，游戏设计者也可以基于游戏引擎设计动作、光照、声音、事件触发等诸多交互式的游戏内容。

主流游戏引擎均内置了完备的渲染引擎能力。渲染引擎是游戏引擎中内置的重要模块之一，不同于 3Ds-Max 和 Maya 离线渲染聚焦的动画制作场景，游戏场景中存在玩家与对象实时交互的需求，因此游戏引擎能够提供经过算法优化后的光栅化实时渲染。在英伟达推出 RTX 显卡后，目前主流游戏引擎也已支持实时光线追踪技术。

游戏引擎的诞生源自游戏厂商的自主研发，中长尾开发者需求驱动商用引擎发展（见图 2-2）。1993 年，由于开发成本较高，软件公司 id Software 将旗下游戏《DOOM》所使用的引擎对外商业授权销售，这是第一款脱离游戏单独对外发售的游戏引擎。2000 年前后，随着 OpenGL 和微软 DirectX 标准的推广，以及 3D 显卡技术的更新迭代，市场上涌现出 Cry Engine（以下简称"CE"）、虚幻引擎（Unreal Engine，以下简称"UE"）、LithTech 等一系列脱胎于厂商自研游戏的商用引擎产品。2007 年，iPhone（苹果手机）发布，移动端游戏兴起带来的小型团队和独立设计师的开发需求驱动了商用游戏引擎快速发展。近年来，主机、VR、AR 等多平台竞争也促使了游戏引擎厂商不断迭代技术、增强实力。

图 2-2 游戏引擎是游戏创作工具，驱动虚拟世界运行

资料来源：各公司官网，中金公司研究部。

元宇宙数字世界：技术迭代、应用生态与全球产业趋势

泛工业与泛娱乐领域的建模应用正在走向交融

泛工业向泛娱乐：Autodesk 在泛娱乐领域布局

Autodesk 通过 Maya 和 3Ds-Max 布局娱乐建模工具。Autodesk 是全球领先的通用设计软件厂商，其于 1990 年成立了娱乐部进入泛娱乐领域，并发布了自研的软件 3D Studio（3Ds-Max 前身）。2005 年，Autodesk 通过收购 Alias 获得 Maya。3Ds-Max 和 Maya 是泛娱乐领域主流的动画建模软件。

StingRay 是 Autodesk 在游戏引擎方向的一次布局尝试。基于 3Ds-Max 和 Maya 在泛娱乐领域的已有优势，Autodesk 继续开发、收购了 Scaleform、Beast、Navigation 等一系列与游戏建模相关的工具软件，并在 2014 年收购的 Bitsquid 引擎的基础上，将这些功能集成为自有的游戏引擎 StingRay。虽然最终 Autodesk 在 2018 年宣布停止继续开发和销售 StingRay 游戏引擎，并将相关功能集成到 3Ds-Max 中，但这仍不失为传统工业建模软件厂商拓展游戏建模引擎的一次积极尝试。

泛娱乐向泛工业：Unity 的泛工业领域实践

实时 3D 互动内容创作和运营平台 Unity 依托已有的游戏建模引擎技术，将建模引擎业务拓展至建筑、汽车、消费等行业。截至 2020 年，在 Unity 收入规模超过 10 万美元的大客户中，有 8% 的大客户来自非游戏行业。据 Unity 公司年报预测，截至 2020 年，非游戏行业建模引擎的市场空间为 170 亿美元，而对 2025 年游戏建模引擎市场空间的预测仅为 160 亿美元。游戏之外的跨行业建模引擎市场将是公司长期的发展目标。Unity 旗下已经拥有 Unity Reflect、Unity Forma 等多款工业领域的应用软件。

一体化的实时建模和协作平台：英伟达 Omniverse

英伟达在 2021 年 11 月的 GTC 大会（GPU Technology Conference，开发

者大会）上推出了 3D 建模领域的实时模拟和协作平台 Omniverse。传统的 3D 建模流程包括草图、建模、装配、动画等多个环节，需要多部门员工按顺序分工协作，同时各环节所使用的软件各不相同。因此，3D 建模流程中的数据传输和文件格式的统一较为复杂。Omniverse 平台通过云端整合主流的 3D 建模工具，使得创作者可在云端的多个建模软件之间实时协作，提升工作效率。

Omniverse 平台主要由 5 个部件组成，其中 Nucleus 和 Kit 是最为核心的两个部件。Nucleus 是整个协作平台的核心，提供用户认证、协作服务和数据存储功能。它可以通过 Connect 连接多个 Omniverse 内置应用、外部应用（如 3Ds-Max）、渲染器和微服务等。创作者可通过 Nucleus 在平台上用多种软件同步编辑 3D 内容；管理者可在 Nucleus 的 Web 管理程序中管理用户权限和工作流程。Kit 是一套基于 USD（通用场景描述）的工具包，拥有众多模块化的常用功能套件，开发者可利用 Kit 提供的套件及扩展程序，灵活组装出自己实际需要的应用程序。

不仅仅是协作平台，英伟达在底层计算硬件上的积累也成为 Omniverse 平台坚实的后盾，硬件渲染和 AI 能力是核心壁垒。Omniverse 可提供灵活的实时光线追踪和路径追踪，背后是英伟达的 RTX 硬件平台和图形渲染、计算、AI 等后端技术能力。英伟达的 RTX 硬件平台融合了光栅化、光线追踪技术；CUDA（Compute Unified Device Architecture）是英伟达专为 GPU 上的通用计算开发的并行计算平台和编程模型，可提升图形渲染的速率；基于 AI 的 DLSS（深度学习超级采样）降噪技术降低了高帧率画面输出的 GPU 要求，使得高质量的实时渲染输出成为可能。英伟达在后端的硬件能力支持是 Omniverse 区别于其他协作平台的主要竞争力。

建模引擎可能的技术演进与应用探索方向

技术演进：新兴技术为建模引擎的演进提供新方向

AI：图像增强与 3D 建模

图像增强技术：英伟达的 DLSS 降噪技术。图形渲染为了达到高画质，需要尽可能多地增加像素采样点，但这伴随着计算量的翻倍。此领域的一个技术突破是英伟达的 DLSS 降噪技术。AI 将低分辨率的画面渲染为多帧采样时间不同的超高分辨率画面后，再通过 AI 算法将多帧画面合成分辨率较高的画面。

GAN（生成对抗网络）技术有助于直接从照片中生成几何模型。除了从软件中的多边形开始搭建几何模型，图片建模也是 3D 建模的一种方法。图片建模需要对建模的对象拍摄足够多的、各角度清晰的照片，再经过计算机的像素匹配等过程来生成 3D 模型。而 AI 使得这一过程更加简化，英伟达在 2021 年的 GTC 大会上发布的 GANverse3D 应用程序能实现从一张照片直接生成 3D 模型。AI 利用 GAN 根据单张照片预测 3D 网格模型，这就像是围绕着建模对象生成多张其他角度的照片。AI 深度学习可帮助建模师完成如建筑、汽车等基础模型的搭建，使建模师更专注于核心的角色模型设计，提高工作效率。

云计算：云端建模与渲染

3D 建模中的图形渲染无论是光栅化还是光线追踪，都对底层显卡、CPU 等硬件有较高的要求。随着 5G 和云计算技术的发展，以 SaaS（软件即服务）形式提供的建模服务应运而生。

▶ 云化 3D CAD 厂商 OnShape

2016 年发布的 OnShape 是一款完全基于云的 CAD 软件产品，支持协作编辑和灵活的流程管理。相较其他云 CAD 竞争者，OnShape 具备两点优势：一是完全基于数据库，用户之间无须传输庞大的模型文件，也无须考虑数据管理，OnShape 将设计过程保存为数据库的更改记录，同时分享文件访问权限；二是无须客户端支持，计算几乎完全在服务器端完成，通过浏览器即可使用，降低了 3D 建模对于设备的要求。OnShape 解决了传统 CAD 软件客户端庞大、文件管理烦琐且难以实时协作的痛点，是未来云化建模软件的雏形。

▶ 腾讯云的实时云渲染引擎

腾讯云在 Live Video Stack Con 2021 音视频技术大会上分享了实时云渲染服务。在该服务下运行软件和游戏时，可通过接入云渲染的 SDK（软件开发工具包）提供接近本地运行的低延迟和高画质体验。实时云渲染服务强调低时延，腾讯云通过采用多种编码方式优化、边缘节点覆盖和带宽评估调优等技术改进，来实现在线渲染的高效传输。实时的云端渲染能打破软件对特定 GPU 配置和系统平台的要求，使得渲染工作更加灵活高效。

实时光线追踪：新一代渲染技术

实时光线追踪的大范围推广受限于算力不足。光线追踪运用于图形渲染其实早已有之，在 1972 年，罗伯特·戈尔茨坦等人使用了基于光线投射思路的 SynthaVision 软件制作广告和电影。但由于计算光线追踪所需的运算量十分庞大，这一技术的运用受限于硬件计算速度而无法在实时渲染场景下得到应用。但**一系列硬件、API 等技术革新使得实时光线追踪成为可能。**

▶ *硬件：GPU 原生支持光线追踪*

2018 年，英伟达发布了全球首款实时光线追踪游戏 GPU—— GeForce RTX。RTX 系列芯片采用了图灵架构，该架构搭载了用于实时光线追踪的 RT Core 专用处理器、用于加速 AI 深度学习的 Tensor Core（张量计算核心）、新型流式多处理器和用于模拟的 CUDA（统一计算设备架构）。这些新技术大幅提高了 GPU 的计算能力，无论是光栅化还是光线追踪技术的渲染速度都有了大幅提升。美国超威半导体公司于 2020 年发布的 RDNA 2 架构也是搭载了光线加速器的光线追踪加速架构。

▶ *API：支持光线追踪的 API 标准发布*

2020 年 3 月，微软发布 DirectX12 Ultimate，允许 GPU 直接调用光线追踪、按需加载光线追踪着色器和内联光线追踪，在提升光线追踪渲染效率的同时降低了开发者的开发难度。Khronos Group（一个致力于开发开放标准的应用程序接口 API 的组织）在 2020 年 11 月也将光线追踪支持集成到 Vulkan API 框架中，使其成为首款跨平台、跨厂商的光线追踪 API。

各种路线的渲染技术对比如图 2-3 所示。

应用探索：元宇宙畅想，数字孪生与数字原生

数字建模引擎将成为元宇宙中重要的底层基础设施。近年来随着 3D 建模质量和精度的提升，以及云端建模、实时渲染等技术的成熟，3D 建模引擎的迭代

发展正在让元宇宙的真正建立和实现成为可能，但距离理想中的实时高质量建模仿真、即时人机交互的元宇宙的要求还存在一定的差距，元宇宙的实现仍需要底层建模技术进一步迭代进化。

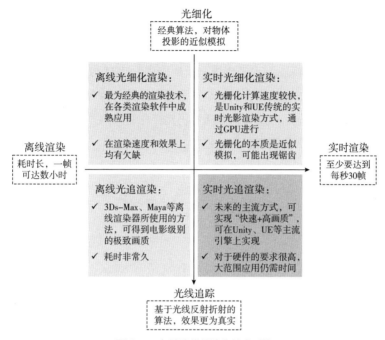

图 2-3　各种路线的渲染技术对比

资料来源：中金公司研究部。

元宇宙的实现需要什么样的建模引擎？

▶　就架构部署而言，最好是云化的

元宇宙的实现需要建模软件调用硬件算力对模型进行复杂的实时运算，因此对计算机的底层硬件算力提出了较高要求，现有的传统本地运算架构可能难以支撑元宇宙的海量建模计算需求。但随着云计算和 5G 的发展，未来海量模型文件在云端和客户端的传输将成为可能，云化的建模引擎将成为支撑元宇宙的重要基础设施。

▶　就输出效率而言，应当是实时渲染的

在未来，数字孪生和元宇宙将带动 3D 建模需求的快速增长，而传统离线渲染较低的速度和效率不能满足需求。同时元宇宙需要实现人与虚拟模型的互动，实时渲染可基于玩家所在的位置实时计算视觉效果，实现即时建模与实时交互。然而现有的实时渲染技术对于最终建模的质量依然有所牺牲，元宇宙的实现需要高建模质量的实时渲染技术进一步发展。

▶ 就软件协作而言，数据格式统一化，软件之间互操作

元宇宙需要的海量建模数据是需要跨平台、跨终端的，因此模型之间的互操作和统一的数据格式将成为未来建模引擎的刚需。USD 为建模技术提供了一种沟通的语言。从单一的渲染器，到可集成第三方插件的游戏引擎，再到打通各类软件的 Omniverse 平台，虽然各细分领域仍然存在专属的差异化需求，但软件之间的互操作性提升将成为引擎发展的趋势。

第三章

数字孪生概念与技术：
模型驱动，耦合虚实

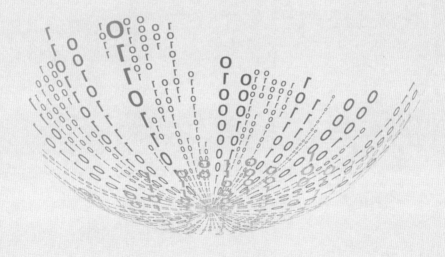

数字孪生：耦合物理与数字世界

理念构想：基于虚拟数字孪生体，反哺优化物理实体

数字孪生是要建立能够实时表征物理实体全生命周期的数字模型。数字孪生是采用信息技术对物理实体的组成、特征、功能和性能进行数字化定义和建模的过程，即在"虚拟世界"中建立与"物理实体"的几何拓扑属性、与物理属性相对应的"数字孪生体"。数字孪生充分利用物理模型、传感器更新、运行历史等数据，集成多学科、多物理量、多尺度、多概率的仿真过程，在虚拟空间完成映射，从而反映相对应的实体装备的全生命周期过程，借助物理实体的数据进行实时演化，并在过程中进行仿真、控制、预测等操作，将结果反馈给物理实体，从而起到优化并协助物理实体的作用。

数字孪生的实现有助于提升物理世界的生产运营效率，在制造、建筑、城市管理等多个场景投入应用。通过应用建模、仿真以及数据分析等技术，能够在计算机虚拟空间建立与物理实体完全等价的信息模型——数字孪生体，而且可基于"数字孪生体"对物理实体进行仿真分析和优化，进而反哺其在物理世界中的生产与运营管理流程，实现降低产品故障率、连接各开发流程、缩短开发周期、提高生产效率等功效。数字孪生理论及技术应用具有普适性，在多领域渗透，形成

"数字孪生+"应用场景。目前主要的应用场景已涵盖智能制造、工程建设、城市管理、智慧医疗、能源开采等领域。

▶ 智能制造

智能制造是当下重点发展的产业之一，强调智能技术与制造技术的融合，服务于制造业转型升级，主要包括设计、加工、装备、服务4个环节。数字孪生充分集成整合多学科、多领域技术，通过感知、建模、仿真、分析、优化等步骤，面向产品制造全生命周期，通过数字孪生体进行合理、可靠、高效分析并反馈给物理实体，协助提升产品质量、产能与效率。目前，智能制造是数字孪生落地最多的领域，数字孪生在智能制造中被应用于产品设计、工艺规划、仿真验证、质量管理追溯、预测性检测与维护、反馈优化等多个环节。

▶ 工程建设

数字孪生为工程建设全流程提供支持与帮助，整合处理工程中产生以及所需的海量数据，通过数字孪生平台对数据进行统一整合与数字化呈现。在工程设计阶段，数字孪生采集并整合实景数据，形成数字模型，供设计师参考并了解现场的具体条件与情况；在落地与施工阶段，数字孪生模型实时反映建设进展与变化，对各参数进行实时监控和展示，保障工程高效、安全地进行；在交付验收阶段，数字孪生使精细化验收成为可能，数字模型与平台有利于检查与模拟各设计部件及其对应参数。

▶ 城市管理

数字孪生通过将物理世界中的场景、人、物等要素数字化，协助城市管理有序运行。其在动态交通规划、安全综合治理、设计施工、城市公共服务等细分领域持续发力，为更高效的城市管理打下了坚实的基础。通过1:1复原真实城市空间，能够以最为直观和精确的方式将其呈现给城市管理者与居民，同时提供对城市动态推演等分析，服务于城市规划与管理。数字孪生技术赋予城市更有效的统筹规划与治理能力，为城市进一步发展提供强劲动力。

▶ 智慧医疗

数字孪生有助于协助医疗研发、实时监测健康状况、预测策略变更结果、验证医疗方案等。在医疗研发方面，数字孪生技术有助于收集大量与研发相关的数据、对医疗方案及其副作用进行模拟验证，高效提升研发成功率；在健康监测方面，数字孪生技术有潜力通过扫描仪器和可穿戴设备实时对身体及各参数进行数字化复制，并对其进行实时监控与指数追踪，在现有的健康检测基础上进一步提供更全面、更及时、更精确的监测与提示。

▶ 能源开采

能源开采的复杂环境对于设备、人员及操作有十分严苛的要求。目前，开采过程信息互通能力不足，使得开采数据实时反馈与监控难以实现。针对种种相关问题，数字孪生技术及平台有能力逼真模拟能源开采情况，并实时动态反馈开采过程中的各种参数，有助于使能源开采全流程可视化、透明化，从而达到信息互通、装备协同、高效安全开采。

数字孪生的五大要素：物理实体、虚拟空间等价孪生体、数据、关联、服务。物理实体包括物理世界中的各个物件、系统以及传感设备。其中，传感设备用于实时收集物件和系统的状态以及相应数据。虚拟空间等价孪生体可以理解为数字孪生体，用于在数字空间中表征对应的物理实体，包括实体的属性、特征等各维度参数。数据既包括直接获取到的物理实体的数据，也包括在数字空间中生成的数据。关联代表各部分之间的实时联系，物理数据被传输到数字模型中，将数字孪生生成的数据反馈给物理实体，以便调整与优化。服务则代表数字孪生整个系统产出的结果及其对现实的意义。

数字孪生的三大核心特征：实时闭环、数据支撑、高保真与交互性。数字孪生基于计算机软件对随时间变化的物理实体进行实时状态表征，同时通过仿真、模拟等操作进行反馈并优化物理实体，具备实时性与闭环性。数据支撑反映了数字孪生的特征与本质，以数据流通与高效利用协助优化物理世界。此外，高保真与交互性也是数字孪生的重要特征。数字孪生要求与物理实体高度仿真，追求真实性与接近性。高德纳咨询公司亦提出数字孪生具备高交互性特征，具有评估可能发生状况的能力。

演进历程：从建模仿真，到 MBSE，再到全流程孪生

回顾历史，数字孪生理念出现已久，在理论与技术发展中其内涵逐渐成熟深化。数字孪生理念的源头可以追溯至 20 世纪建模与仿真技术（CAD/CAE）的诞

生时期，当时学界和产业界就已经开始探索如何更好地利用建模和仿真数据，以反哺设计和制造环节，实现工艺和制造流程的优化；其后的 PLM/PDM（产品生命周期管理/产品数据管理）系统的发展正是体现了这一理念，为产品研发端建立了统一的模型数据平台；而之后 MBSE（基于模型的系统工程）概念的出现，更使产品模型数据化的范围进一步向后端制造与验证流程延伸；而随着物联网、人工智能、大数据等新兴技术的发展，结合了多项前沿技术的数字孪生平台得以实现产品全生命周期的模型数据化，以及数据的实时流转反馈，但这距离完整的数字孪生理念的实现仍有一定的距离，应用技术结合、理念深化落地仍有较大空间。

▶ CAD/CAE

CAD、CAE 分别代表计算机辅助设计和计算机辅助工程，其诞生使过去必须通过手工绘制的图纸以及仿真分析计算可以利用计算机工业软件完成，大大减少了工作量并提升了产品的研发效率。在该阶段中，相关工业软件仅仅作为工具将物理实体转化为软件中的模型，用于协助生产。同时，该阶段各软件仅负责对单一环节的处理，不包括产品生产的全部流程，数据并未流转于各个环节，亦不具备实时更新的特点。

▶ PLM

PLM 指产品生命周期管理，在软件领域常展示为战略性数字化产品软件与应用平台，集成与产品相关的流程、人力与财务资源、重要信息等内容，致力于以低成本功耗及高效率生产产品。在该阶段，数据的重要性显著提升，PLM 打通产品各环节的数据并进行存储与应用，将数据贯穿策划、设计、开发、验证、生产、维护的全生命周期。PLM 的主要特征包括对产品全生命周期、全生产流程的考量，但并不能实现实时动态更新，各环节之间的反馈仍有延迟。

▶ MBSE

MBSE 指基于模型的系统工程，主要特征为运用数字化建模代替文档，进一步强调形式化、系统性以及贯穿产品全生命周期的理念，以连贯的多视角数字化模型实现跨领域、各环节的动态关联。著名的 VV 曲线阐释了 MBSE 从研发端到生产验证各环节的工作流，左板块体现模型研发端，右板块同时显示虚拟验证与实物验证两种验证结果，体现了设计即可使用的理念。在该阶段，MBSE 主要作为系统性、全流程的概念与框架进行展现，为数字孪生打下基础。

▶ Digital Twin

Digital Twin 即数字孪生，数字孪生概念于 2002 年由密歇根大学教授迈克尔·格里夫斯首次提出，并不断得到提炼升华。数字孪生的理想状态是通过融合各领域技术，贯穿设计、验证、仿真、制造、运营、后期维护等各环节、全流程，真正实现包括实体、逻辑、行为等在物理世界与虚拟世界的实时动态双向映射。近年来，数字孪生在各领域持续渗透并落实，逐步成为数字化转型的关键技术。该阶段是数字孪生概念的理想最终阶段，将物理实体数据化，各个环节之间彼此连接，实现数字世界反馈物理世界，提升产品的生产效率以及可用性、可靠性，同时降低各个环节的生产设计风险。

技术基础：贯穿模型数据的全生命周期

模型数据获取：物联网与感知技术

物联网与感知技术对物理实体运行态势进行实时监测并获取数据。物联网主要包含 4 个要素，即终端、传感器、网络以及服务，用于获取物理世界的海量数据并进行处理、连接、分析、反馈，从而起到监控与优化的作用。感知技术是实现数字孪生生态全流程映射与交互的起始部分与重要环节。感知技术包含全域标识、多传感器融合等细分技术，提供精准可靠的测量方式，以及物理实体的各项参数。该技术的目标在于获取物理实体的数据、明确物理实体的状态、在空间中的具体唯一位置等信息。感知技术常用软硬件包括 OID（对象标识符）、传感器等。

物联网与感知技术为数字孪生应用提供底层模型数据来源的支撑。数字孪生的实现基于大量可用且有效的数据，物联网与感知技术通过传感器、监视器等相关设备直接实时得到产品全生命周期的相关数据，并通过自动上云的方式为数字孪生提供足够的数字"养料"，从而为之后可以更好地将产品与服务数字化、可视化做足准备。物联网技术在各行业的数字孪生中都体现出重要作用，诸如在智能制造中通过感知与监控实时维护机器使用能力，在供应链领域可视化传输地点、环境等重要信息。随着物联网技术的不断提升、获取实时数据的能力不断增强，为数字孪生打下了坚实的基础，并源源不断地为后续步骤提供有效且有价值的数据，如图 3-1 所示。

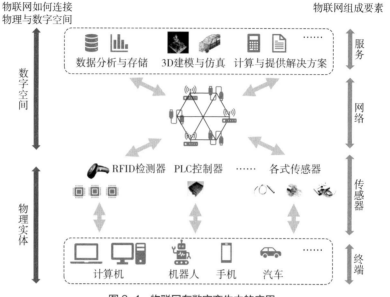

图 3-1　物联网在数字孪生中的应用

资料来源：Fei Tao 等，《Digital Twin Driven Smart Manufacturing》(2019)；中金公司研究部。

Microsoft Azure IoT、PTC ThingWorx IoT 等众多物联网平台基于物联网数据及计算为数字孪生提供海量、有效的数据。Microsoft Azure IoT 作为物联网平台，通过获取的物理世界数据，创建真实的物品、地点、业务流程和人员的数字形式，并在数十亿台物联网设备之间建立双向通信。其通过利用跨边缘和云托管以及平台等服务构建智能环境，帮助企业对设备和应用程序进行连接、监视、自动化和建模，从而做出更好的产品并优化运营方式及成本、推动转型、实现预期的业务成果，并打造突破性的客户体验。同时，Microsoft Azure IoT 平台为每台设备提供安全方面的保护，并能实现设备预配自动化，从而加速物联网部署。

动作捕捉针对动态的实体，实时采集其数据并生成姿势与状态的数字孪生体。动作捕捉是运用各类传感器对人或物体的动作进行追踪与记录，获取虚拟"骨架"并运用计算机程序，在"骨架"上覆盖所需信息，生成具有同样动作的"数字虚拟体"。动作捕捉技术的出现与成熟使得人们不需要绘制各帧图像就可得到连续场景与连续镜头。动作捕捉采集数据并提供交互能力，根据使用场景及特点主要分为机械式、电磁式、光学动捕、惯性动捕等不同类型，目前主流的是光学动捕以及惯性动捕。随着动作捕捉技术的日益成熟，其逐渐被广泛应用于影视、医疗、机器人等领域，为日后在数字孪生中的应用打下良好的基础，如图 3-2 所示。

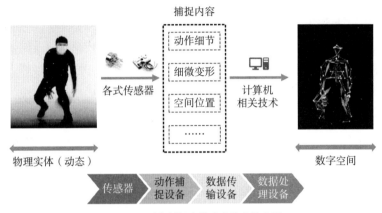

图 3-2　动作捕捉在数字孪生中的应用

资料来源：NOKOV 官网，中金公司研究部。

　　动作捕捉技术已有数十年发展历史，诸多海内外公司在此领域深度布局。海外方面，微软、英特尔、厉动等公司均有较为领先且完善的解决方案；国内方面，我国大量动作捕捉相关企业也在不断探索与研发。青瞳视觉在动作捕捉领域自主研发了红外光学动作捕捉系列产品，在虚拟仿真、动画影视、生命科学等领域均取得了突破；同时，借助公司在计算机视觉、人机交互等领域的积累，较好地实现了虚实空间数据映射，打通了物理与数字世界。诺亦腾在动作捕捉和 3D 运动测量方面全球领先，致力于通过对人、物的精确感知与智能分析，构建运动状态的数字孪生。

模型数据搭建：建模、渲染、仿真

　　建模、渲染与仿真技术在数字空间中构筑物理实物的数字孪生体。建模就是将物理世界数字化、为物理实体生成数字孪生的技术方法；渲染是指基于建出的模型进一步完善纹理、视觉、几何等要求，使其满足真实 3D 场景效果；仿真技术用于确认数字孪生模型化，反映物理实体的正确性及有效性。**建模、渲染与仿真技术将所获取的物理实体的数据信息在数字世界中进行孪生模型搭建**，赋予其与现实物理世界相对应的数学属性、物理属性，并呈现出尽可能真实的视觉效果。

建模引擎是提供建模、渲染与仿真的核心平台，支撑起数字孪生底层模型数据的搭建。广义的建模引擎泛指工业软件领域的几何建模内核，以及娱乐领域的动画、游戏建模引擎内核等，在实际应用中，建模引擎处于底层硬件算力资源以及上层应用之间的中间层，其负责通过 3D 图形 API 调用底层算力资源，实现对象的造型建模、图形建模、仿真计算，演化出在泛工业（制造、建筑、特种应用、智慧城市等）、泛娱乐（游戏、影视、动画等）场景中的丰富应用，其是 3D 图形开发领域的"中间件"。在数字孪生应用中，具有建模引擎能力的工业软件厂商以及图形引擎厂商也主要是在模型数据搭建环节扮演输出建模能力的角色。

达索、剑维软件等工业软件厂商在建模、渲染、仿真领域积淀深厚，持续推动数字孪生在各领域、各行业应用。达索专业的 3D Experience 通过使用全生命周期中的所有数字资产，提供数据驱动和基于模型的解决方案，通过建模、仿真等技术连接虚拟与数字世界，在工业设备、航空航天、生命科学等众多领域得到广泛应用。近年来，剑维软件公司推出适用于各领域 3D 设计的新一代产品——E3D Design，其具有强大的建模与可视化能力，能够快速生成准确的图纸和报告，以降低新建项目的成本、商业风险，并缩短时间进度。在建模效率方面，剑维软件的 E3D Design 比传统的 PDMS 提升了 30%~50%。同时，与公司的其他产品，诸如 AVEVA Connect 一起使用，可在云上创建数字孪生，大大提升设计与制造效率。

Unity、Unreal 等图形引擎为各领域的数字孪生模型开发提供了标准的开发平台。Unity 和 Unreal 是目前全球应用最为广泛的两大游戏引擎，而近年来其应用领域也从游戏进一步衍生至工业建模、建筑建模、城市建模等领域，并在数字孪生的实现中投入底层的建模、渲染与仿真应用。Unity 平台本身也作为项目对象模型搭建和模型渲染的底层平台，在诸多智慧城市、智慧工厂项目中得到应用，成为项目对象模型搭建和模型渲染的底层平台。Unreal 则更侧重对大型 3A 游戏的开发，采取源码开放的模式，使得开发者能够更好地进行修改调整，以满足其更灵活、高效、符合场景的需求。在其全新的 UE5 版本中进一步强化了动态全局光照等技术，在游戏美术领域取得了进一步突破。

模型数据整合与可视化：数字孪生数据平台

数据平台承担数字孪生中海量数据集成与可视化的职责。数据平台需要融合各种工具才能更好地在数字孪生环节起到协助的作用。数据平台运用数据库、大数据等相关技术整合结构化、半结构化、非结构化等海量的、不同类型的数据进行预处理并加以使用。同时，数据平台需要结合数字线程等通信能力进行数据整合，实时反映物理实体的当前状态等。数据平台作为与物理实体对应的若干数字孪生间的沟通桥梁，提供访问、整合并将数据转化为可操作的信息，传递给对应的决策者。未来，数字孪生数据平台有可能结合更多计算机图形学、机器学习等技术，实现数据可视化、分析、决策等一体化平台。

模型数据互动：VR、AR

数据互动阶段进一步提升了人与数字孪生世界的交互。目前，数据互动主要包括 VR、AR 等技术，为物理实体、数字孪生及用户构建了交互的渠道。VR 为用户构建了一个全新的数字化虚拟场景，该场景可以基于现实也可以与现实无关，还可以基于用户的沉浸式体验。AR 在现实世界的基础上添加了虚拟数字化的物品和信息，对现实进行强化。

数据互动阶段可以理解为数字可视化的进阶版本。在此阶段，数字孪生世界与人的关系更进一步，不仅可以观察数字孪生世界，更可以参与其中的变化并对相应的物理世界做出指导与参考。同时，不同身份的人均可以参与交互的过程，实现不同的目的：生产者可以通过沉浸式交互在孪生空间进行测试，提升产品生产过程的安全性、设计的效率与成功率；使用者可以通过交互在孪生空间感受产品的使用体验等。在数字孪生中，VR、AR 等交互技术通过给用户提供更为直观的、沉浸式的交互与操作方式，使分析与操作数字孪生或数字世界的方式更接近于物理实体或世界，具体的应用如图 3-3 所示。

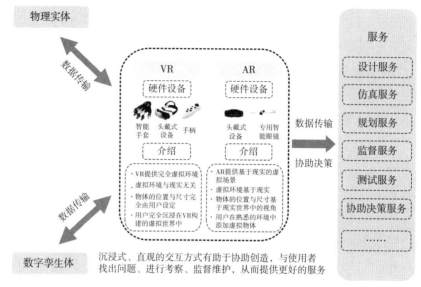

图 3-3　VR、AR 技术介绍及在数字孪生中的应用

资料来源：Fei Tao 等，《Digital Twin Driven Smart Manufacturing》（2019）；中金公司研究部。

VR、AR 在数字孪生中的作用主要体现在与其他技术结合后提供更好的服务。 中控技术通过 VR、AR 等算法与工具，为工业企业在装置投运后实现对设备状态进行实时精准管理、工艺参数模型持续优化和迭代，同时便于员工进行数字化工厂巡检，及时、有效、安全地发现与排除问题故障等后期运维与服务。此外，AR、VR 可以协助虚拟培训，中控技术利用 AR、VR 技术为员工提供沉浸式体验 3D 数字化工厂的功能，对工厂内设备的使用操作方法、运维、生产安全等不同环节进行数字化虚拟培训，有效提升员工相应的知识与技能，从而更好地提升企业的应急管控能力。

支撑技术：云计算、边缘计算、人工智能

云计算、边缘计算等技术为数字孪生提供数据分析、预测与决策的强劲支

撑。在数字孪生的基础数据获取层，物联网产生了难以想象的、海量的、不同类型的数据，而将这些数据转化为有用的信息则需要强大的计算能力，包括云计算、边缘计算等技术。云计算利用网络通过将数据拆分成子问题，并利用网络中大量的硬件与软件资源对子问题进行快速处理，然后将结果反馈给用户。边缘计算则更加强调速度与安全性，边缘指靠近终端或数据源头，边缘计算则指采用集存储、应用、计算等核心能力的平台提供就近的计算服务。这些计算方法的融合为数字孪生实时快速的数据处理提供了技术支撑。云计算和边缘计算等技术为数字孪生提供了更为高效与智能化的分析，从而实现数字孪生内部的计算与处理，为数据共享与智能化奠定了基础。

人工智能等计算机技术在数字孪生中有助于对数据进行更高效的分析与应用。人工智能的目的是赋予机器以人的智慧，使得计算机能以人类智能做出反应，主要可以分为机器学习、计算机视觉、自然语言处理、工业智能化技术等。人工智能作为支撑技术可以应用于对采集数据的分析并进行运维监督、产品寿命预测以及提供决策可能等方面，从而创造应用价值。

发展方向：技术演进、标准完善、应用拓展

展望未来，数字孪生在长时间不断发展与完善的过程中将逐步成为解构与优化物理世界的不可或缺的工具。数字孪生将充分赋能数字化转型这一大势，通过联结各交叉领域知识与融汇多元技术，助力大幅度提升物理世界效率。在意识到数字孪生潜能的同时我们需要明确的是，数字孪生目前仍处在发展初期，为挖掘并发挥其发展潜力，需要各种相关技术的持续发展与积淀，不断攻克尚未解决的问题并深化应用以落实到行业中。未来数字孪生在技术演进、标准完善、应用拓展3个方面有以下潜在的发展趋势。

▶ 技术演进

数字孪生将进一步综合、融合多领域技术，在感知、建模仿真、智能决策等多方面实现技术进化。数字孪生技术体系十分复杂且有较长产业链，需要各个环节共同发力、协同创新，不断向稳定成熟的技术体系进发。随着技术的积淀与发展，不断提升感知、建模、仿真等核心技术实力。同时，融合大数据、人工智能

等支撑技术，向自动化、智能化转变。实现由数字化重现向分析预测以及协助决策逐步升级。

▶ 标准完善

随着数字孪生不断发展，相关标准与指导性框架将会持续统一与完善。随着ISO（国际标准化组织）、IEEE（美国电气电子工程师学会）、全国信息技术标准化技术委员会等国内外标准化组织与机构对数字孪生标准化的探讨与推进，数字孪生基础共性及相关关键技术框架标准将不断被立项、探讨与整合，相关标准体系已初步建立。未来将会进一步形成国际、国家、行业等标准，使数字孪生得以更广泛、更高效地发展与应用。

▶ 应用拓展

数字孪生具备辅助决策、提升产能等重要作用，将进一步渗透各领域，赋能数字化转型。高德纳咨询公司认为数字孪生将发生颠覆性创新并逐步渗透各企业。全球第二大市场研究咨询公司 Markets and Markets 曾预测，全球数字孪生市场规模将于 2026 年增长至 482 亿美元。随着技术逐渐成熟，数字孪生将在工业领域进一步赋能产品全生命周期，在智慧城市领域进行智能化决策辅助等，并在医疗、能源、军事等更多的领域打开应用场景，不断协助优化物理世界发展。

第四章

数字原生：

AIGC 涌内容生成之浪，NLP 筑智能交互之基

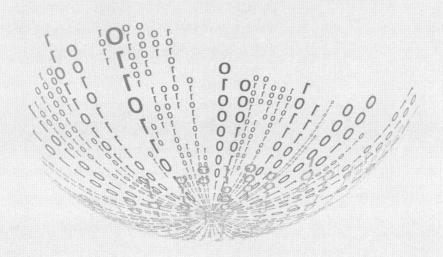

技术基础：AIGC 内容生成之纽，NLP 交互智能之基

AI 作为连接数字与物理世界的纽带，是构建元宇宙的关键基础技术之一；从数字原生角度，AI 助力数字世界中虚拟内容的生成并赋予虚拟人"智能"。AIGC（AI 生成内容）及 NLP（自然语言处理）是 AI 赋能数字原生的关键技术，分别在助力虚拟内容生成、实现虚拟人交互智能能力方面提供关键技术支撑，从而推动虚拟人、语音助手等产业进一步落地。

AI 技术为元宇宙构建了生产基座，从技术角度，AI 赋能主要围绕内容 / 形象维度 AIGC 与智能交互维度 NLP 展开。AIGC 以环境生成"真实化"，形象生成"拟人化"为主要目标，借助 AIGC 替代 UGC（用户生成内容）、PGC（专业生成内容）高效完成内容生成和美化；NLP 则从广义上倾向于"智能化"和"自动化"交互，支撑技术包括语音识别、知识图谱和语义理解、语音合成、语音动画合成等。

AI 将数字世界的内容生成技术由 2D 引领至 3D 时代，由手动进入自动建模时代，由真人驱动进入 AI 技术驱动时代。3D 模型是电影、动画的要素，3D 人工建模通常耗时长、成本高且高度依赖高端人才，例如，《星海之梦》CG（计算机图学）围绕 3D 空间感展开，城市毁灭不足 5 秒的镜头需要耗费超过两个月的时间制作，可见难以规模化生产，AI 是打破这一瓶颈的关键。相比手动建模，

超过 70% 的自动建模由 AI 完成，其中，AI 在赋予内容、形象以及智能环节成为重要驱动力。

AIGC：实现内容工业化生产、形象拟人化生成的推手

从 PGC 到 UGC，内容生产方式终迎 AIGC 根本性变革

在用户需求多样化、个性化的大背景下，人力创作效率低下成为制约大规模内容生产突破的瓶颈。 从需求端来看，随着"Z 世代"年轻人成为内容消费的主体，个性化、分众化的需求对内容生产提出了更高的要求。此外，互联网的普及加速了内容的传播，人们丰富的内容需求已难以被满足。传统内容生产行业依靠人力创作，在高需求下创作者的数量和能力成为制约内容生产行业进一步发展的瓶颈。

PGC、UGC 分别被产能和质量所限制，难以满足迅速增长的内容需求。 PGC 主要是指由专业化团队生产、具备较高质量并用以商业变现的内容。为保障质量，PGC 往往需要投入大量的研发成本，以国内长视频龙头企业爱奇艺为例，2021 年其内容采购成本达 207 亿元，占总营收的 68%，如图 4-1 所示。UGC 将消费者和生产者之间的边界混淆，创作者即用户本身，降低了生产门槛，使得社区更为繁荣。以快手为例，2021 年 MAU（月度活跃人数）达 5.44 亿人，但正因为创作自由度高，用户搜索优质内容的成本更高，质量难以保证，如图 4-2 所示。尽管 UGC 在一定程度上突破了 PGC 的创作瓶颈，但仍无法满足元宇宙高质量、多样性的内容需求。因此，PGC、UGC 各有其局限之处，亟待新的生产方式带来内容变革。

AIGC 能够突破人工限制，带来元宇宙所需的丰富多样的内容。 AIGC 指通过 AI 技术自动或辅助生成内容的生产方式。在 AI 工具帮助下，任何人都可以成为创作者，通过输入指令使 AI 自动生成内容，让 AI 完成冗杂的代码、绘图、建模等任务。受技术发展所限，目前 AI 生产内容仍作为辅助人类的角色，需要人类在关键环节做出指令或设计内容，无法真正作为创作者本身参与内容生产。

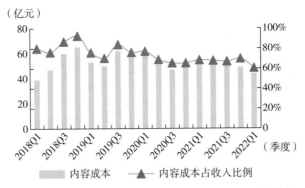

图 4-1　2018Q1—2022Q1 爱奇艺内容成本占收入比例较高

资料来源：公司公告，中金公司研究部。

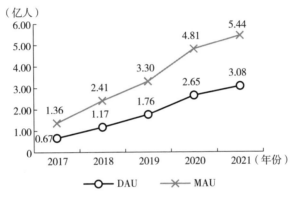

图 4-2　2017—2021 年快手 DAU、MAU 快速增长

资料来源：公司公告，中金公司研究部。

大模型迭代与开源成为 AIGC 快速兴起的催化剂，2022 年成为 AIGC 落地元年

生成对抗网络 GAN 不断演进，助力 AI 生成图像并逐步完善，是 AIGC 兴起的原始思路。GAN 于 2014 年被提出，主要原理为，将两个神经网络（生成网络和判别网络）相互对立，以提高模型输出结果的质量。通过 GAN，计算机可以根据输入的文字描述、图像分割、草图、风格等生成实际不存在的图像，也可以将已有图片根据输入目标进行转化，肉眼几乎无法分辨真假。AI 能够将输入的简易指令转化为图像等复杂生成结果，具备支撑元宇宙生成的技术条件。

GAN 是 AIGC 发展的基础框架，但技术方面仍存在诸多不足。在 AIGC 由学术界实验室向应用导向转化的过程中，生产者对图像生成的质量、分辨率提出了更高的要求，GAN 的不足之处体现在：一方面容易生成随机图像，对结果的掌控力较差；另一方面是图像分辨率较低，能够支撑宏伟图景，但难以满足细节要求，此外，生成过程中依赖对原有图像数据的模仿，缺乏创新性。基于以上不足，AIGC 发展在学术界、应用界均遭遇发展瓶颈。

CLIP 模型（文本—图像预训练模型）由 OpenAI 提出，并在 2021 年开源文本—图像对应能力为 AIGC 提供落地基础。CLIP 是以文本为监督信号来训练可迁移的视觉模型，是多模态领域的重要推动力，主要价值在于具备强大的特征提取能力，基于互联网搜集到的数十亿张图片及文本信息进行训练，能够实现将任意图像和文本信息配对，为 AIGC 的主流应用由文本生成图片和视频奠定多模态应用基础。

Diffusion 扩散模型在 2022 年以多维度技术优势进一步推动 AIGC 应用。Diffusion 模型最早在 2015 年的论文《利用非均衡热力学的深度无监督学习》（Deep Unsupervised Learning using Nonequilibrium Thermodynamics）中被提出，2020 年由《去噪扩散概率模型》（Denoising Diffusion Probabilistic Models）一文提出的 DDPM 模型，即去噪扩散概率模型，引起了学术界更多关注。模型本质分为前向扩散、反向生成两个阶段，分别完成对图像逐步添加高斯噪声、随机噪声、去噪声的过程，相较 GAN 模型，其在数据量方面需求更少，而在生成任务效果上大幅超越 GAN 等传统模型。

DALL·E 及升级版 DALL·E 2 项目基于 CLIP 和 Diffusion 大模型开发，AI 具备依据文字进行创作的能力，AIGC 作画领域落地进入快车道。DALL·E 系统由微软注资的 OpenAI 于 2021 年 1 月推出，并于 2022 年 4 月更新至 DALL·E 2，该系统基于 CLIP 和 Diffusion 关键模型建立，具备 3 种功能：根据文本提示生成图像、以给定图像生成新图像、以文本编辑图像元素。2022 年 7 月，DALL·E 2 开启邀请制公测，生成图像在关注宏伟场景的同时关注人物关系细节，是 AIGC 早期落地的重要标杆事件。

Stable Diffusion 于 2022 年 7 月建立完全开源的生态，是 2022 年 AIGC 落地门槛降低、应用热度进一步提升的又一重要驱动力。AIGC 在 2022 年已经具备了 CLIP 开源文本—图像多模态模型基础、LAION 开源数据库、Diffusion 大模型算法框架创新，Stable Diffusion 的重要贡献在于使用空间降维解决内存和模型推理时长痛点，以及 2022 年 7 月构建的完全开源生态。部署在国内的二次元创作 Novel AI 模型便是基于 Stable Diffusion 模型发展而来的，作画方式更为多元，包括文本生成图像、原画改写、简笔画生成等模式，出图质量较高，得到二次元爱好者的认可。至此，开源生态推动 AIGC 的数据、模型与算力问题得到初步解决，直接降低了使用者门槛，渗透多个垂直领域。

AI 技术逐步进入无监督学习时代，支撑元宇宙内容生成的产业化发展。 2012 年以前，AI 模型大多为针对特定场景进行训练的小模型，无法拓展至通用场景，且仍需要人工调参和大量数据来提升模型精度。随着技术发展，AI 可以在图像、文本等多维度上实现融合互补，在无监督情况下自动学习不同任务，并快速迁移到不同领域。例如，AI 驱动虚拟人可以利用现实人脸及声音等多维度数据生成形象，GAN、Diffusion 模型可以通过文字、图像等数据进行多模态创作。AI 技术已呈现出能稳定支持元宇宙内容生产的发展趋势，未来有望突破"小作坊"式生产，助力 AI 内容生产进入工业化时代。

AIGC 逐步落地引擎渲染和表情生成，显著提升元宇宙内容生产效率

AI 加持引擎和渲染技术，加速实现元宇宙中大量环境、建筑的构建需求。 目前，构建小型场景已具备技术基础，但元宇宙需要高效、高质量地建造更丰富、更宏伟的场景。2020 年谷歌研究院的普拉图尔·斯里尼瓦桑、本·米尔登霍尔提出的 NeRF（神经辐射场）能够利用几张静态图像生成多视角的 3D 动画。AI 技术迭代能够加速引擎渲染过程，从而满足元宇宙场景构建的高需求。

深度学习驱动生成面部表情，实现虚拟人物拟人化关键突破。 深度神经网络学习可以驱动建模绑定环节面部表情的实时推理，显著缩短项目流程。2018 年，腾讯 NExT Studios 推出虚拟人 Siren（塞壬），在制作中，"绑定技术"环节耗费了大半年时间。2021 年，新华社、腾讯凭借新制作的平台 xFaceBuilder，联合推出数字航天员、数字记者"小诤"，小诤项目发布第一条视频仅耗费不足 3 个月。

NLP："智能化交互"的 AI 技术核心，是瓶颈也是机遇

技术视角下，NLP 为数字世界中的人物赋予智慧

NLP 的目的是使计算机系统能够和人类进行自然语言交互，是赋予数字世界人物智能的关键技术。NLP 是人工智能领域发展历史较为丰富的技术之一，但由于自然语言的复杂性和多样性，NLP 技术成熟度成了目前人机交互落地及场景层面的瓶颈。2018 年之前，国内对话式 AI 多为面向单个任务的框架，以尽可能在单个对话中满足用户为目标，在发展方面有上限。根据智东西对竹间智能等 NLP 公司的管理层进行的调研，任务导向的一问一答阻碍了 NLP 技术的通用性延展。而面向对话全程的框架尽管仍处于发展初期，但未来的发展没有明确上限，具备高想象力的延展可能，可以在元宇宙中实现高拟人化的自然语言人机交互，具体发展历史如图 4-3 所示。

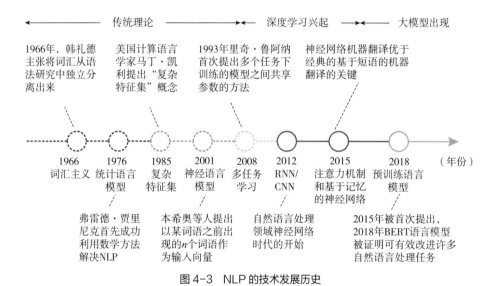

图 4-3 NLP 的技术发展历史

资料来源：量子位网站，中金公司研究部。

相较传统 NLP 模型，Transformer 预训练大模型在通用性、动态调整能力和强泛化性 3 个方面均有所突破。传统的 NLP 模型多基于 RNN（循环神经网络）序列模型架构，依赖样本的时序性，使得数据处理时延较长；Transformer 则基于

类似 CNN（卷积神经网络）结构并加以改进，具备数据并行处理能力且适合捕获长距离特征，能够同时克服 RNN 和 CNN 的弱点，提升海量数据的处理效率。

基于 Transformer 的 GPT（通用预训练语言模型）与 BERT 标志着 NLP 大模型路线的开端，自此 NLP 驶入发展快车道。GPT 利用 Transformer 作为特征抽取器，基于语言模型的条件概率作为辅助目标函数进行训练，是一个单向模型。GPT 在大语料场景下能够显著改善模型效果，在没有任何特定训练的情况下，GPT 能够做到初步的阅读理解、机器翻译、问答等，完成大部分 NLP 任务。BERT（一种自然语言处理模型）同样利用 Transformer 作为特征抽取器，但与GPT 不同的是它引入了双向机制，不断地对比上下文语义、句法和词义进行学习。通过自监督学习，BERT 能够利用大量非监督的文本、编码语音知识，并应用到下游 NLP 任务中。2017—2018 年，GPT 与 BERT 模型的提出，标志着 NLP进入预训练大模型时代。

NLP 发展到什么阶段了？Transformer 为 NLP 带来了里程碑式的技术飞跃，但 NLP 仍存在诸多技术和商用瓶颈。从数据标注层面来看，大多数 NLP 问题主观性比较强，数据标注不一致且耗费成本很高，数据匮乏是 NLP 领域短时难以解决的问题。从评估层面来看，一部分 NLP 问题缺乏有效评估指标，目前大多数生成类任务论文都选择人类主观对生成文本质量进行评估。在实际应用中以推荐为例，训练模型时主要关注的指标为查准率等，但最终的推荐效果需要从用户实际评价与购买情况中反映出来。因此不管实验室模型效果如何，在实际应用中仍需要根据反馈不断调整参数、数据或算法等，运营迭代成本较高。从模型进展层面来看，目前绝大多数 NLP 模型仍是黑盒，可解释性不强，难以获知输出结果与业务知识之间的因果关系。

缺乏独立应用场景是 NLP 难以孵化大型公司的重要因素。NLP 任务更偏向后台技术平台服务的形式，目前 NLP 公司一般瞄准对话等实际业务的辅助功能市场，比如智能客服、搜索推荐、机器翻译等，缺乏独立应用场景。换言之，NLP 的应用场景多样性很强，凡是运用自然语言的地方都是其潜在落地场景，但也因其场景分散、复杂且不具备高同质性而难以扩展。此外，大部分 NLP 创业公司主要面向 B 端，虽然没有 C 端业务对技术的苛刻要求，但业务周期往往很长，且成本高、可移植性差，也在一定程度上影响了其商业化进程。

NLP 支持"智能化交互"，大模型助力跨越商业落地分水岭

技术层面，NLP 底层技术基础主要包括语音识别（ASR、STT）、自然语言理解（NLU）、自然语言生成（NLG）、语音合成（TTS）和语音转换技术。 从 AI 虚拟人应用视角，虚拟人物需要经历语音转文字—文本理解—生成互动文本—人声输出等主要环节，对智能化的要求不断提升，深度学习给技术带来了根本性变革。从深度神经网络、递归神经网络到卷积神经网络，语音领域的智能化、准确度不断提升。2018 年起，深度学习进入 Transformer 时代，NLP 技术发展提速，其具体发展情况如图 4-4 所示。

图 4-4　NLP 领域的技术变迁和商业化落地进程

资料来源：智东西，中金公司研究部。

近年来 NLP 技术加速发展，有望真正落地智能化交互领域。 NLP 在进入深度学习时代之前发展速度缓慢，在进入深度学习 Transformer 时代后，模型能力大幅提升，但应用层面变现场景不足。在 AI 虚拟人应用中，语音智能化交互作为技术需求的基石，能够有效地激活虚拟人的拟人化和智能化程度，为虚拟人注入"智慧"，打破 NLP 落地的瓶颈。2018 年，语言建模进入 Transformer 时代。Bert 在 2018 年机器理解测试 SQuAD 的 10 项 NLP 测试中拿到高分，分数已超越普通人类水平。OpenAI 在 2020 年发布的 GPT-3 以 1 750 亿参数量登上文字生成 AI 新台阶，在个人开发者凯文·拉克尔对其进行的图灵测试中，GPT-3 能够回答大部分常识及推理问题，表现优异。

智能化交互发展到什么阶段了？NLP 为元宇宙中的交互环节注入感知与推理"智能"，从技术上看，智能化交互技术发展远未达到天花板。 NLP 自大模型

路线起，进入新一轮"数据—模型"的迭代飞轮，从数学角度理解发展上限，在大脑活动都可以转化为广义逻辑推理的假说下，总存在一个递归神经网络能够模拟人脑的所有活动，更进一步，NLP 的 Transformer 路线可以将数字世界中智能体的交互能力无限逼近真实情况，将"拟人化"和"智能化"程度无限延伸。

他山之石：从英伟达 Omniverse 看 AI 赋能数字世界的道与术

Omniverse 是英伟达与元宇宙连接的平台工具，是位于应用软件之下的技术底座和平台工具箱。该平台于 2020 年首次推出，主要应用于仿真；2021 年，Omniverse 在多行业的"数字孪生"、模拟现实项目中实现落地，背靠英伟达强大的硬件实力，Omniverse 将英伟达超 20 年在图形、模拟仿真、计算和人工智能领域积累的前沿技术统一整合到一个平台中，标志着对跨行业平台型解决方案的路线布局。

2021 年 Omniverse Avatar（阿凡达平台）发布，英伟达引入更深层次的 AI 技术布局元宇宙。Omniverse Avatar 将英伟达旗下语音 AI、自然语言理解、推荐引擎、计算机视觉和面部动画等 AI 算法层技术加入虚拟人生态建设，从而实现结合英伟达基础图形、模拟和 AI 技术的复杂应用程序，人工智能助手在客户支持、车辆智能服务、视频会议等方面落地。

技术基础：贯穿内容生成到智能交互的 AI 技术工具箱

AI 技术为 Omniverse Avatar 强势赋能，以数字世界的内容生成和智能交互为主要方向，其中 NLP 为核心布局点。Omniverse Avatar 的关键要素均由 AI 驱动，包括：语音识别开发工具包 Riva、大型语言模型 Megatron、推荐引擎 Merlin 系统、计算机视觉框架 Metropolis，以及虚拟人动画 Video2Face 和 Audio2Face 等技术（见图 4-5）。英伟达布局虚拟人的功能性核心在于交互，因此，以理解与自然表达为导向的 NLP 技术是 AI 赋能的布局核心。

Omniverse Avatar 的语音识别基于 Riva 工具包，由 Megatron NLP 大型语言模型和 Merlin 推荐引擎共同支持。Riva 是应用于语音识别功能的软件开发工具包，可识别各类语言的语音，也可以进一步将文本转化为拟人化声音输出回应。Riva 语音 AI 在全球范围内技术领先，仅通过 30 分钟的音频就能完成虚拟人的声音训练。

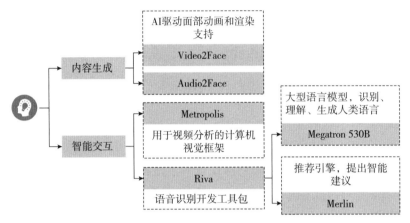

图 4-5　Omniverse Avatar 的 AI 赋能框架

资料来源：Omniverse Avatar，中金公司研究部。

Megatron："大装置 + 大模型"路径夯实 NLP 基础

▶　训练框架：NeMo Megatron 为大模型训练打下基础

NeMo Megatron 基于 Megatron 开发，是基于 PyTorch（一个开源的 Python 机器学习库）的训练框架，可用于训练上万亿参数的 Transformer 架构大模型。基于用户的繁杂数据，NeMo Megatron 框架可以将用户数据加入 Megatron 大模型进行自动数据清洗和分布式训练，并不断实现大模型的更新迭代。

▶　大模型：Megatron 530B 成为 2021 年全世界参数量最大的可定制语言模型

Omniverse Avatar 的自然语言理解能力基于 Megatron 530B 大模型。2021 年，英伟达和微软联合推出 Megatron 530B（又称 Megatron-Turing，MT-NLP），截至 2021 年，该模型是国际上参数量最大的可定制语言模型（LLM），是 2021 年在 GPT-3 170B 参数基础上的又一突破。

▶　推理平台：Triton 推理服务器为 AI 模型提供跨平台推理能力

2021 年，英伟达创建的 Triton 推理引擎，是世界上第一个分布式推理引擎，为 AI 模型提供了跨平台推理能力。Triton 可以自动为模型选择最佳配置，且适用于传统机器学习模型与深度学习模型。2022 年，英伟达对 Triton 进行更新，模型分析器与多 GPU、多节点性能能够支持 Megatron 530B 大模型运行，基于两个英伟达 DGX 系统，将处理时间从基于 CPU 的几分钟缩短至 0.5 秒，在技术层面上有效促进了大模型的实时部署落地。

Merlin：为 Omniverse Avatar 提供深度学习推荐引擎

Merlin 为 Omniverse Avatar 平台推荐系统提供助力，能够提升推荐系统的训练和推理速度。Merlin 的模型及算法库涵盖从传统机器学习到深度学习的工具，可以处理 TB（太字节）级数据，提供精准预测。基于 Merlin 框架，Omniverse Avatar 能够在理解、生成语言的基础上，叠加推荐系统，提出更智能的反馈建议。

Merlin 框架具备大规模数据处理能力，以支撑深度学习的推荐需求。英伟达 CEO（首席执行官）黄仁勋介绍：Merlin 推荐系统能够大大缩短数据处理时间，将 1 TB 数据集的处理时间从 1.5 天缩短至 16 分钟，100 TB 数据集的处理时间可从 20 天缩短至 4 天。

Metropolis：计算机视觉框架，Omniverse Avatar 的感知能力底座

Metropolis 是端到端的计算机视觉（CV）框架，为 Omniverse Avatar 提供感知能力。视频分析通过摄像头等传感器设备以及云端深度学习，确保感知能力的准确性和可拓展性。Metropolis 框架包括预训练模型和 TAO 工具套件，可以降低开发者使用门槛，缩短开发时间。TAO 工具套件是 TAO 平台的核心，用于 AI 模型自适应过程，很大程度上简化了深度学习框架的复杂程度。此外，Metropolis 能够跨平台发挥感知能力。基于 Jetson 嵌入式平台，可在终端完成深度学习推理，充分利用英伟达的 GPU 服务器、数据中心与 AI 以及设计类软件的融合生态。

Video2Face 和 Audio2Face：实现 AIGC 的自动化内容生成

Audio2Face 以 AI 实现语言表情自动化生产，取代美术师的工作。Audio2-Face 的工作原理是依托音轨制作 3D 人脸动画，背后由基于大量语音语义与面部

表情动画相匹配的 AI 训练模型支撑。创作端只需要录制语音音轨即可实时生成面部动画，且能够实现角色转换、拓展输出、情感控制等功能，将面部表情指定给动画角色，调节面部表情的细腻、夸张程度，由音频输出生成动画文件。

第五章

算力网络：
数字经济的新型信息基础设施

算力网络是数字经济建设的关键基础设施

数据成为新生产要素，算力网络应运而生

数据是新时代的生产要素，算力是指设备处理数据的速率，数据量的快速扩张带动算力需求的显著增长。随着数字经济的发展，我们正处于一个数据成倍增长的时代，德国商业数据平台 Statista 的数据统计显示，全球数据量在 2020 年为 47 ZB（十万亿亿字节），预计到 2035 年将达到 2 142 ZB。2018 年诺贝尔经济学奖获得者威廉·诺德豪斯在《计算过程》一文中对算力的定义如下："算力是设备根据内部状态的改变，每秒可处理的信息数据量。"算力是衡量设备数据处理能力的正向指标，通常以每秒可执行的浮点运算次数（Flops）作为计量单位。根据工业和信息化部（以下简称"工信部"）《新型数据中心发展三年行动计划（2021—2023 年）》中的预测，到 2023 年底，全国总算力将超过 200 EFlops。中国信息通信研究院（以下简称"信通院"）预测 2025 年全球算力规模将达到 3 300 EFlops，2020—2025 年算力规模将以超过 50% 的 CAGR（复合年均增长率）增长。

算力网络是指云—网—端结合，一体化调度算力资源的基础设施。传统的网络设施仅承担信息传递的基础功能，是连接用户与计算资源的"数据通道"，而

算力网络可以构建数据、计算资源、网络的一体化服务。例如，客户在运营过程中要分析处理一批数据，需要用到 CPU、GPU、存储等多样化的算力资源。相比于从不同供应商处购买不同的软硬件资源，再购买运营商网络来调度数据，算力网络可直接通过网络调用接入的各类算力资源，实现一站式的算力服务。

算力网络为元宇宙发展打造网络基础。算力网络集合了云计算、数据中心、5G 网络等基础设施，为元宇宙应用及垂直行业的算力需求提供基础的计算资源。随着云、网技术的不断融合改进，算力网络可解决元宇宙发展带来的网络及计算资源需求扩张问题，提供更为灵活、低成本的算力服务。算力网络的建设是元宇宙发展前期需要完成的重要基础设施。

协同调度，降低成本，算力网络助力数字建设

当前互联网进入由 Web 2.0 到 Web 3.0 的过渡期，元宇宙的发展伴随着数字孪生、智慧城市、虚拟人等新型应用的诞生，虚拟世界的发展则伴随着对网络传输和计算的更高要求。

当前算力供需分布呈现出分散化、不均衡的特征，需要算力网络来调度。随着 5G、AI 等技术的发展，万物互联成为可能，智能家居、智能汽车、智能工厂等各类终端都可能成为算力的产出设备，接入设备分布呈现出分散化、下沉化的趋势。此外，我国的算力资源部署呈现出不均衡的特征，东部发达地区算力供不应求，西部资源丰富地区的 IDC（互联网数据中心）机房则上架率不足。数字经济的发展需要一张能够连接云、边、端各类设备的网络来进行算力统筹规划。

元宇宙时代，VR、AR 等新型技术应用与大带宽、低时延网络紧密相关。当我们拨打视频电话和点击网页时，100~200 ms（毫秒）的时延响应尚且可以接受，但在 3A 游戏[①]中，同样程度的延迟就会使玩家感受到卡顿，导致体验感显著下降。根据 IT 系统安全服务公司 Subspace 的统计，游戏延迟时间每增加 10 ms，用户的游戏时长就会减少 8%。VR、AR 技术应用也进一步扩大了对带宽的要

---

① 3A 指的是大量的时间（A lot of time）、大量的资源（A lot of resources）和大量的金钱（A lot of money），简单来说就是资源投入量巨大的高质量游戏。

求，算力网络的应用可以网络为接入口，直接调度算力资源，提供云端渲染，实现低时延的高清视频享受。此外，算力网络可将大规模计算资源部署于西部计算节点，通过直连通道与东部需求匹配，降低对于时延要求较低业务的成本，推动 AI、高清视频等需要大量计算的商业应用的推广普及。

算力网络投资带动经济产出，成为数字经济发展的重要推手。工信部在 2022 中国算力大会上指出，近 5 年来，我国算力核心产业规模平均每年增长超过 30%。截至 2021 年底算力规模位居全球第二。其中，2020 年我国算力产业规模达 2 万亿元，带动服务器、机房设备等直接经济产出 1.7 万亿元，并通过算力资源带来生产力的效率提升，间接带动经济产出 6.3 万亿元。信通院测算，每在算力网络产业投入 1 元，将平均带动 3~4 元 GDP（国内生产总值）增长。2022 年 5 月，国务院印发的《扎实稳住经济的一揽子政策措施》中再次提及促进新型基础设施建设及数字经济发展。**算力网络建设将构成数字经济转型发展的重要一环，也是新基建和数字经济建设的关键底座。**

乘 5G 之风，算力网络前置供给

从 1G 到 5G 的变革历程来看，通信技术的发展总是前置于生产力的变革。5G 技术进一步将无线数据传输速度上限提升至 1Gbps（千兆以太网）以上，这使得智能设备的相互连接成为可能，不只是手机，各类可穿戴设备、家具、汽车乃至工厂里的各类机器设备，都可成为通信网络的一环。eMBB（增强型移动宽带）、uRLLC（低时延高可靠通信）、mMTC（大连接物联网）构成了 5G 的三大应用场景，分别对应增强型移动宽带、低时延高可靠通信以及海量物联网通信，其中 eMBB 对应移动手机通信，而 uRLLC 和 mMTC 进一步拓展了 B 端的行业互联网应用场景，如工业互联网、车联网等垂直行业场景，为未来的智能制造提供了数据传输的技术基础。因此，要实现未来生产关系的实质性变革，需要先完成作为基础的算力网络建设。

5G 借助网络功能虚拟化技术 NFV 将核心网全面上云，为云网融合奠定架构层面的基础。NFV 技术将标准化的网络功能应用于统一制式的硬件设备上，改变了原先网络设备中软件与硬件的强绑定关系，软硬件解耦后的核心网络功能可灵活部署在公有云、私有云和混合云上。这种云原生的架构实现了"云网融合"的第一阶段要求,云网资源布局可以灵活对接、统一管理。此外,5G 核心网具有服务化架构、控制与承载分离、切片、固定移动融合等多种特征[①],为算力网络的后续构建奠定了架构基础。

从协同走向融合,东数西算推动算网发展

算力网络架构及关键技术:从基础设施到算力服务

算力网络的架构可分为三层,从下至上依次为基础设施层、编排管理层和运营服务层。除了算力网络主体的三层架构,还需要有安全技术全程为数据安全保驾护航,绿色节能技术降低了整个算力网络运行中的能源消耗。

▶ 基础设施层是"算""网"资源的有机结合

基础设施层由多种分布式算力资源及底层网络构成。算力网络底层的算力资源包括 CPU、GPU、边缘计算嵌入式设备等,需要以一张统一 IP 的算网底座连接各类异构化的算力资源,并且通过全光网络实现计算、存储的高效传输。在基础设施层的关键技术中,全光网络能够提供大带宽高速率的数据传输;SRv6 能够提高网络灵活性,实现网络可编程;此外,还包含边缘计算、云原生等技术。

▶ 编排管理层是整个算力网络的核心管理中枢

编排管理层需要实现的功能主要包括:管理基础设施层的算力资源,进行算力的度量、感知、标识、输出;控制网络调度,实现多维度的算力和网络资源的联结、寻址、调配等服务;为运营服务层提供算网调度能力接口。在编排管理层的核心技术时,开源云计算管理平台项目 OpenStack 和 K8s 协助进行算网资源统一管理;容器技术实现资源灵活调度,此外,深度学习、大数据等技术能够进行编排调度。

▶ 运营服务层提供产品和服务的一站式供给

算力运营服务层是算力网络的最上层,实现算网资源的封装、运营等,结合区块链技术打造社会算力资源的交易服务平台。客户只需关心最终获得的服务,而不

---

① 资料来源:华为官网。

需要考虑算力部署的位置和状态，实现无感化的智能服务。核心技术包括区块链、算力交易、算力封装等。

算力网络发展阶段：从算网协同到一体共生

根据《中国移动算力网络白皮书》的划分，算力网络的建设可分为起步、发展、跨越三个阶段（见图 5-1）。

▶ 起步阶段（2021—2022 年）：算网泛在协同

这一阶段的核心目标在于优化算力网络基础设施布局，实现云计算与网络资源的对接和协同。这一阶段，编排管理层和基础设施层的算网设施仍然相互独立，但可通过资源协同，向客户层实现算网一体的产品输出。

▶ 发展阶段（预计 2023—2027 年）：算网融合统一

这一阶段，算和网在基础设施层打破彼此独立的局面，初步融合，在编排管理层实现统一管理、编排、调度、运维，并在服务层继续输出一体化服务。这一阶段，算和网在逻辑架构方面逐渐趋同，资源管理和服务调度互相融合，输出真正意义上的"算网产品"。这一阶段是算力网络发展的关键阶段，决定着最终"一体共生"的成型效果。

▶ 跨越阶段（预计 2028—2030 年）：算网一体共生

这是算力网络的最终目标，实现算、网在协议、形态上的完全共生，打破技术边界。从用户视角来看，存储、计算与网络走向融合，用户可以直接使用多层次、统一化的算力资源。

目前的算力网络建设进度尚处于从起步阶段向发展阶段迈进的过程。目前，三大运营商均在有序推进算力网络建设。例如，中国电信在 2022 年数字中国建设峰会上宣布已迈入云网融合 3.0[①]，强调要素聚合，在基础设施层实现云网一体的新形态。中国移动在 2022 中国算力大会上发布算网服务 1.0[②]，并积极助力算力网络相关统一国际标准体系的构建。

---

① 资料来源：人民邮电报，中国电信董事长柯瑞文：发挥云网融合优势，赋能数字经济高质量发展。
② 资料来源：移动云官方公众号，以算网创未来：中国移动举办"算力网络，创新发展"分论坛。

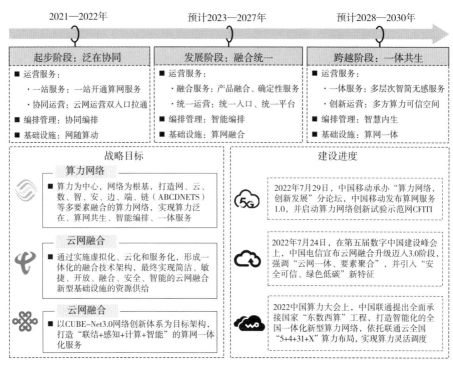

图 5-1　算力网络的发展阶段及各家运营商建设现状

资料来源:《中国移动算力网络白皮书》(2021 年 11 月),中国电信《云网融合 2030 技术白皮书》(2020 年 11 月),中金公司研究部。

新基建和东数西算助力算网发展

随着我国数字经济的蓬勃发展,社会对数字传输等技术的需求进一步扩大,算力网络将成为新一代数字经济建设的基础设施。2020 年 4 月,国家发改委首次对"新基建"的含义进行阐释:以数据中心、智能计算中心为代表的算力基础设施属于信息基础设施,鼓励地方积极布局,加快建设进度。[①]

针对算力分布不均衡的现状,东数西算促进算网一体资源联动。2021 年 5 月,国家发改委等四部门印发了《全国一体化大数据中心协同创新体系算力枢纽

——————————

[①]　资料来源:央视财经。

实施方案》，提出在京津冀、长三角、粤港澳大湾区、成渝、贵州、内蒙古、甘肃、宁夏8个地区布局全国算力网络国家枢纽节点。此外，该方案还提到了"网络一体化"与"算力一体化"，要求建设高速数据中心直联网络。该直联网络用以支撑大规模的算力调度，促进多云之间、云和数据中心之间、云和网络之间的资源联动，这标志着"算力网络"被纳入国家新基建的发展范围。东数西算政策的实施能够有效解决算力资源区域性分布不均衡的问题，是算力网络建设的前期关键环节，可实现全国算力、网络、数据、能源的统筹规划和合理调度，为后续的算网融合及产业服务打好坚实底座。

运营商主导，多方参与共创产业生态

算力网络是产业链由多个数字化基础设施行业构成的有机整体。我们认为运营商是算力网络产业链中的牵头方，联合上下游云厂商、IDC厂商等诸多参与者，构筑数字经济的新型底层设施（见图5-2）。

图5-2 算力网络产业链

资料来源：信通院，中金公司研究部。

运营商：牵头构建算力网络生态

我们认为运营商在构建算力网络生态上具有天然优势，主要体现在以下几个方面：**连接方面**，运营商网络接入了数量众多且种类丰富的终端设备，例如手机、计算机、穿戴式设备、VR/AR设备、智能家居、物联网终端设备等，运营商依靠网络资源抓住终端连接入口；**传输方面**，5G网络具有高带宽、大连接、低时延的特性，可作为算力网络数据传输的前提条件；**算力资源方面**，电信运营商的IDC、云计算资源在国内厂商中较为领先，同时西部IDC资源布局完善，可在提供大规模算力的同时有效为客户降低成本；**市场方面**，运营商拥有海量的个人用户和政企用户，广泛的客户资源是运营商推广算力服务的入口；**生态方面**，运营商的产业链资源丰富，可以协同整合通信设备商、终端设备商、云服务厂商、软件服务商等多方产业链参与者的力量，打造算力网络生态。**基于既有的独特优势，三大运营商可从"网络""算力""商业服务""生态"4个维度搭建算力网络。**

"网络"——技术改进，优化网络基础

运营商加速5G网络技术升级，优化算力网络基础。 算力网络的最终目标是满足千行百业的上云需求，提供差异化且高质量的服务，这就要求其底层网络，即5G网络，能够用一张网灵活适配多样化业务需求。当前，运营商正加速以5G为代表的新一代信息基础设施建设，根据工信部数据，截至2022年底，我国累计建设开通了5G基站231万个，实现了"县县通5G""村村通宽带"。

在5G时代，5G网络各组成部分进行了关键技术变革，以不断满足创新业务需求。 例如在接入网侧，5G网络将基站的3个主要组成部分进行解耦。考虑到不同的应用场景需求、建设成本等因素，运营商采用多种接入网部署方案，分离或合设部署各个组成部分，来满足不同的场景需求。在承载网和核心网侧，全光化网络、SRv6、SDN（软件定义网络）等技术变革持续赋能算力网络的灵活调度。运营商在网络侧的技术改进，是算力网络建设的关键技术基础，为未来的算网融合、算网一体化提供了前期准备。

"算力资源"——三大运营商结合基础设施布局算力网络

三大运营商不仅是底层网络的建设者，还是算力资源的重要供给者。根据前瞻产业研究院数据，2020年电信运营商共占据IDC市场将近50%的市场份额。运营商IDC资源布局与国家东数西算枢纽节点布局高度契合，在一线城市优先抢占稀缺算力资源，在西部地区打造超大型数据中心，领先布局，优势叠加东数西算政策带来的西部数据中心上架率提升，运营商有望迎来相较第三方数据中心更长的红利收割期。

▶ **中国移动**

根据2021年发布的《中国移动算力网络白皮书》，公司将以算力为中心、网络为根基，目标是打造网、云、数、智、安、边、端、链等多要素融合的算力网络，最终实现算力泛在、算网共生、智能编排、一体化服务。

在算力资源布局上，根据公司公告数据，公司规划布局了"4+3+X"数据中心，构建了"N+31+X"的云资源池体系，储备了众多面向边缘接入的站点资源。截至2021年底，中国移动拥有对外可用IDC机架40.7万架，累计投产云服务器超过48万台；截至2022年底，中国移动拥有对外可用IDC机架46.7万架，累计投产云服务器超过71万台，算力规模达8.0 EFlops；2023年中国移动算力网络计划资本开支达452亿元，预计2023年新增对外可用IDC机架超4万架，新增云服务器超24万台。

▶ **中国电信**

公司不断深化云网融合战略，其目标是通过实施虚拟化、云化和服务化，形成一体化的融合技术架构，最终实现简洁、敏捷、开放、融合、安全、智能的云网融合新型基础设施的资源供给。

在算力资源布局上，根据公司公告数据，中国电信构建了"2+4+31+X+O"的云和IDC资源一体化布局，截至2021年底，公司拥有超过700个数据中心，对外提供服务机架规模达到47万架，算力规模达2.1 EFlops。

截至2022年底，中国电信拥有对外可用的IDC机架51.3万架，算力规模达到3.8 EFlops；公司2023年计划产业数字化资本开支380亿元，其中云资源计划资本开支195亿元，预计新增IDC机架数超4.7万架，2023年底，算力规模预计将提升至 6.2 EFlops。

▶ 中国联通

公司构建 CUBE-Net3.0 网络创新体系，以此为目标架构，中国联通设置了"5+4+31+X"新型数据中心，打造"联结 + 感知 + 计算 + 智能"的算网一体化服务。

在算力资源布局上，根据公司公告数据，截至 2022 年底，中国联通拥有 IDC 机架规模达到 36.3 万架，千架数据中心覆盖 23 个省；云计算资源在 170 座城市实现了"一城一池"。公司预计 2023 年底 IDC 机架规模将达到 39 万架。

"商业产品"——丰富行业解决方案

由运营商推出的算力服务成为算力网络迈向商业化发展的第一步。目前，中国电信和中国移动均已发布了商业化的算力服务产品。以电信的产品为例，2022 年 7 月 12 日，上海电信发布首个运营商的公共算力服务产品，该产品基于中国电信天翼云优势资源，提供通用算力、智能算力、超算算力等多种类型的服务，支持跨区域的算力网络实时、灵活调度能力，实现算力、网络、存储资源云网融合一体化运营服务。运营商商业化算力服务产品的推出是算力网络建设的重要进展，通过直接为客户提供高效、灵活的算力支持，推动行业解决方案创新，实现自身云、网、算等多资源的融合，拓展数字化业务规模。

随着算力资源规模扩大、算力服务逐渐丰富，整合算力资源的交易平台将成为新的算力网络商业模式。考虑到算力资源与水电相比，结构更为复杂，区块链、AI 等技术将成为交易平台的关键技术。算力交易平台可以汇聚各地分布式的零散算力，促进各区域、各服务商之间的空闲算力流转，实现算力的按需分配和公平定价，同时降低企业使用算力服务的门槛。

"生态"——牵头共建，互惠共赢

运营商因其云网资源优势，成为算力网络产业链上最关键的一环，应积极探索产业链合作机会，牵头打造共赢生态圈。

在算力网络底层资源上，搭建一张全社会的算力网络还需要引进各行各业的合作伙伴，如作为基础设施的云厂商、IDC 厂商，以及提供垂直行业服务的第三方服务商等。运营商提供云、网资源，以网络连接各方产业链的各个环节，在算力网络中扮演着关键的"调度者"角色，识别下游客户的算力需求，按需实时调度不同位置的算力资源，实现服务的自动化部署、最优路由和负载均衡。

在算力网络应用服务上，运营商可以联手行业伙伴，围绕算力网络技术变革、垂直领域解决方案持续深化合作，共同开发产品，共享技术经验，探索更多算力网络在制造、交通、医疗、教育、港口等各行各业的应用创新。

此外，运营商积极推进统一的算力网络相关国际标准体系构建，为未来多平台、多厂商能力共享奠基。例如，中国移动联合产学研各方26家单位，协同攻关，实现了算力路由、算力原生等多个方向的技术突破，并推动ITU/IETF（国际电信联盟/互联网工程任务组）等国际标准体系构建。我们认为运营商推动统一的算力网络标准体系构建有助于建设统一泛用的算力生态，提高企业的影响力。

云厂商：拥有云资源和技术优势的重要参与者

云计算厂商是算力网络的重要参与者，借助已有的云计算资源和技术优势，可从基础设施、云网服务、安全管理多个层次参与算力网络建设。

云计算厂商是公有云计算资源和云技术的主要提供方，是算力基础设施的重要供给者。根据IDC发布的2022年下半年中国公有云IaaS+PaaS市场份额，阿里云、华为云、天翼云、腾讯云名列前四位。此外，互联网厂商在云计算领域发力较早，将云计算技术优势与算力网络的传输、调度优势相结合，能够为客户提供更为优质的服务体验。

与运营商合力推出云网产品，服务企业客户。云厂商可通过向运营商租用带宽，利用SD-WAN（软件定义广域网络）、专线等技术为客户提供云专线、云VPN（虚拟专用网）、5G云专线等产品。以腾讯云的5G云专线为例，与运营商合作，在核心网部分使用腾讯TSAC（边缘接入与加速平台）与运营商核心网的UPF（用户端口功能）网关对接，直接调度运营商核心网资源，保障云专线业务的可靠性，实现云计算与5G网络技术的高度融合。未来随着算力网络的发展不断成熟，云厂商可作为底层云计算基础资源和技术的赋能者，参与算力网络体系建设。

IDC 厂商：东数西算驱动算力布局优化

IDC 厂商是算力网络中基础设施层的重要参与者，提供各种分布式算力资源的出租服务。IDC 在算力网络建设进程中主要布局东数西算、绿色低碳、算网一体化等发展方向。

IDC 厂商的算力资源布局和业绩收入都呈现出良好的增长态势。我国 IDC 厂商持续加大算力资源布局，根据工信部数据，我国数据中心机架规模稳步增长，按照标准机架 2.5 kW 统计，截至 2021 年底，我国在用数据中心的机架规模达到 520 万架，近 5 年年均复合增长率达 33.03%。在数字经济时代算力的庞大需求驱动下，我国数据中心业绩收入持续快速增长。根据信通院数据，2021 年，我国数据中心行业市场收入达到 1 500.2 亿元，近 3 年年均复合增长率达到 30.69%，IDC 厂商规模的快速增长，印证了市场对于算力资源需求的扩张。

在东数西算一盘棋下，西部地区承接部分东部算力需求。国内数据中心所承载的需求分层将更加清晰，东部数据中心靠近城市，负责工业互联网、AI 推理、边缘计算等要求低时延的业务；而西部算力资源和绿色能源的利用效率将在需求聚集下显著提升，服务于算法分析、视频渲染、超算、存储备份等大算力场景。东数西算布局充分利用了东西部数据中心的独特优势，与算力网络对 IDC 优化布局的要求高度吻合。

绿色低碳是 IDC 发展的必由之路。东数西算政策对于"西算"的 4 个地区（贵州、内蒙古、甘肃、宁夏）的 PUE（电能利用效率）要求是低于 1.2，对于"东数"的 4 个地区（京津冀、长三角、粤港澳大湾区、成渝）的 PUE 要求是低于 1.25，而开放数据中心委员会的数据显示，目前各区域 PUE 水平均高于东数西算要求，还有较大节能空间。另外，IDC 厂商也在积极解决其高能耗难题，通过液冷、AI 能效管理等技术优化能耗，提高效益。我们认为政策支持、技术创新两个层面将有效推动数据中心向绿色化、节能化演进，助力算力网络的绿色建设。

算网一体化。算力网络早期主要聚焦算网协同，最终会向算网一体化阶段演进。未来算力网络能够协同调度数据中心的计算、存储，传送多维度资源，为上层应用提供高效、灵活、专业的服务，实现计算资源利用率最优、网络效率最优、用户体验最优。

规则篇

第六章

Web 3.0:
新范式开启互联网新阶段

Web 3.0：互联网后端生产关系革新

Web 3.0 当下拥有多种定义和元素，其中包括区块链、元宇宙、VR/AR 等，本书讨论的核心是狭义上的 Web 3.0。根据维基百科的定义，Web 3.0 是结合了去中心化和代币经济学等概念，基于区块链技术的全新的互联网迭代方向。Web 3.0 一词由以太坊联合创始人加文·伍德于 2014 年创造，而随着区块链、NFT 等行业的不断发展，Web 3.0 也自此受到了广泛关注。

Web 3.0 是"后端"生产关系方面的革新，而元宇宙"去中心化"的技术属性，更偏向直接与消费者互动的"前端"：元宇宙是一个互联、体验式的 3D 虚拟世界，位于任何地方的人都可以在其中进行实时社交和娱乐，并形成一个跨越数字和物理世界的、恒久的、由用户自己拥有的互联网经济体系。而 Web 3.0 则基于区块链技术，采用去中心化的理念，在未来，或与元宇宙等技术融合发展。

Web 3.0 的发展必然融合其他的技术发展。当然，生产关系的创新必然也会带来生产力的创新。受限于研究的方法论，本章更多还是从 Web 3.0 定义角度分析其背后发展的逻辑以及未来潜在的发展方向。然而，世界的发展从来不是单向的，多条发展主线始终处于交织状态，这是我们预判未来的难点所在。而 Web 3.0 的发展，很可能面对的是未来数十年互联网行业发展的跨度，其发展历程必然与众多新技术发展产生耦合（例如，AI、元宇宙、生命科学、机器人等），从而产生超出我们预判的发展结果。

从 Web 1.0 到 Web 3.0：五大角度的变迁

互联网的变迁伴随着技术进步、信息生产关系的改变，而前一代的弊端往往作为后一代革新的驱动力。Web 1.0 时代，PC（个人计算机）互联网刚开始发展，互联网网民以有鲜明偏好、有充足表达欲望的用户为主，不同用户选择不同消费和表达场景构成相对分散的互联网生态；到 Web 2.0 时代，移动互联网接棒，互联网变成全民级别的应用，而聚焦社交、搜索、电商等超级场景的超级应用开始成为市场的绝对主体，在上下游拥有较大的议价能力。特别是 UGC、中小商家进入电商平台，使得超级平台生态进一步丰富。然而，长此以往，平台对于盈利的不断追求引起了一部分创作者、商家和用户的不满，他们开始追求生产关系的重新构建，此时 Web 3.0 便孕育而生，其意在为非平台内部的生态参与者提供更多的话语权，意图构建一个更加平等的生态。

当下的 Web 3.0 看似一个抽象的概念，我们很难给出严格且全面的定义，然而，根据 Grayscale（灰度投资公司）对 Web 3.0 的定义，我们可以从交互、媒介、组织形式、基础设施、控制权等几个角度将 Web 3.0 与 Web 1.0 和 Web 2.0 时代进行对比，以求更精细化地呈现其"全貌"。

▶ Interact（交互方式）

Web 1.0 以"可读"（read）为主；Web 2.0 用户参与感更强，是"可读 + 可写"（read+write）；Web 3.0 则是"可读 + 可写 + 拥有"（read+write+own），以用户为中心，强调生态各个参与方拥有相应权利（通过代币体系）。为了在没有互联网平台账户的条件下可信地验证身份，Web 3.0 利用区块链分布式账本技术（严防篡改的可信计算范式），发证方、持证方和验证方之间可以端到端地传递信任。

▶ Medium（媒介）

Web 3.0 有望结合元宇宙等新技术，突破时间、空间的限制，利用更强的计算力，在 Web 2.0 的交互式内容上升级为具有完备世界观的虚拟经济体，经济体中含代币、物权等。如果把大多数 Web 2.0 的应用比喻成一个"娱乐乐园"，则 Web 3.0 的应用会更像一个"完整的经济体"，其一方面可以覆盖人类的社交、娱乐等需求；另一方面，又可以依赖经济体获取相应收入，甚至成为工作本身。

▶ Organization（组织形式）

Web 3.0 的组织形式是以 network 代替 Web 2.0 时代的平台。典型的组织形式为 DAO，即将组织的管理和运营规则以智能合约的形式编码在区块链上，从而在没有集中控制或第三方干预的情况下自主运行。DAO 可以理解为一种高度自治的社区，其生产激励来源是代币，组织内部的决策基于共识机制下组织内部成员的投票，而投票权则基于代币。

▶ Infrastructure（基础设施）

区块链是 Web 3.0 最底层的基础设施之一。区块链使得 Web 3.0 网络具备去中心化、开放性、独立性、安全性等特点。此外，Web 3.0 也可以兼容 Web 1.0 和 Web 2.0 的基础设施。

▶ Control（控制权）

Web 3.0 更类似 Web 1.0 的去中心化基础架构，基于区块链和代币经济体系，其应用架构、治理结构等都呈现去中心化状态。此外，由于 Web 3.0 的核心应用开源性，其在体系内复制、开辟新应用的门槛较低，可能较难形成 Web 2.0 时代超级平台对行业形成垄断的态势。

Web 3.0 发展现状：供需两旺，方兴未艾

Web 3.0 目前的发展势头正盛，但阶段尚早。Web 3.0 在 2021 年元宇宙概念爆发之际获得了大量融资，根据全球领先的科技市场数据平台 CB Insights 的数据，2021 年全球区块链初创企业融资金额达 252 亿美元，同比增长超 700%。强大的资金流意味着强大的人才流，随着用户数的快速增长，Web 3.0 在供给端和需求端同时具备了增长动力。但相比成熟的 Web 2.0 时代的大厂，Web 3.0 不论从用户规模还是市值来看仍然较小，属于成长早期阶段：目前 Web 3.0 中用户最多的是数字货币使用者，约 3 亿人，距离 Facebook 的 MAU（29 亿人）仍有较大差距；其次是 DeFi、NFT，均在百万人次的量级。

Web 3.0 底座：新秩序的演进基础

一个产业繁荣发展，基础设施是必要条件，就像 PC 互联网以 Windows 系统普及、移动互联网发展以 iPhone 等智能终端以及以 iOS 和安卓等操作系统的普及为开端一样，Web 3.0 的发展也离不开基础设施的建立和普及。本章，我们将对区块链（含公链）、智能合约、Oracle、DAO、代币等基础设施进行阐释。我们谈及 Web 3.0 的"基础设施"，可能是比 20 年前的互联网更令人费解的一个概念，它既没有和现实物理世界的一一对应（类似电商之于零售、外卖之于饮食等），也没有处理器、二进制等我们早已熟悉的概念，某种程度上，Web 3.0 没有物理性的基础，它的基础设施就是人与人之间的互动合作关系，甚至就是社会本身。

接下来，我们将分别介绍区块链、DAO、智能合约、Oracle、代币等概念，虽然由于应用的贫乏，它们看起来还处于发展的早期阶段，但作为一套新秩序，框架已然清晰，这将是未来应用生态演进的基础。总结来看，我们认为 Web 3.0 的基础设施公链、DAO、代币机制等已经初步体系化，但还远远谈不上成熟，一方面，相关设施仍然存在交易效率较低等问题；另一方面，其背后底层机制设置（例如，DAO 决策机制等）仍然处于初步阶段，行业发展仍然需要不同领域的专业人才共同参与（而不仅仅是技术人才），以支持行业走上可持续发展道路。

区块链：Web 3.0 的底层架构，公链蓬勃发展

相比传统的网络，区块链的核心特点是去中心化和安全性。 区块链是由一个个区块连接在一起组成的链条，每一个区块中都保存了一定的信息，并按照各自产生的时间顺序连接而成。每一个区块都包含了前一个区块的哈希值，从而保证连接的精准性。整个链条被保存在所有节点中，系统中的服务器为整个区块链系统提供存储空间和算力支持。并且区块链上的任何一个网络节点都存储着一样的数据，任何一个节点对文件的修改（比如交易）都需要半数以上的节点确认同意（consensus）。因此，篡改区块链中的信息是一件极其困难的事，理论上节点的数量越多，去中心化程度就越高。区块链的价值在于，其基于密码学的设计提供

了一种新的社会关系，即在一个陌生人社会中，因为人与人的互动被记录在一个不可篡改的公开账本中，使陌生人也可以在零信任基础的条件下展开合作，而不是落入囚徒困境的博弈中。

Web 3.0"不可能三角"：去中心化（公开透明）、安全、效率。正如货币政策的"不可能三角"，以区块链为基础架构的 Web 3.0 也存在去中心化、安全和效率的"不可能三角"。传统意义上，任何一个体系都应该拥有足够的安全性，而 Web 3.0 又强调去中心化特征，由此，其效率较低的问题也开始凸显，效率指每秒处理交易的笔数（TPS）。这也是造成区块链性能低下的主要原因——去中心化导致每笔交易都要在所有节点上达成一致。所以，要解决低效率的问题只能独辟蹊径，如 off chain（链下合约 / 决策）、side chain（侧链）等。但越复杂的机制由于开源的特性，就越容易带来潜在的安全漏洞，从而招致黑客的攻击。主流区块链比特币、以太坊、柚子（EOS）都在"不可能三角"的某个特性上做了一定妥协。

公链：平台型底座，降低应用开发门槛

区块链可以分为公链、私链等。公链指任何人都有权限读取、发送且获得有效确认的共识区块链，因此公链通常被认为是"完全去中心化"的，其无须注册、授权便可匿名访问网络，具有中立、开放、不可篡改等特点。最早的公链是比特币［采用 POW（工作量证明）机制］，除此之外的知名公链项目有 EthereumPOW［后续会改为 POS（权益证明）］、Binance［POA（权威证明）］、Solana［POS+POH（混合证明）］、FTX（POS）等。公链一般会通过项目本身的代币来鼓励参与者竞争记账，以确保数据的安全性。除公链外，还有需要验证进入的私链，其中又包括存在多个等权力中心的联盟链。

公链的作用在于为应用提供平台，降低应用开发门槛。不是所有应用都能够或者有必要去自己构建一个区块链（要有足够数量的节点才能保证安全性），而公链则类似一种平台性的产品，支持任何人在平台中建立和使用通过区块链技术运行的去中心化应用，允许用户按照自己的意愿创建复杂的操作，为开发去中心化应用提供底层模板。由于不同公链在性能设计、共识机制、营销策略等方面有

差异，不同应用在选择公链落脚时主要考虑交易费率、交易效率（如 TPS）、便捷度（如跨链协议）、生态成熟度等情况。

以太坊："去中心化应用"时代开创者

以太坊是一个开源的、有智能合约功能的公共区块链平台，通过专用加密货币以太币（Ether，以下简称"ETH"）提供去中心化的以太虚拟机来处理点对点合约，并在此基础上孵化出丰富的应用。以太坊源起于比特币主链上无法构建高级应用这一缺点，因此其自诞生之日起，从设计上就是为了解决去中心化应用开发难的情况。以太币是目前市值仅次于比特币的第二高的加密货币，并且其生态是各大公链生态中发展极为迅速的一个。

以太坊 2.0 或将带来重大变化。 目前以太坊与比特币采用同样的 POW 共识机制，虽然 POW 在去中心化和安全性上比较可靠，但是在效率（涉及高额的交易费）、节能性（高能耗且不环保）以及扩展性上存在较大的问题。因此以太坊 2.0 有几点变化：将从 POW 转向 POS 共识机制（允许验证者通过质押治理代币来验证）；分片将数据库横向分割；引入 eWASM 以取代 EVM（允许开发者使用 C++、Rust 等简单语言编程），以实现降低 Gas 费[①]、提高网络吞吐量（可增加至 2 000+）、降低硬件要求、扩展以太坊生态系统、减少碳足迹等目的。

长安链：来自我国的联盟链

长安链，即 ChainMaker 是新一代区块链开源底层软件平台。 其本质是联盟链（无代币，在公开透明性上逊于公链），包含区块链核心框架、组件库和工具集，由北京微芯研究院、清华大学、北京航空航天大学、腾讯、百度和京东等知名高校、企业共同研发。与其他公链相比，联盟链因节点数量有限而实现高速的交易，但一定程度上也抛弃了完全去中心化的特性（非完全公开）。另外，长安链与公链一样有共识投票机制，但并非采用传统公链的 POW 或 POS 机制，也没有自己的代币，而是采用了 Solo、Raft、TBFT、HotStuff 4 种共识类型（根据不同场景和参与的节点数量规模，运用不同的共识）。

---

① Gas 费是用于测量在以太坊区块链上执行特定操作所需的成本。

智能合约：基于代码的执行环节

当一群互不相识的人在一起时如何达成一致？传统模式是通过中介平台撮合和担保达成一致。而 Web 3.0 时代则可以通过基于算法的智能合约达成一致。智能合约是满足特定条件下在区块链上执行代码的程序。其本质是一系列代码的合集（具有自动化、不可逆转性、代码公开透明性等特点），各方以数字签署合同的方式准许并维护其运行，用于自动完成某些特定的功能（如，汇款、买卖虚拟 NFT 商品等）。智能合约的潜在形象可以比喻为一台自动售货机，它更像一个执行某种功能的"程序黑盒"，用户选择商品、扫码付钱，然后拿走商品，完成购买。

优点：相比传统中介平台，智能合约可显著降低达成一致意见和操作的成本，允许区块链在没有中介的情况下进行可信交易，某种程度上具备替代律师、经纪人、中介等职业的可能性。

缺点：仍要持续加强安全性，其功能局限于代码（代码本身有可能存在错误，导致被黑客攻击），也就是写代码的人，典型的例子是 The DAO 被攻击事件：黑客发现了以太坊智能合约中代码的漏洞，盗取大量 ETH，最终以太坊只能采用硬分叉来尽力保护用户资产。

Oracle：链上和链下数据的"桥梁"

Oracle 是一个为区块链项目提供真实世界数据服务的中间件。由于智能合约很多时候面临线下和线上数据相结合的问题，Oracle 就是"桥梁"，其中的"游客"包括软件、硬件、输入、输出等设备和代码。典型案例有 ChainLink 项目，其为 DeFi 在去中心化模式下创造了丰富的数据环境，通过聚合多个链下市场数据源，解决 Oracle 本身的信任机制问题。

DAO：去中心化组织形式

DAO 是去中心化组织的一种组织形式，其对应的是 Web 2.0 时代的公司，本质是对公司等组织形式的革新。相比传统公司，DAO 首先解决了传统的"代理人困境"，DAO 不存在代理人，它是将具体的执行交给智能合约，将治理权给予股东的直接投票机制（比如决定其公司决策机制的 Protocol）。同时，DAO 也是对传统公司管理形式的革新，其基于专业分工、代码、共识机制等方式，将生态各参与方整合起来成为一个新的组织，承担原有公司化的职能，典型案例如 Cult DAO。最后，在新冠肺炎疫情的影响下，"远程办公"已经成为某种不可逆的趋势，而 DAO 则有希望和"远程办公"趋势协同发展。

在 DAO 社区中决策机制通常分为链上和链下。智能合约只能执行现有代码，而 DAO 需要持续更新，这背后就需要一套决策机制，持续更新 DAO 的运行规则。链上决策就是指由成员提出议案，社区进行投票表决。按照区块链的性质，理论上，链上决策才是唯一的路径，然而弱点是效率太低（需要经过区块链大部分节点的同意），而且因为投票权掌握在代币更多的成员手中，容易引发中心化问题（事情本身是去中心化的，但是代币持有的份额导致了中心化）。针对链上效率低的问题，有时成员会进行链下决策，在其他社交平台充分讨论议案后进行决策，但缺点是讨论本身也可以被利益左右。作为一种完整的组织形式，DAO 内部存在相对应的财政和货币政策。财政政策通常与代币的总供给相关，而货币政策通常与交易成本挂钩，而交易成本通常由主链 TPS 决定。

DAO 目前仍处于探索阶段，存在诸多问题。首先是安全性问题，案例为 The DAO。2016 年 The DAO 项目基于以太坊建立去中心化的量化基金，最初发行了 1.5 亿美元募资。然而由于代码漏洞，The DAO 的社区成员被偷走了价值 5 000 万美元的 ETH，最后以以太坊强行硬分叉告终，尽量减少了用户损失。这也说明了 DAO 这种理想型治理结构仍处在初级发展阶段（稚嫩期）。其次是相应人才的紧缺问题，DAO 背后的机制设计需要参与者具备经济学、社会学、政治学等相关专业知识，目前主要参与者仍然以技术背景出身为主，导致机制设计仍存在诸多不完善之处。

代币：Web 3.0 的"原子"基础单位

代币是区块链权益载体的基础单位。区块链的机制是把人与人的互动记录在一个不可篡改的公开账本中，但记账是要花成本的，为了激励，记账的人可以获得代币作为奖励，代币是区块链的基本组成单位。以比特币为例，代币代表在区块链的一个入口，只有持有 Wallet（钱包）私钥才能够进入。而比特币的挖矿就指代矿工通过矿机运算，消耗的算力被给予一定的报酬（即代币），这就是 POW 的共识机制。可以说，好的制度绝不是建立在对人性的考验上，而是找到制度与利益的统一之处。代币和公链是不可分割的存在，没有链就不会衍生出代币，没有代币就没有人记账，那这个链也就无法建立信任。

代币是一种所有权的象征，而这种象征可以代表资产、权力等。典型的资产型代币包括集体所有权代币和代表艺术收藏品的代币（即 NFT）。从技术角度来看，代币属性可以分为原生代币（如 ETH）和衍生代币（如 ERC-20）。从可分性角度，代币可以分成可分型（如比特币）和不可分型（如 NFT）。

除代表资产外，代币体系本身可以用来实现某些目的（Purpose-Driven），例如激励用户。Purpose-Driven 代币背后对应的是一整套激励体制的设计和建设，是经济学、数学、社会学等多学科的综合问题，与社会治理体系设计类似。类似 DAO 的决策机制，激励代币的机制设计目前仍然处于初级阶段，存在诸多不完善之处。

代币激励的潜在风险。代币激励机制是 Web 3.0 应用中的重要一环，然而，其匿名属性以及类似众筹的属性也带来潜在的过度投机、洗钱等风险。由此，如何对代币发行机制进行有效监管成为全球各国监管机构面临的首要问题。目前来看，KYC（Know Your Customer），即对交易账户进行实名认证，以及反洗钱等条例已经基本成为监管正规化的底线。而相对来说，中国监管机构则选择禁止代币机制设计，其出发点是防范过度投机炒作，对普通投资者和用户进行保护。

Web 3.0 应用：新生态的关键要素

Web 3.0 的破圈需仰仗丰富的应用。正如前文所言，Web 3.0 基础设施目前已经相对完善，但其更大规模的破圈还需要应用生态的发展。基于"跨越鸿沟"理论来看，目前我们认为 Web 3.0 整体生态正处于从"创新者"迈入"早期采用者"的跨越时期，创新者是基于对区块链、代币经济等先进技术的青睐而进入这个行业的，早期采用者则是基于对产品本身能够带来的巨变而进入这个行业的，这背后就需要"划时代"级别单个重量级应用的出现。而再往下一层，行业将"跨越鸿沟"，其决定标准则是能否提供针对某些特定问题完善整体产品的解决方案（完整生态）。

总结来看，我们认为应用生态是决定 Web 3.0 能否进军大众市场的关键要素。当下来看，首先，DeFi、NFT 是 Web 3.0 应用自带的经济体系，因此在某种程度上是 Web 3.0 生态的基础应用（比如交易所是当下行业最重要"流量入口"）。其次，NFT 凭借数字资产浪潮吸引大量关注度，但仍处于早期，存在大量投机风险；GameFi 则凭借游戏受众广、盈利能力强等属性有望成为下一个应用爆发点，《Axie Infinity》（一款去中心化回合制策略游戏）和 StepN（将链游中的代币、游戏和运动相结合的平台）等应用展现出一定的潜力。最后，SocialFi 等其他方向还处在探索期。如何平衡经济体系和行业娱乐属性，是 GameFi 和 SocialFi 等社交娱乐应用设计者需要重点突破问题之一。

DeFi：重要基础应用，发展相对成熟

DeFi 是 Web 3.0 重要的基础应用。DeFi 崛起于 2017 年（以以太坊应用生态的出现为起点），是以区块链技术为核心的去中心化金融体系，一切过程都由智能合约自动完成，而不需要像传统金融市场那样依赖金融中介进行交易。由于 Web 3.0 应用生态自带经济体系，所以其需要对应的金融系统来支持运转，由此，DeFi 是 Web 3.0 重要的基础型应用。此外，因为 DeFi 的所有信息是储存在区块链上的，所以 DeFi 也具有公开透明性和可追溯性等特点。基于 POS 的机制，DeFi 的整体锁仓量（押金）从 2017 年起逐渐抬升，至 2021 年 11 月达到最高峰（约 1 090 亿美元），显示出行业正在迅速发展。

总的来说，DeFi 体系的核心由加密资产和交易系统两个部分组成，借贷、融资等其他类型的平台则围绕这两个部分搭建。其中，加密资产可以分为非同质化代币和同质化代币两种类型。非同质化代币即 NFT，而同质化代币又包含类似比特币、ETH 的区块链原生币，以及以 ERC–20 为代表的链上衍生币。交易系统是用户进行加密资产交易的平台，根据是否由智能合约自动完成交易，分为去中心

化交易所和中心化交易所。实际上，目前交易所是 Web 3.0 应用生态最大的"流量入口"，核心原因是各种加密资产交易需求是当下行业最广泛的需求。虽然部分交易所也能实现借贷等功能，但一些实现特定功能的平台还是随着用户多样化的需求应运而生，例如借贷、融资等平台，也是 DeFi 体系不可或缺的一部分。

NFT：开创数字资产时代

NFT 是一种非同质化代币。 NFT 目前由以太坊区块链上的 ERC-721 标准主导，其他公链也会逐渐用到。NFT 具有以下特点：独特性（永久保存并且不能被更改的元数据）、稀缺性（开发者决定稀缺程度）、不可分割性（大多数情况不可被切分）。

NFT 市值超百亿美元，静态头像类 NFT 独占鳌头。 NFT 可以分为两类，静态 NFT（头像、艺术品、收藏类 NFT）与动态 NFT（游戏、音乐类 NFT）。其中，静态 NFT 交易较为火爆，它对应相应资产的所有权和 Discord（知名 NFT 社区论坛）访问权，但绝大多数都无法提供额外的实用价值；随着投资者逐渐倾向于追求通过所持资产获得更优质的体验，人们对非静态 NFT 的需求将不断攀升。根据全球领先的一站式 NFT 数据聚合平台 NFT GO 的数据，截至 2022 年 2 月，NFT 总市值已达 180 亿美元，其中头像类 NFT 市值占比最高（44.3%），市值高达 80 亿美元。

GameFi：融合娱乐和经济激励

P2E——GameFi 将融合游戏的趣味性和代币激励。 游戏由于其受众广，且商业模式清晰，自然成了 Web 3.0 应用首要开拓的领域。与传统游戏不同，Web 3.0 时代的游戏结合了 NFT 和代币，使用户不仅在游戏中进行娱乐消费，还可以获得相应的数字资产，即 P2E。与传统游戏相比，GameFi 的经济体系和趣味性平衡显得尤为重要。从发展阶段来看，目前 GameFi 仍处于初级阶段。2021 年，规模超过 1 200 万美元的新生的区块链游戏的总收入仍不到 10 亿美元，与 2021 年全球视频游戏市场 1 750 亿 ~1 800 亿美元的总收入相比，这个数字仍旧较小。

《Axie Infinity》：可玩性获得突破，叠加赚钱机制的经济模型

《Axie Infinity》是一款以区块链技术为背景，通过收集宠物进行战斗的集换式卡牌游戏。此游戏于 2018 年诞生，由越南工作室 Sky Mavis 创立，开创了全新的游戏模式——P2E。《Axie Infinity》是一个数字宠物世界，主角是类似宠物小精灵的 Axie，用户既可以通过收集、训练自己的 Axie 来与其他用户的 Axie 战斗，也可以将其作为宠物抚养和交易。2022 年 2 月，全球最大的 DApp 市场数据和 DApp 分发平台 DApp Radar 发布的数据显示，在《Axie Infinity》上出售的 NFT 总价值达到 41.4 亿美元，交易者数量超过 190 万，而所销售的 NFT 平均价格为 198.77 美元。可以说，由于《Axie Infinity》兼顾了经济性和趣味性，其目前已成为仅次于 OpenSea 和 LooksRare 的第三大 NFT 市场。

StepN：让游戏更健康、可持续

StepN 开辟了 GameFi 新品类。通过聚集健康生活，StepN 的用户通过在真实世界中的运动获得满足感，而非被动通过消费获得快感，即用户可以在运动的同时赚钱。此外 StepN 依靠 SocialFi 来建立长久的平台，以培养用户生成 Web 3.0 内容，这标志着 GameFi 在游戏丰富性、经济回馈之外也注重社区价值与感情的建立。从可持续性来看，跑步是相对更可持续的用户习惯，因此 StepN 或许正在从可持续角度开创 GameFi 新时代。

StepN 官方 Twitter（推特）显示，2022 年 5 月 6 日，StepN 日活用户数高达 53.3 万，月活用户数超过 230 万，2022 年第一季度利润超 2 600 万美元。其核心玩点在于：人人可用（通过游戏作为核心机制，StepN 可以促使数百万人拥抱更健康的生活方式）、零准入门槛（StepN 并不要求人们先拥有 NFT 资产，反之，用户可在一无所有的状态下，先从其他用户处免费租借使用，再对收益进行分成，此举容易打开用户圈层）、先学后赚（新用户可以在搞懂如何使用去中心化钱包之前就通过游戏赚钱）。

SocialFi：仍未出现破圈案例

SocialFi 重新定义社交媒体。社交媒体参与方包括生产者、消费者（有时二者互相转换）和平台。在 Web 2.0 的模式中，平台拥有更大的话语权。而在 Web 3.0 体系中，平台智能将弱化，而生产者、消费者等角色将通过代币体系等获得生态治理权和收益分享权。总体来看，SocialFi 拥有 Web 3.0 的几大优势：数据权利归属（数据归用户所有）、利益分配（内容产出者可以获得更多的收入）、隐私和安全（第三方无法中心化存储用户数据）。目前 SocialFi 的发展依然处于十分早期的阶段，仍未出现显著破圈的案例。

Web 3.0 与 Web 2.0：各有所长，或将共存

Web 3.0 和 Web 2.0 或将在相当长的时间内共存

正如前文所言，Web 3.0 代表某种去中心化理念，且基于区块链匹配相应的代币经济体系，以自驱动生态发展。然而，从发展阶段来看，目前 Web 3.0 仍处于发展早期，其基础设施仍然存在效率较低等问题，且其整体应用生态较 Web 2.0 大厂建立起的生态有较大差距，其渗透率短期较难与 Web 2.0 相比。由此，在未来相当长时间内，Web 3.0 的应用更可能优先获得一些技术爱好者、去中心化理念支持者，以及相关产品核心粉丝等用户的青睐。相对而言，对这些元素不那么感兴趣的普通用户很可能停留在以 Web 2.0 应用为主，因此，我们认为 Web 2.0 和 Web 3.0 可能在未来相当长的时间内共存，用户有望根据自身喜好选择相应应用。

Web 3.0 理念也可以成为 Web 2.0 大厂改良的方向

效率优先，兼具平等。Web 2.0 平台模式是效率优先的模式，但必须承认的是大厂的崛起实际上直接受益于具体平台对应整体生态的崛起（例如，YouTube 崛起本质上是由内容生产者、平台、用户和广告主等共同组成的生态的崛起），而由于平台产业链的地位优势，平台成了生态崛起的直接受益人。Web 3.0 背后

强调的"平等"理念或许也可以是超级平台改良的方向，以求生态更平衡，从而求得可持续发展。从目前来看，我们看到海外的 Twitter 等平台都在积极拥抱 NFT 等理念，而国内的蚂蚁金服等则依赖区块链本身去中心化机制增强商品防伪能力等。最后，针对抖音和快手极速版所具备的金币激励制度，我们认为其本质是平台对用户的一种反馈。

▶ Twitter

用户现在可将 NFT 作为账户的个人头像，鼓励人们注册订阅其产品 Twitter Blue。Twitter Blue 的订阅费为 2.99 美元 / 月，其会员可以将一个加密货币钱包连接到自己的账户，并从钱包中选择一个 NFT 作为头像。用户在购买了 NFT 之后，将获得数字图像的拥有权（会被记录在区块链上）。

▶ 蚂蚁金服

2021 年"双十一"期间，蚂蚁金服采用区块链技术溯源。淘宝方面称，将 12 亿条数据上链，涉及天猫国际商城超过 1.5 亿件跨境商品。天猫商城与国外生产商签订合作协议，在商品出厂时，生产商就将商品成分、资质许可证等信息进行系统备份和公示。商品入关后，电商保税仓将物流信息与报关信息同步录入上传。录入完毕后，所有商品都被贴上专有的二维码，可以看到商品的全部生产与物流信息。

▶ 抖音、快手极速版

抖音、快手极速版直接采用现金红包的形式，即邀请新人下载观看视频、做任务可获得红包，目的在于为平台拉新、留存。与其花钱在其他平台做营销、买用户，不如直接把相应激励返还给用户，不得不说其中存在着更多 Web 3.0 的影子。

积极拥抱 Web 3.0 或许也是一种选择

自我革命是追求可持续发展的必然。相对来看，海外互联网大厂对于 Web 3.0 领域的动作更明显，布局也更迅速。Meta 基于 Oculus 主推的元宇宙生态，表明其对 Web 3.0 持拥抱态度。此外，谷歌母公司 Alphabet 也设立了区块链部门，研究下一代分布式计算和数据存储技术，具体情况见表 6–1。相对来说，由于国内监管态度相对谨慎，我国互联网大厂布局 Web 3.0 更多围绕监管相对开放的区块链、数字藏品等展开。此外，我国的互联网大厂在海外市场也对相关公司进行了投资布局，具体情况见表 6-2。

表 6-1　海外互联网大厂对 Web 3.0 的布局

公司	海外互联网大厂对 Web 3.0 的布局
Meta	2019 年 6 月 18 日，Facebook 发布 Libra 计划白皮书，2020 年在全球 12 个国家发行基于区块链技术的加密货币 Libra，并推出一款 "Calibra" 数字钱包应用软件。后在监管的压力下，Libra 多次调整项目计划，并在 2020 年底更名为 Diem，数字钱包 Calibra 更名为 Novi。2022 年 1 月 26 日，Facebook 拟出售其加密货币业务，Meta 以约 2 亿美元的价格将技术出售给 Silvergate（一家商业银行）
	2021 年 12 月 23 日，Meta VR/AR 板块副总裁安德鲁·博斯沃思向员工发布的内部信件表示，Meta（原 Facebook）将为区块链技术提供深度兼容，将社交系统与区块链、加密货币等 Web 3.0 技术结合。他表示，在未来 10 年，区块链技术可能对行业产生深远的影响，同时 Meta 应该开发支持 NFT 的功能，并投资一些基于区块链的智能合约、分布式自治组织 DAO
	Facebook 和 Instagram（照片墙）团队正在开发一项可以让客户在账号资料上展示其 NFT 的功能，这些团队还在开发一个原型，旨在帮助客户创建可收藏的代币。2022 年 12 月，Instagram 负责人亚当·莫塞里表示，公司正在对 NFT 领域进行探索
Alphabet	2016 年谷歌效仿 IBM 和亚马逊，为需要测试银行区块链技术的开发员提供云服务
	Alphabet 旗下的 Google Ventures 参与了不少区块链项目和公司的投资，包括钱包服务提供商 Blockchain Luxembourg、金融交易网络 Ripple、加密货币资产管理平台 LedgerX、国际支付提供商 Veem 和现已解散的 ButterCoin
	2022 年，谷歌推出区块链部门，并计划将其纳入实验室小组。这新成立的区块链部门专注于区块链、下一代分布式计算和数据存储技术。这一举措是对 Meta 等公司开展区块链新发展业务的回应
	2022 年 1 月，谷歌旗下 YouTube 正在探索为视频创作者提供 NFT 功能，这将使其成为新一家涉足数字收藏品市场的科技公司
Microsoft	2015 年 11 月，微软推出并启动了 Azure 区块链即服务（BaaS），将区块链技术引入 Azure，为使用 Azure 云服务的客户提供 BaaS，此项业务于 2021 年 9 月关停
	2018 年，微软花费 75 亿美元收购了全球最大的开源代码托管平台 Github，而区块链开源项目都把代码托管到 Github 上
	2021 年 4 月，微软宣布了一项名为 "Microsoft Azure Active Directory 可验证凭据" 的公开预览版，该预览版进一步确立了一些微软在区块链方面去中心化的身份系统标准
	2021 年 5 月 25 日，微软在 2021 开发者大会上发布了基于区块链的安全账本 ACL（Azure Confidential Ledger）服务，并在大会上展示了 ACL 的预览版。ACL 在区块链的基础上额外加了一层安全和扩展

第六章　Web 3.0：新范式开启互联网新阶段

公司	海外互联网大厂对 Web 3.0 的布局
Amazon	2019 年 5 月，亚马逊云计算业务正式对外推出了区块链服务，名为"亚马逊可管理区块链"（AMB）
Twitter	2021 年 8 月，Twitter 正式启动去中心化社交媒体 Bluesky
	2021 年 9 月，Twitter 正式开启基于闪电网络的比特币打赏功能
	2021 年 11 月，Twitter 正式组建一支全新的加密技术团队，由 Interchain 基金会及 Mina 基金会委员泰丝·瑞纳森领导。团队将聚焦密码学、区块链和其他去中心化技术，包括并不止于加密货币方面

资料来源：36 氪，律动，中金公司研究部。

表 6-2　我国互联网大厂对 Web 3.0 的布局

地区	公司	我国互联网大厂对 Web 3.0 的布局
国内布局	阿里巴巴	2021 年下半年，蚂蚁基于蚂蚁链参照国外的 NFT 产品做出了鲸探（数字藏品 App）
	腾讯	2021 年下半年，腾讯基于腾讯至信链参照国外的 NFT 产品做出了幻核（数字藏品 App）
	京东	2021 年 12 月，京东旗下 NFT 发行平台"灵稀"上线京东 App 中的小程序
	阿里巴巴	2022 年，阿里巴巴收购香港销量最高的英语报纸《南华早报》，成立了一家 NFT 公司 Artifact Labs
海外布局	腾讯	2022 年 3 月，腾讯参与投资了澳大利亚 NFT 初创公司 Immutable，这家公司 2023 年的估值为 25 亿美元，目标是开发出让玩家真正拥有游戏资产的区块链游戏
	字节跳动	2021 年 TikTok（海外短视频产品）在 Immutable X 支持的专用站点放置 NFT，以避免区块链能源问题

资料来源：36 氪，律动，中金公司研究部。

监管或将规范 Web 3.0 的发展

正视风险：技术发展的两面性

任何技术发展在带来机遇的同时也会带来风险，总结来看，我们认为 Web 3.0 时代可能主要存在以下风险。

▶ 货币政策收紧带来的市场波动风险

宽松的货币政策带来的通货膨胀使得投资者向外寻求其他资产，加密资产可能是这些投资者考虑的资产之一。然而美国进入新一轮加息周期，加密资产的资金盘可能会缩小，进而导致加密资产的价格出现较大波动。

▶ 匿名机制带来洗钱、偷税漏税等风险

去中心化交易和匿名交易等属性虽然在一定程度上降低了交易成本，但也带来了潜在的洗钱以及偷税漏税等风险。由此，交易者的实名，以及增加交易可追踪性等成为行业发展的必要条件之一。

▶ 代币机制可能伤害投资者等风险

代币机制渗透 Web 3.0 的方方面面，而其背后对于生态各方的激励代币以及与之带来的金融价值（如证券属性），必然带来市场波动和投机，这种活动可能给普通用户（投资者）带来潜在的伤害，类似众筹或者集资。

▶ 技术储备不足、机制设计漏洞等风险

在行业发展初期，可能存在技术储备不足、机制设计不健全等问题，而其背后的经济价值必然带来攻击的可能性，可能带来潜在损失。此外，DeFi 金融体系不断繁荣，可能催生越来越复杂的金融市场，任何一个环节的风险都可能牵动整个市场。因此对于不同属性的加密货币，应当存在一定的行业监管。

监管现状：中美相对谨慎，预计会不断完善

适度监管是行业进入发展正轨的必要条件。面对以上提到的 Web 3.0 发展可能带来的潜在风险，适度监管非常必要。实际上，相对完善的监管环境也预示着行业发展进入正轨，行业才有可能真正进入主流。目前来看，中美两国对于 Web 3.0 领域的监管相对严格，其中我国对于加密货币等持禁止态度。

▶ 中国

我国对区块链技术有开放的政策导向，认为该技术能推动未来的科技发展。但对于区块链衍生的应用（DeFi 以及 NFT）比较谨慎，尤其针对投机性较高的交易行为：DeFi 方面，我国对代币发行以及 ICO、代币交易（涉及交易所）等金融风险性较高的活动实行全面禁止；NFT 方面，我国允许发行 NFT，但不能

进行 NFT 市场的二级交易，避免出现投机炒作情况。

► 美国

早期的监管处于比较迷茫的状态，2020 年国会对加密资产进行了划分，并按照类别指定了不同的监管机构（其中以美国证券交易委员会的监管最为严格），总体监管敞口比我国大，不禁止代币发行、融资、交易（严厉的监管集中在 ICO 和证券化代币上），监管环境相对更加宽松。总统拜登签署了相关行政令，未来美国针对 Web 3.0 的监管可能会进一步收缩，重点解决对消费者和投资者的保护、金融稳定和非法融资等问题。

► 其他国家

其他各国的监管也大都集中在加密资产上，尤其关注证券化代币，同时大多数国家会基于反洗钱与反恐融资风险进行防御性监管。此外，部分国家针对加密企业推出牌照制度（如日本、新加坡、韩国等）。

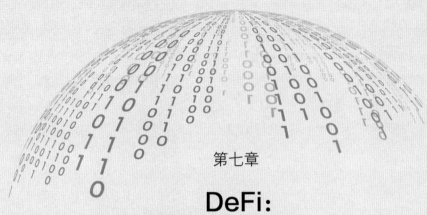

第七章

DeFi：
信任重塑，生态共筑

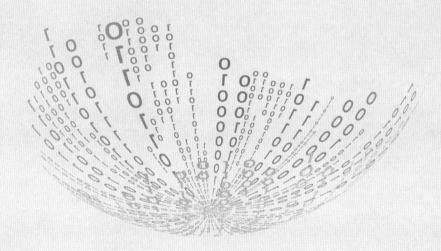

DeFi 是加密体系下的去中心化金融服务

在加密货币体系中，区块链基于分布式和不可篡改的"公共账簿"来重构信任、保障安全，用开放透明的代码取代中心化机构，DeFi 应运而生。

DeFi 界定三要素：金融服务、加密体系、去中心化

尽管区块链技术已诞生超过 10 年，基于区块链的金融服务应用也早有雏形，但 DeFi 概念的初次提出可追溯至布兰登·福斯特于 2018 年发表的《Announcing De.Fi, A Community for Decentralized Finance Platforms》一文，文中 DeFi 被定义为建立在去中心化区块链基础之上、代码开源且具有稳定开发者平台的金融体系。在市场共识中，理想化的 DeFi 需依次满足以下 3 个特征：涉及价值转移过程（即属于金融服务）；基于区块链技术（即属于加密体系）；资产账户的控制权在用户手中，且无单一机构能掌控交易执行的审查权及协议执行的审查权（即实现上述环节的去中心化）。

DeFi 与传统金融之别：透明性、控制权、参与性

DeFi 与传统金融[①] **存在诸多区别**。底层基础设施的差异导致 DeFi 和传统金融在资产托管、计价单位、交易执行、治理条约等多方面具有不同特征，可总结为下述 3 个核心特点（见图 7-1）。

去中心化金融（DeFi）		传统金融
由用户在非托管的钱包中直接持有或通过基于智能合约的非中心化托管	资产托管	由受监管的服务提供商持有，或由托管方代表资产拥有人持有
通常以数字资产或稳定币计价	计价单位	以数字资产或稳定币（一般为法定货币计价）计价
通过智能合约操作用户的资产	交易执行	通常由中介方处理各方之间的交易
将交易写入基础区块链完成结算过程	清算结算	通常经由服务提供商或票据交换所处理
由协议开发人员管理或由持有投票权的用户投票决定	治理条约	由服务提供商、市场、监管机构的规则规定
开源代码和公共账簿允许审计人员验证协议和交易活动	可审核性	需第三方审核的私有/开源代码
由于数字资产波动较大并且缺乏信用评分，通常需要超额抵押资产	担保要求	交易可以无须担保品，也可以附带少于或等于所提供资金的担保品

三大核心区别

运行透明性不同	资产控制权不同	用户参与权不同

图 7-1 DeFi 与传统金融的区别

资料来源：World Economic Forum，Wharton Blockchain and Digital Asset Project，中金公司研究部。

首先是运行透明性：出于对数据安全性、稳定性、合规性的考量，传统金融的核心信息系统通常搭载在依托 IOE（即 IBM、Oracle、EMC）的稳态技术体系之上，具有集中、专用、封闭的特征；而 DeFi 建立在开源的区块链之上，允许用户随时随地对金融资产状态、产品运行规则进行检查，因此运行机制较为透明。

其次是资产控制权：DeFi 用基于非对称加密技术的公钥（钱包）和私钥（密码）替代了传统金融中广泛应用的身份验证机制，而拥有私钥的人即拥有对加密资产的绝对控制权，任何个体或机构均无权在未经用户同意的情况下审查、移动或销毁用户资产，这一点显著有别于传统金融。

---

① 传统金融属于 CeFi 体系。

最后是用户参与权：在 DeFi 生态中，任何拥有联网计算机的个体都可以自由浏览、参与、部署应用程序，而传统金融世界的中心化机构往往需要遵循严格的准入门槛和决策规章，对于普通账户持有者来说只有参与权而无创造权。

核心技术：基于智能合约的积木式生态系统

DeFi 的长期愿景是实现一个去中心化、低费率、自动化的金融服务生态，而该愿景的实现需要以成熟的底层架构和一系列完备的技术工具作为载体。区块链为 DeFi 提供了安全可信的公共账簿和"图灵完备"的分布式计算平台，使用户可以按照自己的意愿创建复杂的代码合约和算法合同，即智能合约。作为 DeFi 生态构筑的基础模块，智能合约可从金融服务中抽离出核心逻辑，通过代码生成核心资产（即代币），并搭建一系列针对其生产、分配和转移的规则，从而衍生出层次丰富的金融体系。与此同时，稳定币、预言机、跨链桥等角色也对链上与链上资产、链上与链下资产之间的协议交互和价值传递起到关键作用，相关技术的进步对 DeFi 体系的发展边界起着决定性作用。

从技术角度，DeFi 的生态架构可自下而上分为 5 个层级，即共识层、资产层、协议层、应用层、聚合层，对应着从数据传输、资产生成、协议构建、合约实现到平台聚合的不同阶段（见图 7-2）。

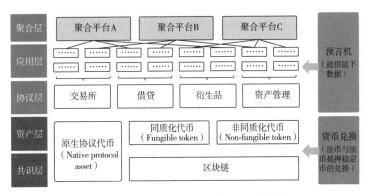

图 7-2　DeFi 技术架构的 5 个层级及对应产品

资料来源：Fabian Schär, Decentralized Finance：On Blockchain and Smart Contract-Based Financial Markets（2021）；IOSCO；中金公司研究部。

区块链：达成多方共识的底层基础

区块链的价值在于提供了一种让多个参与方在缺乏唯一可信方的情况下达成合作的机制（即"共识机制"），为 DeFi 的诞生和繁荣提供土壤。常见的共识机制包括工作量证明机制、权益证明机制和委托权益证明机制（DPoS）等。借助共识机制，链上所有参与方都能够对链的状态达成一致，从而保证链上协议的安全性和可操作性。

技术制约：去中心化、安全性、交易效率的"不可能三角"

在 DeFi 体系中，区块链的核心价值是实现更多、更快、更去中心化的交易。传统金融政策体系中存在"不可能三角"定理，即当一国在开放的经济条件下进行政策选择时，不能同时实现资本自由流动、货币政策独立性和汇率稳定 3 个目标；类似地，基于区块链的加密货币体系也存在技术上的"不可能三角"，即去中心化程度、安全性和交易效率难以同时达到最大化。一般来说，去中心化程度对应区块链中生产和验证的节点数量，节点越多则去中心化程度越高；安全性是获得网络控制权需要花费的成本，例如，工作量证明机制中需要的算力越多，安全性就越高；交易效率指每笔交易均在所有节点上达成一致后，区块链每秒能处理交易的笔数（TPS），TPS 越高说明链上交易效率越高。

链上生态：以智能合约为实现手段，以代币为价值尺度

智能合约：DeFi 生态的"乐高积木块"

智能合约是 DeFi 架构自下而上生态体系开枝散叶的核心"积木"。从开发者角度看，智能合约并非一种合约，而是在区块链上运用编程实现的一种应用程序和特殊协议。DeFi 体系中的智能合约内嵌了表示各种金融规则的代码函数，并能与其他合约交互，从而实现决策、资料存储、发送加密货币等功能。具体来说，在满足预先确定的条件时，智能合约中的相应函数会被唤醒，从而对输入其中的数据进行计算、存储和输出，或者发送信息来唤醒另一个智能合约的函数功能。智能合约通常开源且透明，开发者可以在测试网、主网中访问、查看每一步

操作和对应的状态变化。在 "Code is the law"（代码即法律）的指引下，智能合约于 DeFi 生态体系中代替了以人为主体的银行、券商等中心化机构，自动化执行合约并赋予个体用户广泛的代码开发权、核验权和执行权，从而推动实现生态的开放、繁荣和自治。

代币：智能合约的资产化形态

在智能合约的基础上，用户可以创建代币。 作为加密虚拟货币，代币表示所有可交易资产（例如，积分、财产、证书等）。任何人都可以用智能合约编写和发行属于自己的代币，但在设定指定代币名称、总量、实现代币的交易函数等方面，需要遵循所在公链的协议规则（例如，业内常用的以太坊智能合约代币标准 ERC–20）。在 DeFi 中，只看数量、不看特征的加密货币（例如，比特币、ETH等）即为同质化代币；非同质化代币则是一种相对新颖的数字资产类型，用于代表代币化的实物资产、稀有数字资源、股票或其他独特、稀缺事物的所有权。

▶ 稳定币：同质化代币的"货币化"升级

金融体系中的用户往往对价值相对稳定的代币有大量需求，由此衍生出"稳定币"概念。一般来说，狭义的稳定币是指与美元或黄金等储备资产挂钩的加密货币，广义的稳定币泛指具有"锚定"价值属性的加密货币。这些代币大多锚定各国法定信用货币，作为法币与加密货币的交易媒介连通实体经济与加密经济，并且在运作上保证其价值的相对稳定。

广义的稳定币可分为 3 种模式，且都在传统货币市场中找到了类似的实践。 最早出现的法币锚定模式，即通过在一个中心化节点足额储备资产（或在第三方托管抵押物）的方式，将法币按 1∶1 映射至链上。相关知名项目为泰达币（USDT），其运作机制类似离岸美元市场，但也因需要中心化机构信用背书而在信息透明度上略显不足。在加密资产抵押模式下，用户以 ETH 等其他加密货币作为抵押物换取稳定币，并由智能合约替代中心化机构，实现超额抵押的存入和赎回。代表项目为 MakerDAO，其稳定币 DAI 与回购市场有一定的相似性。算法央行模式，通常指参照费雪方程式 ① 搭建货币体系的稳定币项目，该模式满足了 DeFi 用户对高度去中心化的、自治的稳定币的需求，但易存在算法模型不成熟、币价脱离锚定价格水平的情况。

▶ NFT：基于区块链的"数字证书"

NFT 是不可替代资产的代币化表示。NFT 是利用区块链技术，为图像、影片等添加独一无二的识别代码而形成的新型数字资产，彼此间不可替代、不可分割。从技术角度看，NFT 的创建需要遵循搭载区块链的代币标准（主流标准包括 ERC-721、ERC-1155 ② ），其流程可概括为：开发者生成实体或虚拟物品的唯一 ID；选择一条区块链公链以开发和部署 NFT 智能合约；基于该智能合约铸造 NFT。从特征上看，NFT 比传统实体藏品具备更好的可编程性和流通性，较传统数字资产具备更好的防伪性和不可篡改性。

在 NFT 市场上，以点对点为主的交易模式在一定程度上限制了其流动性，由此催生出对 NFT 金融化的探索，围绕 NFT 的 DeFi 协议随之诞生。例如，在 NFT 借贷协议中（可分为点对点和点对池两种模式），借款人可通过在平台上以已拥有的 NFT 作为抵押品借出加密货币，由贷款人或平台为借款人提供资金流动性；又例如，在 NFT 信用违约互换协议中，用户可通过购买 NFT 协议保单，实现信用风险的转移、转换和重组，从而保障加密货币的资金安全。考虑到 NFT 具有根植于区块链、"数字证书"等去中心化特性，我们认为 NFT 在 DeFi 领域的应用有望促进 DeFi 生态的进一步完善。

跨链：多链生态的交互工具和价值桥梁

DeFi 生态的丰富使用户对跨链技术的需求日益迫切。近两年，DeFi 热潮打开了人们对以太坊的想象空间，应用场景创新层出不穷。在生态高速发展的同

---

① 费雪方程式即 $MV=PY$，M 指货币总量，中国的情况是货币的同比增速一般只能在 10%~30% 波动；V 指货币流通速度，货币流通速度在过热和过冷中能相差几十倍，V 直接与信贷创造能力相关；P 指商品价格；Q 指商品数量。

② ERC-721 是从同质化代币标准 ERC-20 演进而来，可用于创建非同质化代币；ERC-1155 同时支持同质化和非同质化代币的创建。

时，一些收费更低、效率更高的新兴公链项目抓住了机遇并迎来了快速发展，如Solana、Avalanche、Cosmos。自此，加密世界进入了一个多链并存的时代，并逐渐形成了以以太坊为核心，其他公链百花齐放的局面，用户在不同区块链间转移资产的需求越发迫切。值得注意的是，尽管当前跨链桥在市场上已初具规模，但其发展仍处于初级阶段，在实际使用中还存在安全性差、技术门槛高等问题亟待解决。一方面，随着链上交互需求的增加和跨链资金规模的壮大，跨链协议受到黑客攻击的威胁显著增加，后者围绕私钥与合约漏洞开发了制造假币、伪造网站等多种跨链攻击方式；另一方面，跨链桥的存在本身为多链生态带来了可扩展性，但由于区块链存在"不可能三角"，其中心化程度和安全风险也相应增加。技术的发展并非一蹴而就，我们期待未来有更多更加安全、稳定、高效的跨链技术诞生，为 DeFi 生态的繁荣添砖加瓦。

预言机：连接链上与链下的信息渠道

预言机是 DeFi 生态链上与链下信息交互的接口。根据中国人民银行的定义，预言机是将"区块链外信息写入区块链内的机制"。大量 DeFi 智能合约需要通过调用资产实时价格、汇率、交易方个人信息等外部数据来判断是否执行合约，但是区块链作为独立封闭的系统，随意调用外界数据有违其共识机制和确定性原则；因此，作为连接链上和链下环境，充当区块链和现实世界"桥梁"的预言机应运而生。其工作流程可概括为：接收请求—获取外部数据—将结果返回至区块链。去中心化预言机网络的典型代表是 ChainLink。ChainLink 的运行架构稳定、应用实例丰富，为诸多 DeFi 公链和协议提供了稳定、可靠、丰富的链下信息。截至 2022 年 6 月底，ChainLink 已拥有 888 家合作伙伴，与 96 条区块链建立了合作兼容关系，包含以太坊、波卡（Polkadot）、卡尔达诺（Cardano）3 条热门公链。

丰富应用：乘创新之风，为 DeFi 生态添枝接叶

得益于用户、协议、监管人、预言机、跨链桥等多个参与方的贡献，DeFi生态中通过智能合约实现的金融服务日益丰富。根据链上交互行为的不同性质，

DeFi生态已经分化出支付、借贷、托管、去中心化交易所、稳定币、衍生品、资产管理、市场预测等多个赛道，其中不乏凭借突破传统金融服务思路，获得了大量场外资金青睐的开创性协议和应用。DeFi生态各领域典型应用案例概览如图7-3所示。

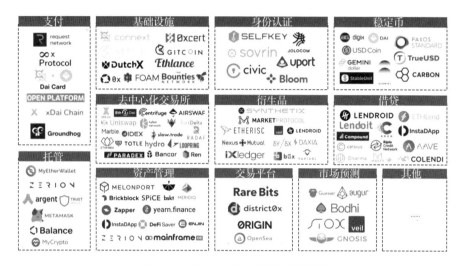

图7-3　DeFi生态各领域典型应用案例概览

资料来源：Trust Wallet Community，StakingRewards.com，中金公司研究部。

借贷：以智能合约连接代币的供给与需求

借贷协议是DeFi生态的核心组成部分之一，连接起代币的供给方与需求方，**将充裕的资金引向更具投资机会的领域**。传统借贷与DeFi借贷的核心区别在于：前者由银行等中心化金融机构主导，而后者依赖去中心化的智能合约。因此，DeFi借贷在抵押条款、清算机制和利率确定等方面均有一套较为独特的机制设计。在典型的DeFi借贷协议中，流动性提供方、借款人和清算方是3类重要的参与者。流动性提供方：类似传统借贷中的投资者/储户，将充裕的流动性资金储存进借贷平台，从中赚取利息收益。借款人：资金的需求方借入资金并支付相应的利息。在去中心化的生态中，借款人是匿名的，无法进行背景调查和信用评估，因此DeFi借贷协议通常设置超额抵押的条款以应对信用风险。清算人：清算机制是借贷安全的重要保障。随着市场价格波动，当借款人抵押品的价值跌至超额抵押的标准线以下，借贷平台会自动开启清算流程，鼓励清算人参与清算。在清算中，清算人替借款人偿还一部分贷款，获得一部分抵押物和清算奖励。

去中心化交易所：算法交易聚合链上流动性

与传统金融市场一样，交易所和做市商在加密资产平稳交易及运转的过程中亦起着至关重要的作用。加密货币交易所可分为中心化交易所（CEX）和去中心化交易所（DEX）。中心化交易所与传统金融交易所类似，通过交易平台内部的撮合引擎进行交易匹配，主流的中心化交易所包括 Binance、Huobi、Coinbase 等；而去中心化交易所的交易匹配则基于智能合约来执行，用户资金及个人数据不必经由中心化服务器进行内部交换，交易直接发生在参与者的点对点之间，如 Uniswap、SushiSwap、DoDo 等。尽管目前中心化交易所的加密货币交易规模仍远超过去中心化交易所，但是随着用户对于交易平台匿名性和安全性的追求日益旺盛，去中心化交易所也展现了强劲的增长动力。

去中心化交易所的交易机制可大体分为两种：算法订单簿和自动做市商。

▶ 算法订单簿

与中心化交易所使用的基于中心化平台的订单簿不同，去中心化交易所订单簿使用算法来发现尚未被撮合的买单和卖单，由智能合约对交易需求进行匹配。主流的订单簿去中心化交易所包括 0x、dYdX、Loopring DEX，以及 Serum。早期的去中心化交易所从充值、挂单、撮合到结算全过程上链，但是区块链吞吐量尚有瓶颈，导致了交易速度慢、交易深度差、交易费用高等问题。此后一些新的去中心化交易所项目采用了混合订单簿模式进行优化，仅将部分交易环节放在链上运作。以 0x 为例，其利用状态通道实现链下匹配、链上结算，加快了结算速度，但牺牲了部分去中心化特点。

▶ 自动做市商

自动做市商机制不再是匹配买卖双方的逻辑，而是通过建立流动池来维护交易的流动性，智能合约基于恒定关系确定交易价格。流动性提供者（LP）将资金存入流动池，使交易者可以立即获得流动性；同时流动性提供者也可以基于其对流动池的贡献比例赚取每笔交易的手续费。由于自动做市商在提供即时流动性的同时消除了流动性提供门槛，使得普通用户参与度大大提升，因此带动了去中心化交易所交易量的迅速增长。主流的去中心化交易所自动做市商包括 Bancor、Balancer、Curve、Sushiswap，以及 Uniswap。

资产管理：资产跟踪和收益聚合

日渐繁荣的公链和跨链生态给 DeFi 用户带来了更加碎片化的资产和更高的操作复杂度，资产管理应用正在成为 DeFi 生态越来越重要的一部分。其中，一部分资管产品旨在为用户提供简洁友好的资产跟踪平台，例如 Zapper、Zerion，一般可实现与主流 DeFi 协议的一键式交互；另一部分资管产品为收益聚合器，旨在帮助 DeFi 用户接入各种高收益矿池，最大化挖矿产出，例如 Yearn Finance、Beefy Finance 等知名项目。

前文我们提到，DeFi 的一大特性是可以将不同的智能合约以搭积木的形式进行堆积和嵌套，从而构成多样化的数字资产组合，这一点在 DeFi 收益聚合器协议中得到了充分体现。例如，在 2020 年流动性挖矿概念（指用户通过将持有的数字货币转借给他人从而赚取更多数字货币）兴起后，Yearn Finance、Harvest、APY Finance 等收益率优化器则基于上述协议，在 Compound、Aave、Lend、Curve 等矿池中进一步搭建出自动投资策略，实现了 DeFi 协议的嵌套和递进；并且，这些收益率优化协议可以进一步与交易所、期权平台等产品达成合作，从而为 DeFi 用户提供更丰富的产品组合，并降低相关交易费用。

衍生品：基于去中心化框架的二次金融创新

随着围绕加密货币的基础金融服务体系走向成熟，更多用以满足用户套期保值、投机、价格发现、资产负债管理等需求的衍生品也逐渐走上舞台，可大致分为合成资产、期权、预测市场、永续合约、保险、利率衍生品六大方向。当然，相较传统金融体系，加密货币衍生品市场规模仍处于相对早期的阶段，且大部分市场仍由 Binance、Huobi、FTX 等中心化交易占据。随着 DeFi 近几年的快速发展以及市场教育的普及，去中心化衍生品市场逐渐兴起并走向繁荣，我们期待更多的原生创新应用诞生，以持续完善加密资产市场，并增强 DeFi 产品的合理性、投资的确定性和组合的丰富性。

挑战与风险：愿景和现实差距尚存，各类风险不容忽视

DeFi 的长期愿景是建立去中心化的金融体系。用区块链重构信任并保障安全，以智能合约自动化和确定性的特点减少金融中介的层级，最终让整个金融体系实现降本增效、开放包容，同时充分保护个人隐私。但是，从当前的状况来看，DeFi 并没有真正建立起完全去中心化的金融体系；DeFi 的部分环节实现了去中心化，然而其实现路径带来了许多新的挑战。目前，大多数 DeFi 参与者的主要目的是从各类金融服务及其治理中获利，但由于整个系统尚缺乏真正的底层价值支撑，参与者的行为呈现出浓厚的投机、套利，甚至是逃避监管的意味，加大了市场风险。如何处理与 DeFi 的关系，成为监管机构面临的一道难题。DeFi 的愿景与挑战如图 7-4 所示。

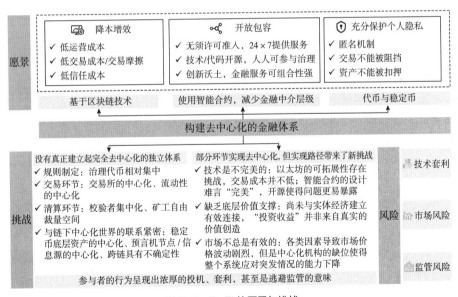

图 7-4　DeFi 的愿景与挑战

资料来源：中金公司研究部。

挑战："去中心化"前路漫漫

DeFi 没有真正建立起独立的、完全去中心化的体系

"去中心化"的主要内涵是整个体系内不存在拥有绝对掌控权的机构或个人，个体的意志不能直接显著地影响整个体系的运行。按照这样的标准，DeFi没有真正建立起独立的、完全去中心化的金融体系，在规则制定、交易、清算等环节或多或少地出现了掌控权相对集中的现象，市场参与者的自由裁量空间仍然存在，这种自由裁量可能会给系统运行带来显著影响。

此外，虽然 DeFi 底层的区块链技术具有去中心化的特点，但是为了实现复杂多样的金融服务，DeFi 需要与链下世界建立各式各样的连接，而链下世界是更为"中心化"的。稳定币和预言机是两个典型的案例：部分稳定币的价值锚定美元等法定货币，法定货币是一种中心化的货币，因此稳定币本质上还是会受到各类货币政策的影响；部分 DeFi 项目的运行依赖链下世界的信息输入，但是链下的信息源是相对中心化的，连接信息源和区块链的预言机节点也是相对中心化的，存在合谋造假和黑客攻击的可能性。

当前去中心化的实现路径存在局限性

即使 DeFi 在部分环节实现了去中心化，当前的实现路径也会带来许多新的挑战。

首先，从底层基础设施来看，区块链技术本身存在一定局限性。通过加密算法、分布式存储和共识机制，区块链能够重构信任关系，保障去中心化和安全性，但可延展性和效率却受到影响。在传统的中心化模式下，信息的更改仅需要在少数几个服务器进行，而区块链技术则要求所有节点同步进行信息的修改和存储，这对于存储资源、社会能源、以及时间都是一种较大的耗用。

其次，从智能合约的层面，DeFi 的核心思想是"算法为王"，希望最小化人为因素的影响，让整个金融体系自动化地跑到预先定义好的规则和条款之上，但是问题在于，智能合约的设计难以做到尽善尽美，完全依赖智能合约将存在问题。根据格罗斯曼、哈特和莫尔等学者提出的不完全契约理论，由于人类理性的有限，企业制定的契约难以预测未来所有的可能情形，并规定相应的责任与义

务；对应到 DeFi 领域，人类编写的算法难以应对未来所有可能发生的情况。诚然，智能合约能够通过 DAO 投票的方式持续完善，但是根据"投票悖论"和"阿罗不可能定理"可知，直接投票的方式并不是总能产生令人满意的结果。同时，在开源的环境中，DeFi 项目的智能合约存在的漏洞往往更容易暴露在公众的视野中。

此外，在当前的机制设计下，DeFi 实际上缺乏真正的底层价值支撑。我们认为，金融体系难以自己产生闭环价值，需要与能够真正生产价值的实体经济结合，否则难免成为无源之水、无本之木，而 DeFi 尚未构建起这种有效的结合。对于大部分 DeFi 体系内的代币而言，代币的价格更多是基于投资者的共识和信心，治理代币的价格更多是基于对生态繁荣度的预期，但是这种共识、信心和预期是不牢靠的；在借贷等环节，出借人获得的利息收入在根源上也并非来自实际价值的创造。正是由于缺乏底层价值支撑，DeFi 市场的代币价格震荡成为常见现象，而机制设计不合理、杠杆创造的便捷性和"兜底"角色的缺位更是放大了这种波动，甚至会出现代币价格螺旋清零的情况。事实上，当前 DeFi 参与者的行为呈现出了浓厚的投机、套利，甚至是逃避监管的意味，这与 DeFi 最初的愿景相去甚远。

风险 1：技术套利

我们将技术套利定义为两个类别：一是利用自由裁量权和中心化节点来获利，典型案例为 MEV（最大可提取价值）；二是利用去中心化技术和智能合约的漏洞来获利，典型案例为闪电贷。

MEV

MEV 是指，在区块生成的过程中，通过调整交易上链的顺序，所能挖掘的除常规区块生成奖励和 Gas 费用以外的最大价值。三明治攻击是一类常见的利用 MEV 来套利的行为。三明治攻击的基本原理是利用大额交易给市场带来价格波动，在用户交易开始前抢先进行同向交易，在用户交易结束后立即进行反向交易，从而获利。

闪电贷

闪电贷是 DeFi 生态中较为独特的一种交易形式。利用区块链交易原子性的特点，闪电贷允许用户在无抵押的情况下获得贷款，但是需要在同一个区块交易的时间内完成本金和利息的偿还，否则该笔借贷交易会被智能合约自动撤回。闪电贷的出现，让 DeFi 用户可以在短时间内以无抵押、无风险、低成本的方式获得大量的流动性资金，而出借人也拥有相应的保障，这种形式在传统金融体系内难以找到对标。

闪电贷是一把"双刃剑"。一方面，闪电贷给套利交易和清算交易提供了流动性的支持，有利于维护整个 DeFi 体系定价的有效性，提升资本的利用效率；但是另一方面，瞬时释放的大量资金也为各类攻击创造了可用的工具，这种闪电贷攻击大致可以分为两类：一是利用资金进行大体量的交易，操纵市场价格并从中获利，此类攻击通常和预言机操纵结合起来；二是从治理层面入手，利用闪电贷获得大量的治理代币，从而操纵社区治理投票结果。

风险 2：市场风险

DeFi 系统中流动性风险传导的速度远超过传统金融市场，这主要是由于 DeFi 协议具有反身性的特征，即原生代币价格的升值 / 贬值与流动性增加 / 减少存在着因果循环的关系。当加密货币币价快速下跌并脱锚时，就会带来持续抛售、抵押物清算等问题，加剧流动性危机，对整个 DeFi 系统形成负反馈式的循环效应。

稳定币中稳定的概念是相对的，由于加密货币优先满足资本自由流动和货币政策独立性的条件，因此或难以保持价格和汇率的稳定。针对不同类型的稳定币，引起价格不稳定的因素可能不同。

▶ USDT 等法币稳定币存在中心化风险

法币稳定币与美元等法定货币或流动资产挂钩，价格变化主要源于稳定币持有者对发行公司、存管银行以及美元的信用认可程度，风险相对更低。但是，抵押发行本质是基于一个中心化的机构，因此会存在一些中心化风险。

▶ DAI 等抵押类稳定币需要机制来对抗市场风险

抵押类稳定币使用加密资产背书，采用利率反馈机制和超额抵押来维持发行代币与加密资产价值之间的稳定，降低了法币稳定币存在的中心化信任风险。但是，抵押类稳定币的隐患在于加密货币价格波动较大，如果发生"黑天鹅"事件，加密货币价格下跌的幅度可能会快于清算机制，导致价格持续下跌形成坏账。因此，在稳定币机制设计中可能需要通过设计"兜底"的决策机制来对抗风险。

▶ UST 和 LUNA 等算法稳定币需要流动性的背书

算法稳定币纯粹基于算法和激励机制来挂钩参考资产的价格，利用算法来模拟中央银行的角色，缺乏真正的信任背书。发行机构必须通过稳定币应用场景带动流动性来建立价值共识，算法对于市场供需的调节才会有效。当前，算法稳定币大多是经济激励带来的短期流动性，一旦激励降低，这种稳定性可能迅速归零。

此外，大部分 DeFi 借贷协议使用超额抵押机制，具有杠杆交易性质。当市场情绪较好时，用户可能通过多个平台循环借贷，以提高年化收益率，而这就形成了 DeFi 高杠杆的特点。一旦抵押货币价格大幅下降，抵押物价值低于规定的比例，借款人又无法及时补充抵押物时，清算机制就会启动，清算人通过低价折扣获取抵押品进行挂单，偿还出借人。清算风险体现在以下两方面。一方面，连环清算可能导致币价的持续下跌。DeFi 的最新币价由预言机从外部输入，清算会导致币价进一步下跌，进而导致连环爆仓和平台的坏账。另一方面，清算流程中机制设计、抵押物质量和种类、清算层的处理能力等也存在一定风险。

风险 3：监管风险

DeFi 的去中心化、去信任化、抗审查、无须许可和开源理论等能够避免中心化带来的部分问题，但同时也隐藏着许多监管层面的隐患和风险。

▶ 用户匿名操作风险

DeFi 具有匿名性且不需要 KYC，虽然符合去中心化的目的，但可能为跨境资金转移、洗钱、暗网等非法交易提供更多机会。

▶ 平台运营缺乏透明度，加剧了信息不对称

DeFi 项目披露的信息不透明可能导致投资人无法及时了解项目的真实性、

信用情况和资产状况。一方面，投资人无法衡量在运营过程中自己将承担的风险，例如币价下跌后所导致的一系列清算和破产风险；另一方面，信息不对称可能使发行人或者大型投资人受益，而小型投资者以及散户则会承担更多风险。

▶ 跨国监管风险

DeFi 带来了无国界金融服务，只要有互联网就可以参与 DeFi 的金融服务，提高了交易效率并降低了单一国家操作的风险性。但同时，随着 DeFi 与真实世界建立更多连接，DeFi 在全球范围内带来的流动性风险等问题是无法通过单个国家去控制的，责任如何界定、跨国监管如何实现均比较棘手。

未来发展：价值创造与生态建设或为关键

自诞生之日起，DeFi 世界便处于不断地迭代与变化之中，其内涵与应用形式日新月异。若想成为成熟独立的金融体系，DeFi 或需拥有坚实的底层价值支撑，同时也有赖于各类参与主体的持续努力与协作，共同构建完善的生态系统。在这个过程中，DeFi 是否需要追求"完全去中心化"、应该如何处理与监管机构和传统金融体系之间的关系等，均是有待探讨的话题。

DeFi 应该具有价值支撑

金融体系本身并不能产生闭环价值，必须与能够创造实际价值的活动相结合。底层价值支撑犹如金融体系这棵"大树"赖以生长的土壤，土壤的肥沃程度决定了大树是否繁茂。展望未来，Web 3.0 和实体经济将成为 DeFi 两项重要的价值来源（见图 7-5）。

▶ Web 3.0

数据确权是 Web 3.0 的核心思想之一，用户在 Web 3.0 生态中拥有个人信息 / 数据的所有权和分发权，DeFi 有望赋能这些信息 / 数据的定价与变现。从具体流程来看，用户参与 Web 3.0 生态，在交互活动中产生数据，用户拥有自身数据的所有权并持有相应的代币，这些代币是 DeFi 各类金融服务的载体：一方面，DeFi 内的金融活动能够为代币提供相对有效的定价；另一方面，用户可以根据自己的需要，在 DeFi 内进行代币的交易、借贷和资产管理，兑现代币（及其代表的用户数据）的价值。从这个意义上讲，我们认为 DeFi 将是整个 Web 3.0 生态的重要基础设施，让数据的价值得以准确衡量和充分流动。我们认为，这种金融与定价体系的建立是"数据确权"逻辑的重要一环，能够切实激励更多的用户积极参与到 Web 3.0 的生态当中，而 Web 3.0 生态的繁荣又能进一步反哺 DeFi 的发展，二者在未来将呈现出相互依存、相互促进的状态。

▶ 实体经济

深化服务实体 / 链下经济的能力，是 DeFi 第二个重要的发展方向。实体经济通过各类生产活动创造价值，资产上链实现确权，而拥有这些资产的用户可以在 DeFi 体系内将所有权 / 收益权进行交易和变现。在这种情况下，我们认为实体经济的价值创造将成为 DeFi 各类金融收益本质的来源之一。此时，DeFi 扮演的角色与传统金融体系有相似之处，不过前者提供了一个更加透明、开放和不可篡改的环境。

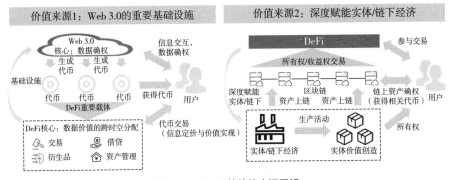

图 7-5　DeFi 的价值来源展望

资料来源：SIG，MarsBit，中金公司研究部。

DeFi 应该构建完善的生态

在 DeFi 的发展之路上，虽然颠覆性创新的确能在短时间内推动项目知名度的提升和业务量的增长，但是仅有"天才式"的技术专家和"昙花一现"的明星项目显然是不够的，DeFi 的未来有赖于生态的完善，需要各类参与主体在各个层面共同持续努力，方能真正构建起一个成熟而繁荣的金融体系。在这里，我们按照 DeFi 的层级架构，尝试从基础设施、应用、治理 3 个层面来大致归纳 DeFi 正在或有待完善的重要领域。

基础设施

区块链扩容是一个较为前沿且颇受关注的话题，各式新兴的扩容方案层出不穷。正如第二章所述，除了基础的硬件能力和网络能力的提升，当前热门的扩容方案主要包括链上扩容（Layer 1）和链下扩容（Layer 2）两类，链上扩容是优化区块链自身的基础层，以分片技术为代表；链下扩容是使用链外的执行层，以 Rollup 技术为代表。值得注意的是，扩容方案处于持续的演进中，有更多的可能性尚待发掘。

链上与链下连接技术的改善是基础设施发展的第二个重点逻辑。该项技术的关键在于，确保上链数据的真实准确，切实保障数据隐私，同时维持链上数据和链下数据的一致性与协同性，这就需要 5G、人工智能、大数据、物联网、加密等新兴技术与区块链技术进行深度融合，方能真正提高 DeFi 服务链下经济的能力。在上述技术中，我们认为物联网技术能够助力及时准确地生成数据，加密技术能够保障数据的隐私安全，而预言机将在数据上链环节扮演重要角色。

应用

应用层面，DeFi 生态的完善需要更多丰富多样的应用出现。我们认为，此前 DeFi 领域的应用在一定程度上是把传统金融体系的功能搬到区块链上，原创应用较少；而根据区块链尤其是以太坊的特点，理论上任何"可计算""可编程"的逻辑都能通过链上的智能合约来实现，未来我们可以期待更多的 DeFi 原生应用出现。当然，我们认为未来 DeFi 的应用创新大概率将超出我们的想象，蓬勃的创新有望显著提升金融服务的丰富性和普惠性。

此外，我们认为 DeFi 应用的创新不一定局限在金融服务领域，一些应用虽然本身不属于金融服务，但是它们对于金融服务的安全、高效运行而言不可或缺，同样是 DeFi 生态的重要组成部分。具有代表性的新兴应用领域包括代码审计、去中心化信用服务、质押即服务等。

治理

DeFi 项目治理的核心是机制设计，需要理顺各个参与主体间的激励与利益关系，引导各方共同维护项目的平稳有效运行。作为连接各个参与主体的桥梁，代币经济学是 DeFi 项目治理最重要的环节之一，涉及项目代币的供应、分配、流通和应用机制设计。可以发现，部分 DeFi 项目已经在代币经济学中进行了有益的尝试，涌现出了包括 Curve 在内的一批经典案例。

不过，代币经济学是一个非常复杂的领域，Curve 目前的机制也远非完美，未来的探索任务任重而道远。大多数 DeFi 项目的代币机制还停留在初级阶段，某种机制设计也许在理论上及小范围群体中有效，但是一旦推广至大规模的用户群体、面对复杂的人性，便常常会导致意料之外的结果出现。机制设计在不断演进，不同项目适用的机制各异，最好的方法或许是"摸着石头过河"。如何平衡代币供应与回购的节奏，如何协调不同持有人之间、持有人与社区之间的长期利益，如何防范第三方利用代币机制进行攻击，这些问题均需要在实践中持续摸索，这是未来 DeFi 项目开发团队的重要工作，也是成熟 DeFi 生态的应有之义。

去中心化，与监管机构和传统金融体系的关系

DeFi 是否需要追求"完全去中心化"[①]

虽然 DeFi 的愿景是实现金融服务的"完全去中心化"，但是，"完全去中心化"的金融一定比"中心化"的金融更好吗？真的有可能实现"完全去中心化"的金融吗？对此，我们持保留态度。

▶ "完全去中心化"的金融是否一定比"中心化"的金融更好

在政府的背书和法律监督下，传统中心化金融机构广泛承接了社会的信任，也拥有了比普通节点更大的权力和控制力，集中式、中心化的交易处理使整个体系的效率得以提高，也使危机发生时体系内存在一个"兜底"的角色。去中心化倡导者对中心化金融体系的攻击，主要围绕安全、信任和成本等方面展开，但事

---

① 本章节的讨论仅限于金融领域。

实上，这些不足可以通过备份、IT 审计、强化监督等方式得到缓解，交易费用一定程度上也是中心化金融机构承担信用风险、提高体系效率所得到的回报。另外，正如第四章所分析的，完全去中心化的金融体系亦存在其局限性，在效率、安全、信任和成本等维度上并不一定比中心化的金融体系更优。

▶ 是否真的有可能实现"完全去中心化"的金融

前文指出，DeFi 的治理代币和流动性均呈现出逐渐集中的现象，某种程度上说明中心化的趋势总是存在的，这或许与人类社会本身的特点有关。在社会分工的大背景下，术业有专攻、专业的人做专业的事已经成为一种共识，对应到金融领域，总会有个人 / 机构拥有更高的专业水平和更深的专业经验。在 DeFi 中，用户将对中心化机构的信任转为对智能合约的信任，但是后者本质上仍然是对合约开发者以及最懂技术的人的信任，能力更强的人 / 机构总会在体系中拥有不对等的优势，并最终打破"完全去中心化"的理想。因此，虽然部分环节的去中心化是可实现的，但是所有环节的完全去中心化并不现实。

既然"完全去中心化"既无必要性又缺乏可行性，那么 DeFi 未来应该做的或许是在中心化和去中心化中间找到一种平衡。去中心化有其价值，但是用在什么地方、去中心化到什么程度，是值得思考的。根据以太坊创始人维塔利克·布特林的公开分享，去中心化可以从架构、治理和逻辑 3 个层面来定义，区块链技术能够实现架构去中心化和治理去中心化，而我们认为，如果在这两个维度上做出适当调整，可以让整个体系既拥有中心化的优势，又保留去中心化容错、防攻击、防共谋的特点。例如，在底层技术层面，使用分片和 Layer 2 解决方案，引入中心化服务器的参与，虽然会牺牲部分去中心化的属性，但是基础设施的效率能够得到显著提升；在治理层面，民主推选出部分最称职的成员组成治理团队，提升社区决策的及时性和科学性。谈到为 DeFi 引入中心化角色，绕不开的是监管的参与和制约，同时也将涉及传统的中心化金融机构，这便带来了第二个需要探讨的问题。

DeFi 应该如何处理与监管机构和传统金融体系之间的关系

DeFi 的长远发展离不开与监管机构和传统金融体系之间的对话、合作乃至整合。

从监管的角度来看，监管机构的参与能够解决"DeFi 中的中心化角色如何约束"的难题，为 DeFi 建立发展框架和发展规范，让普通人可以更加放心地参与到 DeFi 当中。随着 DeFi 规模的不断壮大，DeFi 与监管的关系也将变得日益重要。当前，各国政府对 DeFi 的意见不一，但是其中大部分认为需要对 DeFi 进行监管和规范。

从传统金融体系的角度看，DeFi 与传统的中心化金融体系不应该是替代关系，而应是共存和合作的关系，二者存在很大的整合空间。传统金融机构原本便是 DeFi 体系中重要的代币持有者和流动性提供者，如果要为 DeFi 引入中心化的节点和服务商，那么引入体系完备、监管认可的传统金融机构便是较好的选择。一方面，传统金融机构拥有强大、高效的中心化服务器和计算体系，未来 DeFi 并非所有的信息与处理逻辑都要上链，大部分高频应用层的逻辑可以在链下完成，只是对最后的数字资产结果进行链上确认和交易，形成"链上＋链下""胖协议＋胖应用"的综合体系。另一方面，如果 DeFi 中发生黑客攻击等负面事件，那么可以考虑与传统金融机构合作，追踪和标记被盗的代币，利用中心化交易完善的 KYC 机制定位相关账户，并对实施攻击的人进行相应的制裁，充分发挥 DeFi 与中心化金融机构整合的优势。

DeFi 的理念有望助力传统金融体系的转型

DeFi 和元宇宙相关概念及底层技术的不断完善，能为金融机构数字化转型提供更为丰富的可能性及想象空间。一方面，伴随 DeFi 和元宇宙逐步向前发展，其底层技术，例如，建模渲染、交互技术、物联网、网络算力、区块链、人工智能等技术的应用有望加速落地，我们认为金融机构将受益于相关技术的快速发展，更好地实现业务创新、流程改造、组织变革等数字化转型目标；另一方面，DeFi 和元宇宙为我们勾勒了一幅具有数字原生能力，甚至具有完备经济与社交体系的虚拟世界图景，我们认为这种沉浸式体验感以及虚拟元素的真实感将为金融机构线上协作、线上展业以及客户体验升级等方面提供更丰富的想象空间。

▶ 人力资源层面，有望实现员工工作体验与培训效率的提升

提升线上工作的氛围感：韩国国民银行通过在元宇宙平台 Gather 中上线的 KB 金融城提供的在二维平面上展示的虚拟办公空间，使员工虽然身处各地仍能

够感受到线下办公的氛围。提升员工工作效率：虚拟数字员工采用 AI 这一元宇宙底层技术之一，解放生产力，例如，水滴公司的数字员工能利用 RPA（机器人流程自动化）与 AI 技术，帮助员工处理日常性事务。提升培训的趣味性与知识留存：美国银行于 2021 年建设 VR 培训点，员工可以通过 VR 头戴式设备模拟不同情境下与客户交流的方式，其内嵌的实时分析技术可为主管分析培训结果，方便后续的个性化指导。在美国银行试点的 400 名员工中，有 90% 的人认为 VR 培训是一个有趣的体验，97% 的人认为在接受了 VR 培训后能够在工作中更自信，并认为这种培训能有效提升知识留存。

▶ 营销层面，有助于金融机构服务能力与用户体验的提升

提升服务能力：传统机构可以运用元宇宙相关的交互、建模渲染等技术，在服务时实现更加丰富且具有真实感的图像与网页，有效提升服务质量。提升用户体验：金融机构可以利用新潮的 UI 界面设计吸引年轻用户，利用虚拟人等技术降低用户综合成本，提升交互体验与服务可获得性。

▶ 运营层面，有助于提升监控能力、分析能力以及信息保护能力

在元宇宙的相关技术中，数字孪生技术可以帮助金融机构利用图表和 3D 模型实时监控资源分布与使用情况，突破传统台账、资产效率管理系统效率较低、缺乏实时直观展示能力的缺点；同时，数字孪生技术可以帮助金融机构直观理解公司日益繁复的 IT 架构和企业架构，提升理解与分析运营流程的能力，提升管理规范性、跨部门协同性；此外，通过电力、管线、供配电、照明、电梯、安防系统等基础设施的数字孪生，能够做到实时监控数据中心等建筑的运行情况，迅速定位异常，提升保护信息安全、员工人身安全和财产安全的能力。

最后需要指出的是，本章讨论的仅是 DeFi 可能的发展前景，DeFi 的未来尚充满各种不确定性。我们认可 DeFi 长期愿景的价值，也相信 DeFi 将给金融体系带来显著的影响，但是 DeFi 的成熟和繁荣还需要很长的时间，还有很多工作需要完成，需要理性客观地看待 DeFi 的发展。诚然，DeFi 可能最终并不能成功，但是其背后蕴含的降本增效、开放包容、充分保护个人隐私等思想仍是值得借鉴的，这些思想能够在我们追求更美好的金融体系的过程中带来不少宝贵的启发。

第八章

NFT：
资产锚定，价值流转

探寻元宇宙的数字证书

NFT——独一无二、不可篡改的数字资产凭证

NFT 被译为"非同质化代币",即一种在区块链技术支持下的加密数字凭证,用以记录艺术品或收藏品等虚拟数字资产的所有权。该凭证上标有特定数字资产的历史交易信息、交易方数字签名、资产元数据(或指向元数据的链接)以及赋予持有人或创作者的相关权益等内容,并通过生成具有唯一性的编码,实现数字资产的所有权确认、流转。NFT 作为元宇宙重要的底层设施,通过数字资产确权和价值衡量,实现元宇宙中的交易流通和价值转移,是搭建元宇宙社会形态中经济体系的核心要素。NFT 项目创作、发行、流通过程如图 8-1 所示。

对比非同质化代币、同质化代币两种应用代币,以及比特币等原生代币,NFT 对标数字资产,且具有独特性

▶ **从原生代币和应用代币角度**

原生币是维持区块链系统正常运行所需、体现权益的代币,例如比特币、ETH;在区块链系统上通过二次开发产生特殊使用途径的是应用代币。原生代币可直接作为流通媒介,应用代币需要有对标的价值物,背后是数字资产或某些

权益带来的潜在收益。

▶ 从不同类型应用代币角度

是否同质化是两者的主要区别。同质化代币是在特定场景中替代原生币行使功能的代币；非同质化代币是代表唯一数字资产的凭证，不能直接行使交易功能。同质化代币类似发行股票，项目方多出于融资目的发行同质化代币，每只股票之间并无差别，对标的价值物为一定权益；但非同质化代币具有唯一性，即使同一项目的代币之间也不能直接交换，除赋予持有者权益外，更重要的是它对标的特定数字资产。

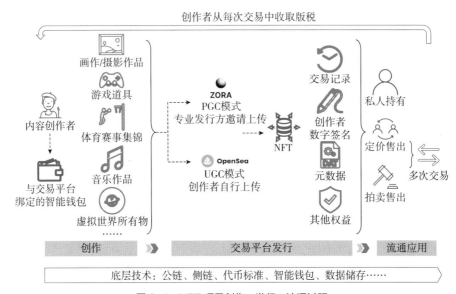

图 8-1 NFT 项目创作、发行、流通过程

资料来源：ChainNews，OpenSea，Zora，中金公司研究部。

NFT 的特点

▶ 独一无二

每个 NFT 都有独特且唯一的编码，以证明相应数字资产的所有权。尽管一份文档在网络上可被多次复制、传播，但原始文件始终仅此一份。

▶ 不可替代

NFT 彼此之间不可直接互换。任何一单位比特币或 FT 均为等价，持有者可直接交换；但 NFT 独一无二的特性使得交换时必须对标法币或其他等价物，体现出非同质化的特点。

▶ **不可分割**

NFT 作为数字资产的记录凭证，具有完备性。一单位 ETH 被允许拆分成两个 0.5 单位 ETH 出售，而一项 NFT 资产的交易流转必须以整体形式进行。

▶ **可编程性**

使用智能合约技术，NFT 的可编程性为其创造出更丰富的应用场景。开发者基于 ERC-721、ERC-998、ERC-1155 这 3 个协议标准为 NFT 编程，可以在交易中灵活设置条件、支持个性化场景。

▶ **可追溯性**

自创建起，NFT 的所有交易过程都会在链上记录。因此，持有者可轻松地追根溯源、辨别真伪。

▶ **永久保存**

NFT 被储存在去中心化的链上，不可被轻易篡改，为数字资产的保存、收藏提供了一种永久性选择。

NFT 产品类型逐渐丰富，目前仍以艺术 / 收藏品为主。根据 NonFungible 网站的分类，主流 NFT 项目包括艺术 / 收藏品、视频游戏、元宇宙和工具类。其中，艺术及收藏品在市场上独占鳌头，2021 年为非同质化代币市场合计贡献了 64% 的销量。除此之外，NFT 在音乐、体育等领域的应用亦方兴未艾。

NFT 价值几何：实现数字内容资产化，契合虚拟经济系统需要

元宇宙风潮渐起，NFT 或成建设虚拟世界经济系统的重要底层设施。元宇宙被认为是下一代互联网形态的发展方向，其关键特征之一是意图建立起完整成熟、虚实交互的经济体系。NFT 具备独一无二、可追溯、永久保存等特性，能够解决虚拟世界资产在理论上可无限复制的问题，保护稀缺性、回归价值本身。NFT 实现了数字资产可拥有，契合了虚拟世界经济系统的需要，版权确权、交易变现、消费价值使 NFT 日益受到市场关注。

版权确权：锚定资产的权益凭证

数字内容生态日益丰富，急需有效媒介界定归属权。根据国家版权局统计，2020 年中国网络版权产业市场规模达 11 847 亿元，"十三五"期间年复合增长率近 25%。数字内容生态丰富化和多元化的背后，网络侵权、盗版问题接踵而来，对虚拟世界的版权管理提出更高要求。以网络文学为例，根据易观千帆估算，2020 年中国网络文学盗版损失规模为 60 亿元，相当于网络文学市场规模的 20.9%。"剑网 2021"行动期间，国家版权局共删除侵权盗版链接 119.7 万条，关闭侵权盗版网站、App 1 066 个，查办网络侵权盗版案件 1 031 件。除严厉打击外，官方指出网络盗播盗版利益链成熟化、取证与维权难度大等问题依然值得重视。作为锚定特定资产的权益凭证，NFT 非同质化的属性为版权保护提供了新思路。

保护创作者和版权方权益，激发内容生态活力。基于去中心化的区块链技术，NFT 的智能合约记录每个 NFT 独一无二的代币 ID、资源存储地址及各项信息，且通常难以篡改。对创作者而言，NFT 可以保证创作者在其转售过程中始终进行资产溯源，并按照合约规定收取一定比例的版税，便于作者对原创产品的维权及收益获取，进而激励其创作优质内容。对版权方而言，NFT 有利于其进行版权管理，更好地与创作者协调分成，为版权资源开发提供新型的商业化形态。

交易变现：提升流动性，便利价值流转

数字内容资产化，实现交易流转。NFT 将数字资产从数字货币拓展到文字图像、视频音频、游戏道具等多种类型，任何数字内容均可通过 NFT 的形式，将抽象权益资产化，赋予产权属性并实现明码标价。由于区块链技术的发展，数字内容上链后扩大了流通范围，交易的便利性和流动性都得到提高。因此，可交易内容的扩充，以及 NFT 制作、交易门槛的逐渐降低，使专业团队、独立创作者和普通人都能参与到 NFT 的制作、发售和交易流转过程中，NFT 及配套行业体系赋予了虚拟内容较强的流动性，实现了价值流转。

实体资产数字化，推动流通传输。对于书画、文物、瓷器等名贵稀缺的实体藏品，官方发售 NFT，锚定藏品或其限量复制品，日益成为一种流行趋势。例

如，齐白石首个社交化数字藏品《群虾图》于 2021 年 12 月 31 日亮相嘉禾拍卖会。发行方借助作品 NFT 化，扩大用户覆盖面，将产品的流通对象拓展到一般消费群体中。此外，实体资产信息上链，便于信息溯源和确保真实性。利用 NFT 的流通代替实体资产交易结算或成为 NFT 可能的应用方向。

消费价值：收藏性、投资性与功能性

收藏性、投资性与功能性是 C 端用户购买 NFT 产品的主要动机

> ▶ 收藏性

艺术/收藏品作为最广泛发行的 NFT 资产类型，为普通消费者的收藏需求提供了便利。普通人低价购买 NFT，既能满足收藏高端价值品的好奇心理，又由于限量发售的形式而获得稀缺性保证。此外，购买、展示头像或明星卡等社交属性较强的 NFT 产品，也逐渐成为一种标榜自身兴趣、寻找共同圈层的新潮行为。

> ▶ 投资性

NFT 资产的唯一性、稀缺性使得部分用户看重其未来的升值空间及流动性，将购买 NFT 产品作为投资方式。以加密朋克系列中的 C #4156 为例，作为累计交易量最高[①]的产品，其成交价由 2021 年 2 月 19 日的 124.6 万美元上涨到 2021 年 12 月 10 日的 1 025.7 万美元，升值幅度超过 8 倍。

> ▶ 功能性

以游戏道具为代表的部分 NFT 既是资产凭证，又在特定场景中具有独特的使用价值。第一，允许玩家在娱乐中获益。例如《Axie Infinity》的"边玩边赚"模式，玩家可以购买、养育和繁殖电子宠物，再从交易市场赚取收益。第二，保护玩家合法权益。通过给游戏道具"明码标价"并创造去中心化交易平台，既能满足玩家购买、出售账号的需求，减少线下交易损失，又能避免游戏官方修改、关闭服务器带来虚拟资产消失的潜在风险。

---

① 数据来源：NonFungible。

NFT 发展历程：明星产品、交易平台、底层技术助推 NFT 市场成长

NFT 市场已经历萌芽期、起步期、建设期和爆发期四个阶段，明星产品、交易平台和底层技术三大方向的生态建设是推动行业发展的重要力量（见图 8-2）。

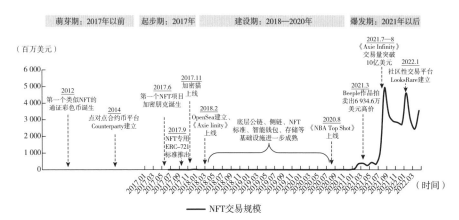

图 8-2　2017—2021 年 NFT 市场迎来从形成到爆发式增长

资料来源：CryptoSlam，各平台官网，中金公司研究部。

萌芽期（2017 年以前）：类 NFT 项目在概念正式形成前就已出现

2012 年诞生的彩色币被认为是最早的类 NFT 通证，由一组被赋予特定属性的比特币构成，可以代表货币、商品证书、智能财产以及其他金融工具。2014年，点对点交易平台 Counterparty 建立，支持资产创建、去中心化交易。这一时期的项目多围绕加密货币领域创建，并未引起市场参与者较多注意。

起步期（2017 年）：先驱项目引领加密市场创新

得益于日渐成熟的以太坊环境，第一个 NFT 项目加密朋克于 2017 年 6 月出现，由 Larva Labs（加密朋克的创始公司）在区块链上发行 10 000 个像素头像，首次将图像作为加密资产引入市场。此后，Dapper Labs（加拿大一家区块链游戏服务商）在 9 月发布了专用于构建 NFT 的 ERC–721 标准，并于 11 月推出又一热门 NFT 产品加密猫。根据 NFT GO 统计，巅峰时期持有加密猫的钱包地址达 4.48 万个。同年，为解释加密猫与 ERC–20 标准下其他项目的区别，创始人

迪特尔·雪莉正式提出 NFT 的概念，市场开始探索加密资产的潜在空间。

建设期（2018—2020 年）：交易平台和底层技术完善生态

加密猫热度下降后，NFT 市场回归冷静，进入建设阶段。交易平台方面，2018 年 2 月 OpenSea 成立，并迅速成长为最大的 NFT 交易平台，其不设限的创作者入驻形式降低了 NFT 发行门槛，加速了 NFT 市场的普及，此外，SuperRare、Nifty Gateway、Rarible 等交易平台也相继成立。底层技术方面，Polygon 等侧链及 Layer 2 方案初具雏形、Metamask 等 Web 3.0 智能钱包不断改进、ERC-1155 等新型标准推出，NFT 市场基础设施进一步成熟。同时，在这一阶段，《Axie Infinity》（2018 年）、《NBA Top Shot》（2020 年）等热门项目陆续推出。

爆发期（2021 年以后）：供给内容丰富，名人效应助热度走高

2021 年，丰富多元的内容、名人及知名 IP 的入局，加速 NFT 市场增长。3 月，Beeple（迈克·温科尔曼）的作品《每一天：前 5 000 天》以 6 934.6 万美元的高价拍卖，引发了市场广泛关注。随后，姚明、周杰伦、村上隆（日本艺术家）、杰克·多尔西（Twitter 创始人）、米克·贾格尔（滚石乐队主唱）等各界名人均成功发行了自己的 NFT，涉及娱乐、游戏、体育、音乐等多领域，NFT 曝光度持续提升，带动了《Axie Infinity》等头部项目在 2021 年第三季度攀上交易高峰。根据 CryptoSlam 统计，2021 年全球 NFT 市场实现交易总额 186 亿美元（上年同期为 3 232 万美元）。

2022 年 1 月去中心化交易平台 LooksRare 建立，凭借低手续费（2%）、用户共享收入、代币空投等机制，成交额一度超越 OpenSea，重新推高自 2021 年第三季度登顶后有所下滑的市场交易额。但根据 Dune Analytics 统计，2 月中旬起 OpenSea 的日交易额已重新超过 LooksRare。考虑到 LooksRare 尚处于成立初期，存在大量洗售交易，未来平台能否维持热度，成为 NFT 市场竞争格局的有力挑战者，仍有待观望。

区块链、智能钱包等底层技术为 NFT 市场发展奠基，赋能 NFT 项目高效落地；平台和产品的创新为市场带来流动性，实现供需双端的繁荣，NFT 市场得以在 2021 年厚积薄发，迎来首轮热潮。

探海外：NFT 市场头部效应初现

市场现状：用户规模快速增长，产品头部效应明显

2021 年以来，NFT 市场规模迅速扩张。交易量方面，2021 年 NFT 市场合计交易数量达 4 336 万件，较上年增长超 40 倍，其中单月最高交易数量为 592 万件，较上年增长 39 倍。交易均价方面，2021 年平均月交易均价为 365 美元 / 件，较上年增长 10 倍，其中单月最高交易均价达 1 043 美元 / 件，较上年增长 17 倍。NFT 交易规模的迅速扩张系由于 NFT 及相关概念进入大众视野、头部项目表现优异，推动市场交易需求旺盛。

用户端：供不应求刺激价格上涨，用户留存率相对较低

从数量上看，2021 年 NFT 市场活跃钱包数 257 万个，较年初增长 28 倍；买家 230 万人，较年初增长 30 倍；卖家 120 万人，较年初增长 37 倍。供需两端参与方均明显增加，但供不应求现象明显：2021 年活跃智能合约增速仅为 401%，反映出活跃的 NFT 项目供给远不及市场需求的激增。这不仅推动了存量 NFT 项目的价格上涨，也吸引了部分投机性强、附加值低的项目入市，加剧了市场对优质项目的渴求。从质量上看，各类型 NFT 用户留存率整体较低，2021 年第三季度最高留存率仅达 13%，普遍水平集中在 5%~10%，这主要反映出 NFT 仍为新兴市场，用户多以尝新为主。

产品端：头部效应明显，热门项目集中于虚拟形象类资产

热门项目体量方面，头部项目占据市场大部分交易份额。截至 2022 年 5 月 5 日，在 CryptoSlam 交易额 TOP 10 的项目中，TOP 3 的交易份额占到 70%。NFT 具有较强的社群效应，其价值主要源于对数字资产认可的广泛性，因此热门项目基于先发优势及有效的营销推广，影响力易实现滚雪球效应。

热门项目类型方面，以加密朋克、无聊猿为代表的虚拟形象类 NFT 上榜次数最多。这类项目不再局限于传统静态的个人资料图片，诸如 Clone X 等项目正在通过推出动态 3D 形象、增加互动性和社交性等手段，为建立元宇宙社区平台

的构想奠定基础。

交易端：二级市场交易活跃。根据 NonFungible 统计，2021 年 NFT 二级市场交易额达 124.29 亿美元，较上年增长 376 倍；一级市场交易额达 29.39 亿美元，较上年增长 85 倍。二级市场占比达 81%，较上年增加 31.73 ppt（百分点），二级市场流动性是海外 NFT 交易活跃的关键原因。

竞争格局：交易平台一超多强，两大商业模式并存

NFT 的创作、铸造和流通应用构成行业完整的价值链

产业链上游包含基础设施层和内容创作层。前者指提供公链 / 侧链、代币标准、智能钱包等服务的底层技术商，后者即各界艺术创作者或 IP 方。产业链中游主要完成 NFT 的生产、发行及初次交易。其中，一类参与者为专业交易平台，作为媒介连接技术商和创作者；另一类参与者为项目方，以自有 NFT 项目搭建平台完成一级市场发行。产业链下游为 NFT 的应用渠道和二次交易：应用渠道包括策展 / 社区、社交、金融等多种功能的平台；二次交易平台多横跨一、二级市场，贯穿产业链上下游，因此是 NFT 产业链的重要节点。

OpenSea 领衔，交易平台一超多强

综合性交易平台 OpenSea 相较竞争对手优势明显，回顾近 12 个月主流平台交易份额，除 2022 年 1—2 月受到 LooksRare 上线影响，OpenSea 始终以超过 50% 的市占率居于首位，且最高时达到 98%。其他主流平台各具特色、不分伯仲，由于平台热点事件、头部项目的差异，各平台交易量在一定范围内波动。其中，艺术平台 SuperRare 和综合性平台 Rarible 在三、四名位次轮换，月交易额大致在 1 500 万～3 000 万美元，峰值可达 4 000 万美元。Foundation 等其他平台月交易额则在 500 万～2 000 万美元。

两大主流商业模式覆盖多层次客群

根据平台定位、NFT 类型、入驻方式、销售费用等方面的差异，当前交易平台主要可划分为两种商业模式，即类 e-Bay 模式和类 Gallery 模式。

▶ 类 e-Bay 模式：覆盖多领域、交易门槛低

以 OpenSea、Rarible、LooksRare 为代表的平台类似 NFT 市场中的"e-Bay"，市场定位普遍为综合化、多领域的交易平台，允许用户自主铸造、展示、交易 NFT，广泛吸引各用户圈层。NFT 资产亦呈现出多样化的特点，基本涵盖艺术、游戏、体育、虚拟世界等主流 NFT 类型。入驻方式方面，低门槛助力扩大覆盖面：平台不对创作者设限，任何用户注册后均可自由创作、交易 NFT 作品。销售费用方面，平台收取 2%~2.5% 的销售服务费，处于同业较低水平。因此，此类平台通常作品丰富、用户规模较大、价格区间跨度广，但低门槛入驻也导致平台作品质量良莠不齐，需要用户自行甄别。

▶ 类 Gallery 模式：专业化艺术形态限量销售

以 SuperRare、MakersPlace、Nifty Gateway 等为代表的平台则类似"Gallery"（艺术画廊）。市场定位方面，平台聚焦热门艺术领域，为艺术创作者提供策展空间，且作品多为限量销售。NFT 资产包括静态 / 动态图片、3D 作品、音频或视频等艺术形式。入驻方式具备一定门槛，多数为邀请制或申请制，入驻权掌握在平台方手中。销售费用方面，这类平台费率相对高于第一种模式，其中首次销售服务费最高达到 15%。总体而言，这类艺术交易平台以专精化、品牌化为特点，主要为专业艺术创作者和鉴赏者服务。部分平台还设置了收藏家咨询团队，为全球客户提供 NFT 入门、专属销售对接、场外收购、市场情报挖掘等支持服务。

各主流 NFT 交易平台模式比较，见表 8-1。

表 8-1　不同 NFT 交易平台模式比较

主流 NFT 交易平台							
类 e-Bay 模式			类 Gallery 模式				
OpenSea	Rarible	LooksRare	Makers-Place	SuperRare	Nifty Gateway	Foundation	ZORA
			mp	SuperRare	N		
成立时间 2018	2019	2022	2016	2018	2018	2020	2020
平台定位 综合性 / 多领域	综合性 / 多领域 / 社区驱动	多领域 / 社区驱动	艺术 / 限量	艺术 / 限量	艺术 / 限量 / 独家联名	艺术 / 社区驱动	艺术 / 限量

主流 NFT 交易平台								
	类 e-Bay 模式			类 Gallery 模式				
	OpenSea	Rarible	LooksRare	Makers–Place	SuperRare	Nifty Gateway	Foundation	ZORA
NFT 类型	艺术收藏品/游戏/虚拟世界/音乐/体育/工具类等	艺术品/游戏/DeFi/音乐/域名等	虚拟形象/虚拟世界/游戏等类型项目已入驻	静态艺术作品为主	静态/GIF/3D/视频等艺术作品	策展/认证艺术品为主	图像/3D/视频等艺术作品	静态/GIF/3D/视频/音频/文本等艺术作品
创作者入驻方式	未设限	未设限	未设限	定向邀请/申请	申请制	定向邀请/申请	定向邀请/社区投票	定向邀请/申请
售卖方式	定价/拍卖	定价/拍卖	定价/拍卖	定价/拍卖	定价/拍卖	定价/拍卖	拍卖（24h）	定价/拍卖
首次销售服务费	2.5%	2.5%	2%	15%	15% 服务费 +3% 网络费	未知	15%	无
转售服务费	2.5%	2.5%	2%	2.5%	3% 网络费	5%+0.3USD	5%	无
Gas 费	买家（定价）/卖家（拍卖）	创作者支付	用户支付	创作者支付	创作者支付	无（外部 NFT 传输到平台时需要）	创作者支付	创作者支付
创作者版税	最高 10%	自行设置	自行设置	10%	10%	自行设置	10%	自行设置
其他		官方建议版税 5%~10%；代币治理	即时获得版税；代币质押奖励；创作系统待上线		第三次交易起，历史持有者将均分网络费收入	信用卡支付；藏家咨询服务		

资料来源：链闻，各平台官网，中金公司研究部。

第三类平台围绕特定 NFT 项目搭建

除上述两大模式，部分 NFT 项目还拥有自己的平台，有针对性地满足用户需求。例如，《Axie Infinity》的玩家可以在 Axie Infinity Marketplace 上浏览、购买或出售电子宠物；体育类明星项目《NBA Top Shot》有自己的官网以支持交易，并为用户提供社区展示、交流空间；推出加密朋克、The Meebits 等头部项目的 Larva Labs 也有自己的官网进行专门展示。相较前两类模式，这类平台主要为支持某热门项目搭建，同时也是发行团队建立品牌知名度、打造社区氛围的重要途径。

案例分析：OpenSea——NFT 交易市场领导者

OpenSea 是如今 NFT 市场总规模第一的交易平台，其发展历经市场的起步期、低谷期和扩张期。在整个发展过程中，OpenSea 依靠自身先发优势和规模效应，长远性地持续运作，所积累的经验对国内 NFT 平台存在一定借鉴意义。因此，我们以 OpenSea 为案例，梳理平台历史、明晰业务模式、探讨竞争优势，以期为国内 NFT 交易平台未来发展提供参考。

平台历程：率先入局，持续耕耘，迎市场热潮

▶ 起步期（2017 年底至 2018 年 2 月）：加密猫启发创始人转型
OpenSea 的前身是一款基于区块链的共享 Wi-Fi（无线网络通信技术）项目。在 NFT 行业标准建立、先行项目加密猫出现后，创始人将项目转型为专注于服务 NFT 交易的平台，并于 2017 年底上线 OpenSea 测试版。2018 年 2 月，OpenSea 正式版发布，定位为"加密商品的 e-Bay"。

▶ 低谷期（2018 年 3 月至 2020 年）：市场整体表现遇冷，平台持续精简运作
加密猫的短暂热潮消散，NFT 市场重新回归平静，OpenSea 刚推出时并未引起较大反响。据 DAppradar 统计，2018 年 2 月 OpenSea 用户使用累计达 933 人次，3 月则下滑至 321 人次，同期的主要竞争对手 Rare Bits 现已不再运作。在行业和竞争对手的双重压力下，OpenSea 专注自身定位，采取多种手段成功渡过"寒冬"。

开源：收取佣金保障基本现金流。OpenSea 上线初即规定收取佣金，相较 Rare Bits 不收取首次销售服务费且退还 Gas 费的机制，前者在市场"寒冬"时

有效地规避了过量消耗，保障了持续运营。

节流： OpenSea 此前团队规模精简。截至 2020 年 8 月，OpenSea 团队规模仅扩充至 7 人，小型且专业化的团队一方面能节省冗余支出，另一方面亦能提高执行效率。

外部发掘： 包容性地发掘外部新项目。得益于不设限制的市场定位，配合创始人的主动挖掘，前期在 OpenSea 上市的项目表现超越同行，开放式市场初具雏形。

内部创新： 创新性推出新功能，建立先发优势。2020年底，新功能 Collection Manager 上线，用户售出 NFT 前无须支付上链成本，仅需在消费者购买时收取 Gas 费。领先的功能创新扩大了创作者供应，结合前期多样化的项目入驻，以及低门槛的友好氛围，OpenSea 不断吸引一、二级市场的用户，流动性持续提升，在行业扩张期前已确立先发优势。

▶ 扩张期（2021 年以后）：市场升温助平台屡创纪录，估值快速攀升

2021 年 NFT 市场的火爆助推了 OpenSea 规模迅速扩张。根据 Dune Analytics（一家以太坊数据分析服务商）统计，2021 年 3 月，平台单月交易额首次突破 1 亿美元；4 月，累计交易用户数突破 10 万；7 月，OpenSea 在主流交易平台中的交易份额已达 93%；2021 年全年实现交易额 146 亿美元，同比增长 603%。同时，OpenSea 也日益受到资本市场关注，在投资公司 A16Z 的领投下先后完成 A、B 轮融资，2021 年 7 月估值达 15 亿美元。2022 年 1 月，由 Coatue Management（寇图资本管理）、Paradigm 领投，OpenSea 再获 C 轮融资 3 亿美元，估值达 133 亿美元。

OpenSea 的发展历程如图 8-3 所示。

业务模式：连接买卖交易双方，以交易佣金创收

OpenSea 是对接 NFT 市场买卖双方的交易平台。 买方和卖方分别对应 OpenSea 主界面的创造（Create）和探索（Explore）两大基本功能。卖方完成创造并成功售出 NFT，要经历建立 NFT 项目集、创建或上传 NFT，及选择售卖 3 个步骤，并进行销售版税、定价方式的设置；买方通过探索功能，可以浏览平台上的 NFT 资产，若搜寻到心仪产品，即可根据不同的售卖方式支付价款或发出

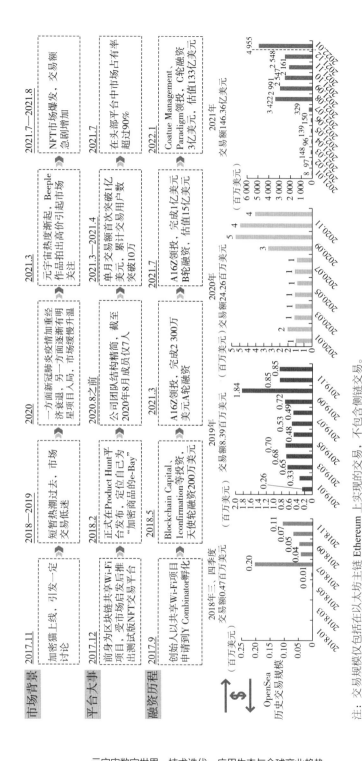

图 8-3　OpenSea 的发展历程

注：交易规模仅包括在以太坊主链 Ethereum 上实现的交易，不包含侧链交易。

资料来源：OpenSea 官网，Dune Analytics，IT 桔子，中金公司研究部。

竞价。在这个过程中，平台方通过增加所支持的钱包和区块链数量、提高上链资产体量和拓展资产类型等手段，承担着实现交易便利最大化的职能，打造聚合市场。

OpenSea 的主要收入来源是从交易中收取的佣金。在 OpenSea 上完成的每笔交易，平台都将收取 2.5% 的销售服务费。在 NFT 市场中，部分社区驱动、代币治理平台会将获得的服务费收入返还给用户群体。但作为地位稳定的市场龙头，社区治理不是 OpenSea 的营销重点，团队创始方掌握着控制权，全部服务费收入均为平台所有。

竞争优势：包容开放，建设 NFT 聚合市场

OpenSea 以建立开放式的交易平台为目标，让种类繁多的 NFT 市场可整合、可搜寻、可流通，多途径打造对用户友好的平台氛围。较低的用户使用门槛、良好的购买体验以及持续的社区建设，构筑平台核心竞争力。

其一，低使用成本、高兼容性和操作简洁性，降低了用户门槛。OpenSea 的一系列机制设计体现出人人均可参与的理念，简化入门难度，提高平台吸引力。

▶ 使用成本低

第一，OpenSea 不设限的入驻方式使得任何人都能创作自己的 NFT 作品，这从根本上降低了平台进入门槛；第二，首创"上传无须 Gas 费"的功能，进一步扩大用户基数；第三，2.5% 的销售费率低于大部分竞争对手，配合与以太坊侧链的合作，减少客户交易成本。

▶ 兼容性强

从数量上看，OpenSea 兼容的智能钱包、区块链数量领先。目前，平台合计支持 MetaMask、Coinbase Wallet 等 13 种智能钱包；支持以太坊、Polygon、Klaytn 这 3 条链上资产。其中，Polygon 作为以太坊的侧链，两者可以彼此交互，进而缓解以太坊的网络堵塞压力，实现交易的提速降费。后续，OpenSea 还将推进与 Flow、Tezos 等区块链的合作。

▶ 操作流程简洁

一方面，用户仅需通过上传文件、填写名称和产品描述等步骤即可创立一个 NFT。可选填信息还包括为 NFT 定制属性、等级或数字，以及设置持有者隐藏

内容等特殊功能，方便创作者一键操作。另一方面，用户也可选择直接从第三方平台导入资产。

其二，资产类型丰富多元、检索算法强大，为用户提供良好的购买体验。综合化的资产类别叠加先进的检索算法，OpenSea 得以满足用户的个性化需求。

▶ NFT 资产多元化，覆盖场景丰富

从总量看，官网显示，在 OpenSea 上线的 NFT 项目集已累计超过 200 万个，包含的单个 NFT 产品累计超过 8 000 万件。从类型来看，平台涵盖艺术、藏品、游戏、体育等 9 种类型 NFT，为用户提供了丰富的选择空间。

▶ 检索算法功能强大，优化用户使用体验

OpenSea 允许用户依据不同项目的特征检索 NFT。例如，对加密朋克和无聊猿的购买者而言，给两个项目所属单品分类的标签存在很大差异：加密朋克按照不同的肤色、发饰和配饰等分类，无聊猿则在毛色、眼睛和面部动作等方面有所区分。根据发行方在铸造 NFT 时设置的属性，OpenSea 为每个项目集添加了自定义过滤器，便于购买者对不同项目进行集中过滤检索。

其三，社区投资项目反哺平台。2022 年 2 月，OpenSea 推出 Ecosystem Grants 和 OpenSea Ventures 两个社区投资项目。前者主要面向开发 NFT 铸造和交易工具、支持新用户入门和资源提供、创造高可达性和包容性空间这三类团队，予以资金支持。后者围绕 Web 3.0 生态进行投资，重点关注多链世界、NFT 社交和游戏、NFT 标准协议、交易活动分析商或聚合工具 4 个方面，两个投资项目的上线将有利于平台更好地完善基础建设、掌握前沿技术。

综上，先发优势和规模效应助 OpenSea 稳固领导地位。在代币空投等事件的影响下，Rarible 和 LooksRare 等社区治理平台的交易额一度超越 OpenSea，但从用户规模来看，OpenSea 仍占据优势地位。Rarible 和 LooksRare 存在社区共同决策、代币治理等特征，更贴近 Web 3.0 的构想。然而在市场尚未完全成熟时，其交易额的升高往往来自洗售交易，即少量投机者完成大部分交易，平台并未吸引到能带来持续流动性增量的用户圈层。反之，OpenSea 积累的先发优势和规模效应足以使其面对竞争者的挑战。

观国内：NFT 发展之路任重道远

行业概况：发展阶段尚属初期，大厂布局脚步加快

国内 NFT 市场尚处发展阶段。国内 NFT 行业起步较晚，自 2021 年第二季度开始陆续有互联网平台进入，2021 年第三季度海外 NFT 市场的火爆带动大厂纷纷入局，推出自己的 NFT 交易平台。但由于国内外市场环境差异，上述平台选择的路径与海外模式出现分化，目前多以数字藏品的一级交易为核心。2021年可被看作国内 NFT 市场元年，划分为两个阶段。

起步期：早期以借鉴海外经验为主

2021 年 4—5 月，音乐版权行业已就 NFT 领域展开合作：4 月，豆瓣音乐版权公司 Vfine Music 和流媒体 NFT 交易平台 CyberStop 达成合作，音乐人可在平台上发行 NFT；5 月火花音悦发布厂牌 Free Spark，成为国内首家专注音乐 NFT 发行的机构；随后音乐蜜蜂推出 NFT 板块，为音乐人提供保护、交易、维权服务。此外，综合交易平台 NFT 中国亦于 5 月上线，以 UGC 生态为核心，定位与 OpenSea 类似。一方面，音乐版权公司率先入局，体现出国内对 NFT 的认知仍集中在版权保护，多将 NFT 作为自身业务主线的补充；另一方面，NFT 中国在公链上线方便对接海外市场、丰富流动性，平台模式参照海外经验；整体而言，市场的尝试借鉴了海外市场经验。

发展期：风潮渐起，吸引大厂入局

随着海外市场火热，国内对 NFT 认知加深，主流互联网平台开始推出自己的 NFT 交易平台。阿里巴巴：2021 年 5 月通过阿里拍卖组织 NFT 拍卖，并于 6 月在蚂蚁链粉丝粒发行联名 NFT 产品，12 月正式宣布将蚂蚁链粉丝粒升级为数字藏品平台"鲸探"；网易：2021 年 6—7 月利用旗下文娱 IP 推出 NFT 纪念币和盲盒，2022 年 1 月推出网易星球·数字藏品平台；腾讯：2021 年 8 月上线交易平台"幻核"，首期限量发售 300 枚有声《十三邀》数字艺术收藏品，随后腾讯音乐宣布在 QQ 音乐上线首批藏品；视觉中国：在 2021 年 8 月宣布利用 NFT 技

术赋能 500px 社区后，于 12 月正式发布交易平台"元视觉"；此外，京东、百度、字节跳动等均纷纷进军 NFT 领域。这一阶段大厂布局脚步加快，发行内容拓展到基于自有 IP 或版权的各类数字藏品，分化出限量兑换、盲盒等形式，定位多为收藏展示等社交功能型产品，与海外模式存在差异。具体情况见表 8-2。

市场对比：开放性有限，可拓空间广阔

国内政策环境严格禁止虚拟货币交易和非法代币融资。首先，严格禁止虚拟货币交易炒作。早在 2013 年，央行等五部门已发布《关于防范比特币风险的通知》，禁止各金融和支付机构从事比特币相关业务；2021 年 9 月，国家发改委等部门发布《关于整治虚拟货币"挖矿"活动的通知》，将"挖矿"活动列为淘汰类产业。2022 年 4 月，三协会联合发布《关于防范 NFT 相关金融风险的倡议》，以防范炒作、洗钱、非法金融活动等造成的风险。因此，国内各大 NFT 平台均以人民币为交易货币，不支持虚拟货币结算。其次，2017 年央行等七部门发布的《关于防范代币发行融资风险的公告》认定代币发行融资属非法融资行为。由于 NFT 作为代币存在一定敏感性，国内平台多将其定义为"数字藏品"，并从防炒作角度禁止二级市场交易。综上，由于国内的强监管环境，NFT 的投资品属性被弱化。

国内多架构自有联盟链。与海外大部分 NFT 平台依托公有链架构不同，国内 NFT 平台多架构在联盟链上运行。公有链允许任何人读取、发送交易及参与共识，覆盖面更广泛，且链上所有节点都是公开的，具有完全去中心化的特点，被恶意篡改的可能性较低；联盟链由多个机构共同参与管理，每个机构各自运行多个或一个节点，数据仅在机构间传输。由于节点的数量和身份固定，联盟链相较以太坊等公有链的数据处理效率更高，但非完全去中心化的特点使联盟链存在数据被修改的可能性。此外，联盟链尚缺少统一的行业标准，为不同开发者提供的应用解决方案亦有所差别，不便于 NFT 资产跨平台流动。

国内平台以 PGC 模式为主，商业营销功能较强。国内平台发售的 NFT 来源主要有两种：第一，自有 IP 衍生。例如，京东在"灵稀"上线的首批 NFT 便以吉祥物"Joy"为设计原型；网易推出的小羊驼三三纪念币、《永劫无间》NFT 盲

表 8-2　国内推出的主要 NFT 平台情况一览表

公司	平台名称	所属区块链	入驻形式	NFT 类型	交易方式	NFT 权益	费用	其他
Bigverse 原与宙科技	NFT 中国	ETH、BSC、HECO 等国际公链	不设限	艺术类图片、数字藏盒和实物艺术品	定价销售	数字所有权（无商用授权等权利）	燃料卡手费（铸造费）、10% 平台佣金、33 元 Gas 费、2.5% 创作者版税	支持转售、转赠给账户平台粉丝
Alibaba Group 阿里巴巴	鲸探	蚂蚁链（联盟链）	邀请制	数字画作、图片、音乐、视频、3D 模型	定价销售	数字所有权（无商用授权等权利）	—	支持持有 180 天后无偿转赠给符合条件的支付宝实名好友
Tencent 腾讯	幻核	至信链（联盟链）	邀请制	数字画作、图片、音乐、视频、3D 模型	定价销售	数字所有权（无商用授权等权利）	—	不可转赠/转售
NetEase 网易	网易星球·数字藏品平台	网易区块链（联盟链）	邀请制	数字画作、图片、音乐、视频、3D 模型	定价销售、兑换和盲盒	数字所有权（无商用授权等权利）	—	支持二次创作，但平台产品多为 VIP 专享
视觉中国	元视觉	长安链（联盟链）	邀请制	数字摄影、视频、插画	定价销售	数字所有权（无商用授权等权利）	—	不可转售/转赠；创作者自行约定转让著作权
芒果 TV	芒果数字藏品平台	光芒链（联盟链）	邀请制	基于《大侦探》、芒果仔等自有 IP 或盲盒设计大赛的形象所创作的图片	定价销售	数字所有权（无商用授权等权利）	—	不可转售，即将支持转赠
天下秀	TopHolder	自有联盟链	申请制	以自媒体内容数字化（微博图文）为主，以及数字头像等藏品	拍卖、询价	数字所有权（无商用授权等权利）	—	不可转售、部分藏品支持 180 天后转赠
JD.COM 京东	灵稀	智臻链（联盟链）	邀请制	数字画作等	定价销售	数字所有权（无商用授权等权利）	—	不可转售/转赠
Baidu 百度	超级链数字藏品平台	超级链（联盟链）	邀请制	数字画作、图片、音乐、视频、3D 模型	定价销售、领取	数字所有权（无商用授权等权利）	—	不可转售/转赠
小红书	R-SPACE	至信链（联盟链）	邀请制	源自小红书原创艺术家、设计师或原创 IP 的数字作品	定价销售、领取	数字所有权（无商用授权等权利）	—	不可转售/转赠

注：数据截至 2022 年 5 月。

资料来源：各平台官网，中金公司研究部。

第八章　NFT：资产锚定，价值流转

盒等。第二，合作艺术家或联名其他 IP。例如，"元视觉"即视觉中国依托多年积累的版权内容对 500px 影像社区升级而成，首发产品包括知名摄影作品《我要上学》等。当前国内 NFT 平台的应用场景着眼于商业营销服务：一方面，通过专业创作者发行基于特定事件或 IP 的数字内容，强调 NFT 的纪念价值，配合品牌、商品或 IP 的宣传；另一方面，通过限量领取、盲盒抽取、特定用户专属等非售卖获得形式，吸引其他业务线的用户群体参与 NFT 社区。以网易星球·数字藏品平台为例，其平台应用场景定位为品牌营销、商品带货、展会联动和粉丝运营。

未来展望：监管或进一步规范，应用场景持续完善

国内 NFT 市场尚处起步阶段，仍有很多潜在空间等待探索。借鉴海外相对成熟的经验，未来在市场环境、流通过程、创作者和购买者 4 个方向的推进，或催生行业新生态。

市场环境：监管环境或进一步规范

出于维护经济金融市场秩序的需要，监管机构对虚拟货币及代币的交易较为敏感。NFT 市场如火如荼，但尚未有明晰规范的监管体系进行约束，洗钱、融资等潜在风险不容忽视。NFT 市场要实现健康长远的发展离不开监管的进一步规范。2021 年起已有相关部门和组织制定行业标准，提出有关政策提议，具体在 3 个方面或将有监管深化。

▶ *加强版权保护*

NFT 可以成为区块链应用在版权领域的抓手。若 NFT 的版权登记和维权机制得到完善，制作、发行、销售等环节的版权保护得到落实，在合规的前提下，NFT 或能在版权认证、打击盗版等方面深入发挥作用。

▶ *加强发行管理*

与传统出版物发行类似，NFT 发行中存在的违规、不良内容有待监督和管理的问题，需要培育健康向上的数字内容创作氛围，促进对优秀文化的传播，夯实良性的文娱行业生产基础。

▶ 加强交易监督

有关部门待出台 NFT 交易平台准入制度，提高行政审批门槛，强化对交易数据的监督管理，加大对非法投机行为的打击力度。虚拟人民币的推广或能助推 NFT 交易监管落地，根据官方统计，截至 2021 年 12 月 31 日，虚拟人民币试点场景已超过 809 万个，覆盖全国主要地区，累计开立个人钱包 2.61 亿个，交易金额 876 亿元。虚拟人民币具备中心化监管、政府信用背书的特点，将其与 NFT 应用结合，既可以规避海外 NFT 市场受以太币等标价货币价值波动的风险，又能便利有关部门进行后台监督。

流通过程：在合规的基础上，发展二级市场和国产公链

二级市场的再创作、再交易能为 NFT 行业注入更高流动性，目前平台出于防炒作的目的多不开放二次交易，但"鲸探"等平台现已支持有条件转赠。如果平台规定日益完善，平台有望在满足合规要求的同时陆续有限放开二次交易、创作、赠送等功能，探索更多样的玩法。国产公链可补足行业生态，此前树图链（Conflux）、波场链（TRON）、小蚁链（NEO）等国产公链在区块链市场的热度中应运而生，但受限于国内环境及技术限制并未引起较大反响。随着国内区块链应用技术的成熟，搭载国产公链或可成为扩大平台交易辐射范围的重要选择。

创作者：内容来源更加丰富

就创作者身份而言，海外 NFT 市场包含 UGC 模式和 PGC 模式，兼顾用户圈层的广度和深度。通过发展 UGC 模式赋予用户更自由的创作空间，拓展平台 NFT 产品数量和种类，是吸引普通用户进入平台、参与生态的重要途径。以天下秀数字藏品平台 TopHolder 与微博的合作模式为例，微博用户在个人主页可接入 TopHolder，经过申请和审核后可将原创微博上链存证，在 TopHolder 发售、在微博展示。TopHolder 依托微博庞大的内容创作者资源，拓展了平台作品来源；微博创作者变现方式更加多元，通过内容产出、粉丝互动与其他创作者、藏家就数字藏品进行交流，社交价值得到确认。就创作内容而言，各大平台已涵盖现有版权资源、自有和联名 IP 等主要素材，未来平台间的竞争或继续围绕签约艺术家资源、深入开发旗下 IP 以及重磅联名展开。这 3 条途径都存在深度挖掘空间：

首先，艺术家或联名对象的选择现多为艺术文博团队，游戏、体育、音乐等领域内容均待充实；其次，如今国内市场尚缺海外最热门的虚拟形象类 NFT 项目，期待国内平台利用自有 IP 或开发原创 IP 打造类似项目，增强平台的社区属性。

购买者：应用场景逐步落地

回顾海外市场，可按用途将 NFT 产品划分为 3 类：版权确权等实用性 NFT；数字藏品等消费性 NFT；游戏、元宇宙、金融衍生品等更接近 Web 3.0 世界的 NFT。目前在国内仅落地前两种场景，我们期待行业在未来推出更具深度的应用。

▶ NFT + 现实确权

凭借永久保存且不可篡改的特质，NFT 的功能性可以扩展到个人身份和实物资产的确权上，在数字化管理方面有天然的利用价值。在个人身份上，将身份证、学历证明等个人信息凭证上链，有助于整合多地区信息，提高有关部门的管理效率。在实物资产上，将实物资产权证上链可便利溯源、流通交易，有助于促进资产的跨区域流通。例如，海南国际文化艺术品交易中心是国内首家合规 NFT 数字产权交易中心，已开始试行实物艺术品数字凭证和产权交易，通过全款全货、一对一实名制成交、T+5 转让机制、杜绝电子撮合等机制设计，规避传统数字版权交易或"买空卖空"的痛点。未来实物资产上链范围还可拓展到房产、车产等种类上，结合 AR、VR 技术打造异地看房、购房新体验。

▶ NFT + 附加权益

赋予持有者特定权益，NFT 可成为维系发行方和用户的纽带，为平台未来搭建综合化社区提供原始用户群。例如，数字平台 Ezek 和周杰伦名下潮牌 PHANTACi 联名推出的幻象熊 NFT，可同时兼作 Ezek Club 的会员卡，持有者可享有不同等级的权益。根据 Ezek 官网信息，未来会员还有望凭借持有的 NFT 进入平台组织的虚拟演唱会或虚拟房产中，探索更多可能性。

▶ NFT + 互动应用

以区块链游戏、虚拟房产为代表的高互动性 NFT 未来可期。从国内现状看，许多平台已在 App 中为用户藏品设置展馆，但主要局限在藏品陈列、好友参观等功能，互动性稍显不足。根据路透社报道，2022 年 3 月腾讯参投海外区块链游戏公司 Immutable，率先公开涉足非数字藏品类 NFT 领域，可见国内大厂已开始进行新一阶段的布局尝试。从借鉴海外来看，链游《Axie Infinity》和虚拟世界 Decentraland 都是各自领域的头部项目。前者是卡牌策略对战游戏，玩家收集、训练、培养、繁殖小精灵 Axies，既可以通过交易 Axies 和游戏土地获益，又可以通过日常任务、玩家对战等获得代币奖励，如今其已成为交易额排名第一的 NFT 项目；后者是基于以太坊的虚拟世界，用户既可以使用代币 MANA 购买、出租或出售虚拟土地（存在上限），并在土地上创建 3D 场景，又可以设计、穿戴或出售服装、配饰和身体特征等虚拟形象元素 NFT，以全新的形象"生活"在虚拟世界中。

NFT 不仅是产品，更是一种社区体验。无论是版权确权、收藏展示或互动应用，在 NFT 背后所描述的理想图景中，用户将根据持有的 NFT 进入特定社群，以新的虚拟身份参与社区交流、游戏娱乐、空间建设等互动场景，完成新型互联网身份构建，这是完成"元宇宙"底层建设的必经之路。

应用篇

第九章

VR/AR：

软硬协同，共筑 VR/AR 生态

螺旋渐起：硬件与内容螺旋交织演化，共促 VR/AR 行业发展

VR/AR 行业硬件、软件在不断地迭代更替，技术及应用逐渐成熟，未来 VR/AR 有望成为新一代终端载体。以下我们将从 VR/AR 的基本概况、发展历程、硬件发展方向、内容发展方向 4 个方面展开。

以硬件终端与内容平台为基，打开 VR/AR 行业生态空间

在 VR/AR 新终端载体形态下，内容持续升级，VR/AR 游戏或成为元宇宙交互技术初级应用落地点之一。从历史周期角度看，互联网行业每 10~20 年发生一次迭代，以技术突破为先决条件，进而出现厂商利用创新技术满足用户体验的需求升级。我们认为，当下移动互联网行至成熟期，从二维互联网向三维空间的转变逐步发生，行业在交互方式、内容形态等方面寻求突破。在交互方式上，智能手机满足了人们随时随地上网的需求，但虚拟与现实的边界感仍较强，在触摸交互形式下，用户的行为成本依然存在。因此我们认为，互联网或将进一步弱化交互摩擦感。VR/AR 等技术的突破使得语音交互、动作交互等创新形式出现，让游戏玩法等有了新的拓展空间。在内容形态上，移动互联网时代，语音、视频、音频等信息的融合及传递受限于移动端屏幕，我们认为 VR/AR 游戏在内容

的丰富性和体验的沉浸感上进行了升级，突破了现有屏幕视野局限，让用户以更高的自由度、沉浸感参与、体验游戏内容。综上，VR/AR 游戏将成为元宇宙交互技术的一个初级应用落地点，推动更多元化的交互与高沉浸感体验；而硬件端升级迭代与内容端创新交映有望构建增长螺旋，长期将开拓更大的发展空间。

VR/AR 技术为游戏内容承载之基，VR/AR 游戏在场景呈现、体验效果上有所区别。 VR 游戏侧，在场景呈现上为纯虚拟化场景，通过设备新建一个 3D 虚拟世界，头戴式设备完全封闭以阻断人眼和现实世界的连接，从而让用户获得身临其境的感受。在体验效果上，注重"交互性"。用户通过手势、手柄等多种输入方式，与虚拟场景中的内容发生实时交互，VR 游戏实质上营造了一个全新的世界。AR 游戏侧，在场景呈现上，AR 技术把虚拟信息叠加在真实世界中，从而与真实世界进行结合与交互。AR 的视觉呈现方式是通过光学透明显示器进行的，人眼与现实世界保持连接。技术核心是渲染叠加在现实之上的数字内容，实现轻量化、多维场景显示。在体验效果上，视觉效果注重"增强感"。AR 技术在现实世界的基础上叠加额外信息，包括图像、声音、视频等。VR 是重度娱乐、重度工作的场景，同时重度依赖渲染和算力。

VR/AR 发展历程：在波折中探索，"硬件＋内容"双向良性循环促增长

VR 与 AR 技术同源而生，20 世纪 60 年代之后各自发展，这是 VR/AR 游戏时代到来的基础。 VR 和 AR 技术都源于计算机 3D 图像技术，在底层应用技术和上层软件算法上有相似之处。1968 年，伊凡·苏泽兰研制的头戴式显示系统兼用了 VR 技术与 AR 技术，我们认为这是 VR 技术与 AR 技术区分的起始点。此后，两者迈向不同的发展道路，VR 产业历经波折后迈向新的发展期并逐渐成熟；而 AR 产业目前正处于发展的第三阶段，近年来正在加速布局。

优质 VR 游戏内容匹配硬件升级，打开行业生态新局面

VR 生态需要硬件与内容相互匹配，共促发展。回顾 VR 生态发展历程，我们亦看到优质内容或标志性游戏对生态建设的重要作用。我们可以将 VR 生态发展历程分为萌芽期、起步期、热潮期、冷静期、再启航 5 个阶段。

▶ 萌芽期（20 世纪 30 年代至 20 世纪 80 年代）

概念先行，硬件雏形出现，内容生态尚缺。从硬件端来看，在 20 世纪五六十年代，出现了沉浸式硬件设备，在机型体积上从超大落地装置演变为头戴式显示器 / 虚拟现实设备。在内容层面看，1985 年首次出现具备一定 VR 游戏概念的产品《3D 太空哈利》。但这一阶段的虚拟现实尚处于试验、体验阶段，且由于技术处于相对早期，并无可落地的应用场景。

▶ 起步期（20 世纪 90 年代至 21 世纪前 10 年）

具备落地场景的设备出现，游戏厂商入局谋突破。这一时期的标志性事件是 1990 年首款多人虚拟现实街机的出现，开发者同时推出 VR 游戏《Dactyl Nightmare》以使硬件设备有落地场景，成为首个公共 VR 游戏系统。随后，世嘉、任天堂公司等均开始布局 VR 硬件设备，并推出更轻便、场景更精确的虚拟现实设备。对应地，任天堂在游戏主机"虚拟男孩"上引入《马力欧网球》等产品，希望在新终端上打开内容的丰富度，吸引更多用户。

▶ 热潮期（2010—2015 年）

游戏内容的 VR 移植反推硬件端升级及量产，消费级产品逐渐进入市场。这一阶段，硬件端以 2010 年的 Oculus Rift（一款为电子游戏设计的头戴式显示器）原型机为起点，在 Oculus 创始人帕尔默持续推出多代 Oculus Rift 原型机后，外部游戏开发者对 VR 形态兴趣增长，id Software 联合创始人约翰·卡马克开发出《Doom 3 BFG Edition》VR 版本，并以 Oculus Rift 为终端载体，在 2012 年 E3 游戏展会上现场演示了这个版本，使 Oculus 广为人知，并推动团队组建，使 Oculus Rift 投入下一代升级阶段。这一实例亦可论证前述"硬件 + 内容"增长螺旋。消费级 VR 设备伴随资本加注，加快研发出品与迭代的速度，逐步进入市场。标志性产品包括 Oculus、Sony Project Morpheus、Samsung Gear VR、HTC Vive 头戴式设备等。但行至阶段后期，在硬件畸形飞速发展的同时并无与之适配的丰富内容供给，生态闭环出现欠缺，在 2015—2016 年接近发展高点。

▶ 冷静期（2016—2019 年）

资本降温，行业出清趋向冷静，内容端逐步积累优质游戏产品。前期资本过热导致行业非理性发展，内容端未能跟上硬件发展节奏，硬件则因资本过快推进而出现不均衡的发展节奏和厂商间相互竞争的格局。技术层面包括分辨率不足、眩晕感强、设备相对笨重等瓶颈仍存，在 2016—2017 年未获得突破性改善。技术发展的差距和资本市场预期的分异使资本逐步降温。在这一阶段，资本退场亦使中小型硬件端厂商逐步出清，部分初入局厂商亦停止研发；产品路径相对清晰的头部厂商则持续研发、迭代新品。内容端陆续推出数款 VR 游戏产品，其中，2018 年音乐类游戏《Beat Saber》实现小范围破圈，并登顶 Steam 2019 年度最佳 VR 游戏铂金级排行榜，自发售日至 2019 年 3 月和 2020 年 3 月分别实现销量超 100 万份和超 200 万份。

▶ 再启航（2020 年至今）

技术逐步成熟，3A 游戏出现，开启增长螺旋。2020 年 3 月 Valve（维尔福集团）推出 3A 级 VR 游戏《Half-life：Alyx》实现内容突破，根据 Steamspy 的数据，游戏发布后近 2 个月获得了超过 100 万用户，日均流水约为 125 万美元。同年 9 月硬件端 Oculus Quest 2 上市，在技术层面较好地提升了用户体验感，相应扩大了行业规模。2021 年以来，随着硬件出货量持续提升，内容端头部游戏厂商加大布局力度，我们判断行业生态将开启良性循环，步入新的增长螺旋。

AR 技术尚处演进期，优质内容或有望助推硬件迭代

回顾 AR 生态发展历程：内容端在 2016 年《宝可梦 GO》推出后获得较大增量，但由于随后的游戏大多未突破《宝可梦 GO》以实现玩法创新，而未能实现较大的用户受众规模突破。而且由于增强现实的技术特性，硬件端进展略微缓慢，我们判断 AR 技术当前仍在演进期，持续探索包括智能隐形眼镜等在内的更理想的终端形态，以实现更好的 AR 呈现。我们将其发展历程分为萌芽期、起步期、发展波动期和再启航 4 个阶段。

▶ 萌芽期（20 世纪 60 年代至 20 世纪 90 年代末）

概念初起，初探技术与内容。这一阶段在概念层面于 1992 年首次出现"AR"的提法，并于 2000 年提出"几何光波导"概念，从原理上推进技术发展。在内容端，这一阶段末期，随着技术开始萌芽发展，首款 AR 户外游戏《AR Quake》在学术环境中诞生，使 AR 游戏应用在户外场景中。

▶ 起步期（2001—2010 年）

内容端创新玩法探索，从校园走向商业化。自 2003 年开始，先后有《人形

吃豆人》《AR 网球》《真实街道》等产品推出，逐步提升了产品的游戏性，以及与现实场景的融合度，部分产品 AR 版本甚至早于其 iOS 移动端版本出现。

▶ 发展波动期（2011—2019 年）

从热潮走向冷静，里程碑式 AR 游戏带动内容端短期激增，但因新产能的质量有限而渐趋冷静。这一阶段 Niantic 推出两大标志性产品，一是 2013 年的《Ingress》（AR+LBS），通过 GPS（全球定位系统）、AGPS（辅助全球卫星定位系统）和 Wi-Fi 等实现对游戏用户现实地理位置的定位；二是 2016 年的《宝可梦 GO》，将 LBS（基于位置服务）更成熟地应用于游戏中，重视 AR 玩法与角色设定的结合，同时借助 IP 的力量，使 AR 游戏广为人知。前者带动了 2013 年内容端 AR 游戏应用数量小幅增长，后者则带动了 2016—2017 年的内容产能激增。然而，2017—2018 年，由于硬件端光波导技术有待突破，以及在设备续航等方面能力不足、内容端精品不足等原因，资本热度下降，行业渐趋冷静。

▶ 再启航（2020 年至今）

内容端有望实现突破，或将助推消费级设备出现。《宝可梦 GO》的推出在一定程度上实现了虚实的部分交融，并借助智能手机扩大了 AR 游戏的渗透面。但从 2016 年推出《宝可梦 GO》至今，AR 游戏领域尚未出现下一代里程碑式产品。我们认为：一是内容端，在现有硬件技术上，《宝可梦 GO》成为 AR 玩法的范本，且尚未有新产品实现超越；二是硬件端仍未出现能够进入大众市场的设备产品。随着 Niantic 宣布一直在研发新电子宠物 AR 游戏《Peridot》，我们认为，其有望成为下一个具有代表性的 AR 游戏，在玩法上深挖 "AR+LBS" 内容，提升多人娱乐社交属性，作为硬件门槛相对较低的移动端手机 AR 游戏，进一步打开游戏用户市场，加深大众对 AR 的认知，反推硬件端打造沉浸感更强的 AR 眼镜等终端设备，以开拓消费级市场。

硬件：VR 硬件迭代成形，AR 硬件技术仍有较大成长空间

VR 硬件端技术持续优化，价格门槛降低，推动消费端设备加速普及

▶ VR 设备技术持续优化，用户体验感逐渐提升

过往 VR 设备带来的晕眩感主要与设备的分辨率、延迟以及重量等因素有关，

为了解决晕眩感这一问题，VR 设备制造商对芯片、光学显示技术、追踪技术等方面进行优化，以改善用户体验。从芯片来看，市面上绝大部分头显设备采用的是高通骁龙 XR 处理器，性能大幅提升；从光学上看，菲涅尔透镜凭借能够达到 100°现场角、成本较低，以及可规模量产等特点受到更多厂商的欢迎；从追踪功能上看，为了实现更好的沉浸式体验，应用 6DoF 和 Inside-out 追踪是消费级 VR 设备的标配。

▶ 价格门槛降低，各厂商通过多样化产品满足消费端用户的差异化需求

目前主流 VR 设备售价均低于 1 000 美元，400 美元以下也有丰富的产品可供选择。HTC Vive 系列价格基本在 600~800 美元；Oculus 寻求低价路线，自 2016 年推出 Oculus Rift 之后设备价格一路走低，2020 年的新产品 Oculus Quest 2 价格为 299 美元，如果选择官方翻新产品，则价格更低；Valve Index 自推出以来，价格稳定在 999 美元的高位，但市占率仍保持在第二位，体现出较大的市场需求。

▶ VR 技术相关专利数量持续增长，未来一体机仍是 VR 设备主流

我们认为技术专利数量有助于判断技术发展阶段，根据 PatentSight 专利数据库，VR 技术专利数量逐年增长，2016 年数量超过 7 000 个，2020 年数量超过 20 000 个，年均复合增长率为 27%，显示出 VR 技术逐渐成熟。2019 年，Oculus 发布第一代 VR 一体机 Quest，以成熟的技术和相对经济的价格为主要特点；之后各大厂商陆续推出诸如 Quest 2、Pico Neo3、HTC Vive Focus3 等一体机式 VR 产品。根据 IDC 数据预测，一体式 VR 设备出货量占比在未来 5 年都将保持在 80% 左右。由此来看，一体机能够完全摆脱外置设备，相比 PC VR（计算机虚拟现实）和主机 VR，更有可能成为 VR 设备的主流形态。

AR 硬件端技术仍在演进，专业设备欠缺，消费企业端设备价格分化

▶ AR 设备出货量较低，支持 AR 功能的智能手机相对有限

根据 Wellsenn（维深）数据，全球 AR 设备 2020 年出货量仅为 22 万台，2021 年为 28 万台，较 VR 设备出货量有明显差距。目前来看，AR 游戏主要的承载终端是智能手机，大部分 AR 游戏是登录 Google Play 或 App Store 等应用商店供游戏用户下载。但是支持 AR 功能的智能手机相对有限，根据 Newzoo（游

戏市场研究及数据分析的先驱及行业领导者）2019 年对 AR 市场的调研，市面上只有 26% 的智能手机支持 ARKit 或 ARCore（分别为苹果和安卓手机的 AR 模块），而支持 VR 功能的智能手机占比仅为 9%。我们认为，目前 VR 设备是 VR 游戏的主要载体，而支持 AR 功能的手机是 AR 游戏的主要载体，因此导致支持 AR 功能的手机占比高于 VR，但这一支持率仍然有限，有待后续进一步提高。

▶ AR 技术层面成长空间较大，分体式设计或成为未来趋势

VR 和 AR 功能和性能要求的差异，为硬件带来不同的设计方向。从功能上看，AR 设备更注重为人们的日常生活提供辅助，消费端上的 AR 设备都朝着"更轻、更薄"的技术发展。市面上 Nreal Light 和 vivo 的 AR 眼镜等产品通过设备与智能手机绑定，降低部件成本。从性能上说，AR 涉及更为复杂的计算任务，因此对计算性能要求更高，若采用一体机化设计将不方便佩戴（HoloLens 2 重量超过 500 克，续航时间仅为 4 小时）。根据 IDC 在 2022 年 1 月发布的数据，在 AR 设备中，分体式 AR 设备出货量占比将从当时的 33.3% 上升至 2026 年的 74.8%，而 VR 设备中分体式设备占比仅在 20% 左右。

▶ 企业端与消费端设备价格分化，消费端普及相对有限

预计随着技术成熟、出货规模效应的增强，消费级设备价格有望降低。从价格上看，AR 设备价格分化趋势相对明显。我们认为，这主要是由于 AR 产业当前仍处于成长期，设备主要面向企业端市场，售价高、销量低。根据 Strategy Analytics 发布的 2020 年的数据，AR 设备全球出货量为 11.5 万台，其中 81% 面向企业。展望未来，我们认为随着技术成熟、出货规模效应增强，消费级设备价格有望降低。

内容：VR 内容逐步丰富，AR 内容仍待突破性新品出现

VR 内容与品质双增长但仍具备提升空间，用户体验感全方位提升

▶ VR 新游供给相对丰富，保持良性增长趋势

在内容供给方面，VR 新游数量相对丰富。考虑到 Steam 是全球最早、最大的 VR 内容平台之一，在内容数量上占据相对优势，我们以该平台 VR 内容更新情况为参考。从增长情况来看，自 2016 年至今，Steam 平台保持年均超过 600

款的 VR 游戏及应用新增数量；按月份来看，自 2018 年 7 月至今，平台基本保持每月新增 30 款及以上 VR 独占游戏水平。截至 2022 年 4 月，Steam 平台独占 VR 游戏数量达到 4 310 款。我们认为，VR 游戏供给相对丰富，为 VR 内容生态建设提供了较好的量级规模基础。

▶ VR 游戏品质逐步提升，视觉体验与沉浸感增强

2020 年 3 月，V 社发布高质量 3A 级 VR 游戏《Half-Life：Alyx》，该游戏凭借精细的画面以及真实的交互体验出圈，在各大媒体获得较高的评价，成为次世代 VR 重度游戏的标志性作品。此外，该产品颠覆了 VR 游戏的固有形态，推动游戏创新和质量提升。Steam 数据显示，在 VR 相关游戏评论数超过 100 条的游戏中，2021 年发布的 VR 游戏好评率达到 95%，而 2016 年好评率仅为 80%。受益于内容数量和质量的快速提升，游戏变现能力增强，应用开发者收入不断增加。Meta 数据显示，以 Quest 商店为例，截至 2022 年 2 月，有 8 款应用流水超过 2 000 万美元，124 个应用程序获得 100 万美元的收入，同比增长 80%。

▶ VR 游戏种类日趋多元，满足游戏用户的个性化需求

根据 Steam 平台 2020 年度 VR 畅销游戏榜单，85 款产品涵盖动作、冒险、FPS（第一人称射击游戏）、音乐等多元类别。其中，动作类占比达 38%，冒险类、FPS 类游戏分列第二、三名。除已有动作、射击、冒险类玩法元素外，一方面，多元化品类持续增长，例如音乐类、解谜类畅销游戏数量分别较上年增长 5 款、7 款；另一方面，具备融合玩法的游戏数量明显增多，以 2020 年为例，根据 VR 陀螺，85 款游戏中有 8 款具备两种或两种以上的玩法融合。我们认为，动作射击类 VR 游戏占比仍将保持在相对领先的位置，核心原因在于此类玩法能够最大限度体现 VR 游戏所具备的沉浸感与交互感；但随着入局的游戏厂商增多、硬件升级及用户需求提升，VR 游戏种类将持续朝着融合化、多元化方向发展。

▶ VR 新游质量仍具备提升空间

根据 Steam 平台，2021 年度铂金级 VR 游戏上线时间超过 3 年的占比近七成。我们认为：一方面，单款 VR 游戏在几年内进行迭代，经典游戏有望实现更长的生命周期，例如《Beat Saber》自 2018 年 5 月发售以来持续迭代，在 2019 年 5 月推出正式版，并陆续登上各 VR 平台，以实现内容影响力的扩大；另一方面，自 2016 年至今，在每年超过 600 款 VR 游戏或应用净增量的背景下，头部

产品矩阵中新游（按 1 年以内计）占比相对较低，2019 年和 2020 年均未超过两成，2021 年则未出现标志性 VR 产品进入头部矩阵。我们认为，若新游质量提升，将有望推动 VR 生态建设提速发展。

AR 游戏尚待消费级硬件来临和标志性作品出现

▶ AR 热门游戏带动内容产能短暂激增

根据七麦数据统计，应用商店每年新增 AR 游戏和应用的数量在 2017 年前保持上升趋势，2017 年新增 AR 游戏数量达到峰值的 870 款。自 2018 年起，新增 AR 游戏的数量逐渐回落。我们认为，标志性 AR 游戏《宝可梦 GO》于 2016 年 7 月发布，同年 9 月下载量达到 5 亿次，相对成功的 AR 游戏商业化变现案例能够给市场更大信心，带动 AR 游戏行业内容产能在短期内激增，经历短暂的发布高峰。

▶《宝可梦 GO》之后，AR 游戏尚未出现突破性新品

Niantic 公司在 2020 年 GDC 夏季会议上介绍了 AR 游戏的六大研发经验：为现实世界而设计、选择正确的互动层面、重视视觉细节、将设备融入体验中、考虑玩耍时的人体工程学、用简单直白的方式让游戏用户理解 AR 游戏。在《宝可梦 GO》之后出现的 AR 游戏《一起来捉妖》和《勇者斗恶龙 Walk》等，在游戏设计上对其进行了一定模仿，但游戏综合表现与《宝可梦 GO》差距仍较大。我们认为，《宝可梦 GO》的成功为 AR 游戏的研发提供了参考经验，但多数游戏玩法并未实现突破，且由于硬件端 AR 设备发展尚不成熟，双重因素叠加使得 AR 游戏遇冷，在 2017—2019 年业绩逐年下滑。

瞄见未来：VR/AR 内容与设备有望成为新一代内容承载与硬件终端

VR/AR 行业的良性循环机制逐步建立，VR/AR 未来有望成为新一代硬件终端。在优质硬件和内容的带动下，VR/AR 行业正逐步实现"硬件产品迭代—用户体验升级—用户数量增加—优质开发者入场—提升内容质量—用户数量增加"的良性循环，推动整个 VR/AR 生态的建立。我们认为，未来随着 VR/AR 应用

场景在 B 端和 C 端市场的拓展，VR/AR 有望成为新一代硬件终端。

VR/AR 游戏代表新一代内容承载终端的出现，从移动端向新载体的转移。游戏产业发展至今，亟待新内容承载终端推动创新。从历史周期角度看，互联网行业每 15~20 年发生一次迭代，以技术突破为先决条件，进而涌现出公司和厂商利用创新技术满足用户的体验需求升级。游戏作为互联网时代的重要板块之一，产业发展亦体现了这一历程，从单机向网游，从街机、主机向 PC、移动游戏发展。我们认为，移动互联网行至今日亟待下一种形态的演进，而移动游戏行至今日，在等待新一代内容承载终端的出现，VR/AR 设备或将成为这一新终端形态。从产业链发展角度来说，VR/AR 游戏代表新一代内容承载终端的出现，向下游改变游戏用户娱乐习惯，向上游改变 VR/AR 游戏创作路径、玩法创新方向、音视频等融媒体使用，或将带动新一轮变革。"硬件 + 内容"良性发展将加速增长螺旋，推动产业成熟化，或将走出类"移动游戏"发展路径。

VR 生态：短期发展路径为类主机游戏，中长期消费级场景百花齐放

由于短期内 VR 游戏是 VR 产业发展的主要推动力量，因此目前来看，我们认为 VR 产业发展路径与游戏主机的发展路径非常相似。两者的发展都是依靠硬件技术的迭代，以及软件内容的丰富，促进生态的繁荣发展。通过对游戏主机发展历史进行复盘，我们可以发现高质量的游戏内容对于硬件的发展有着重要的促进作用。随着硬件产品渗透率的不断提升，我们认为消费级 VR 的应用场景将会向社交、办公、视频等领域不断拓展，促进 VR 消费级内容生态的繁荣。市场调研机构 Omdia 的数据显示，2021 年 VR 头显消费级内容市场总收入为 20 亿美元，预计 2026 年将达到 75 亿美元，年均复合增长率为 20.3%。

AR 生态：开发平台是关键，未来软硬一体，走向游戏 +，实现虚实互联

AR 游戏行业公司布局以"软硬一体"为基，搭建开发平台，构建 AR 生态。目前，传统硬件厂商苹果公司和游戏开发商 Niantic 均尝试构建 AR 游戏软硬一体的生态：苹果公司从自身硬件出发，建立开发者平台 ARKit；而 Niantic 则开发了

知名 AR 游戏《宝可梦 GO》，并在 2021 年发布技术开发平台 Lighthouse，宣布与高通公司共同研发 AR 眼镜。通过建立开发者平台，更多的开发者得以汇集：一方面为 AR 设备改进和 AR 游戏开发提供思路；另一方面，AR 游戏及应用程序的开发门槛有所降低，在消费级硬件就位之前，帮助打开 C 端市场。我们认为，在 VR/AR 新交互技术之下，应用场景将逐步从"游戏"走向"游戏＋"或"＋游戏"，在包括《Horizon Worlds》、百度"希壤"、《Rec Room》等在内的各类线上虚拟空间中，游戏已成为必不可少的场景，为线上社交提供更多选项。在初级场景上叠加真实生活内容，推动其与现实生活接轨，打造空间升维，进一步实现虚实互联。我们认为，在游戏场景率先实现元宇宙基本功能测试后，再向其他领域拓展，内部交互经验可复用、拓展至更多方向，推动搭建更丰富的 to B 或 to C 场景。

案例巡礼：海内外 VR/AR 生态现状

Meta：高性价比硬件带动 VR 生态建设

打造全新商业模式，建立 VR 健康生态闭环

Meta 通过对硬件进行补贴，将 VR 一体机零售价降至大约 300 美元，达到消费者可以接受的价格区间，从而拉升用户基数。此外，通过不断收购内容厂商完善内容生态，采用内容收入提成方式，回填硬件成本，最终实现"内容＋硬件"相互促进、共同成长。

收购 Oculus 建立硬件壁垒，新品 Quest Pro 性能强劲

2014 年 7 月，Meta 宣布以 20 亿美元的价格收购 Oculus，并在此之后以 Oculus 的名义不断收购 VR 硬件技术公司，加固自身的硬件壁垒。自 2013 年起，公司陆续推出 8 款 VR 硬件产品，其中 Quest 2 以高性价比优势成为真正的消费级 VR 硬件产品。该产品在显示参数、价格和外观设计等方面均满足了 VR 用户的基本需求，奠定了 VR 头显的参数标准，销量远超 Oculus 系列其他产品。2022 年 10 月 12 日凌晨，Quest Pro 如期发布，定位高端生产力工具，在能耗及散热方面均有明显升级。我们认为该产品功能较为强大，但高价格导致其用户

主要以商用或企业级采购为主。随着未来的规模效应以及功能精简，我们预计下一代 Quest 有望成为走量的 C 端消费级产品。青亭网数据显示，2022 年 4 月，Oculus 品牌产品市场占有率为 66.65%，占据市场领先地位，其中 Quest 2 市场占有率为 47.97%，排名第一。此外，在 Facebook Connect 2021 大会上，Meta 发布了下一代高端 VR 头显 Project Cambria，公司表示该设备将采用一系列高端技术，备受市场关注。

内容生态持续发力，软硬协同打开行业天花板

2019 年 Meta 建立 Oculus Rift 和 Quest 内容平台，并在 2021 年 2 月推出 App Lab 平台，允许开发者以相对宽松的方式发布自己的游戏。此外，2021 年 10 月，Meta 宣布了 1 000 万美元的创作者基金，鼓励更多的内容创作者进行 VR 内容创作。我们认为 Meta 在 VR 内容领域的投资，旨在为"优质开发者入场—提升内容质量—增加用户数量—硬件设备销售增长"的产业飞轮提供初期的推动力量。可以看到，Oculus 内容数量快速增加。青亭网数据显示，截至 2022 年 4 月，Oculus Rift、Quest、App Lab 平台分别拥有 1 381 款、357 款、1 074 款应用。此外，根据 Meta 第二届 Gaming Showcase 发布会内容，多款 IP 大作，如《捉鬼敢死队 VR》《NFL PRO ERA》，以及热门 VR 游戏续作《Espire 2》《BONELAB》会登录 Quest 2 平台。根据 Facebook Connect 2021 大会介绍，Quest Store 已有超过 1/3 的应用收入超过 100 万美元，相比上一年同期增长较为明显。在游戏方面：《漫威钢铁侠 VR》《Among US》《行尸走肉》等知名 IP 上线，并且新收购了 3 家游戏工作室进行 VR 内容研发；在办公方面：Autodesk 2023 年会推出 VR 版应用，Microsoft Team 及 365 也会支持 Quest VR 平台，提供办公软件 Word、Excel 和 PowerPoint 等的应用。我们认为 VR 有望从游戏场景逐步向办公、医疗及社交等领域开拓，突破行业天花板。

维尔福集团：稀缺优质游戏带动 VR 硬件销量

硬件技术多元化，为消费者提供更优质的 VR 使用体验

此前 Valve 与 HTC 合作研发 VR 硬件。2019 年，Valve 集团推出了独自研发

的 VR 硬件产品 Valve Index，该产品的特点是分辨率最高可达到 144 Hz（实验室模式），并配备了可跟踪手部所有操作的"Knuckles controllers"，为用户带来更丰富的交互体验。此外该设备还采用了外倾式镜片和近耳式扬声器，提高了用户使用的舒适度。

Steam 平台内容侧占据领先优势，3A 游戏大作带动硬件出货

Steam 平台 VR 内容数量领先。青亭网数据显示，截至 2022 年 4 月，Steam 平台共有 6 464 款 VR 内容，而同期 Oculus、SideQuest、App Lab 平台的内容数量分别为 1 738 款、3 052 款、1 074 款。此外，Steam 平台通过高质量的 VR 内容持续吸引用户流量。Steam 官网数据显示，Steam 好评率在 60% 以上的 VR 内容占比超过 50%，好评率在 90% 以上的 VR 内容超过 100 款。2020 年 3 月，Valve 发行了 Steam VR 独占作品《Half-Life：Alyx》。与其他 VR 作品相比，该作品在交互性、画面细节以及内容质量等方面都更上一层楼，几乎横扫 2020 年 VR 游戏奖项。由于使用配套的 VR 设备 Valve Index 进行游戏，可以实现更多专属的手势操作，获得更多体验乐趣，因此在《Half-Life：Alyx》上线后，Valve Index 设备在发售的 31 个国家和地区均售罄，并且当月的市占率大幅提升。VR 陀螺数据显示，2020 年 3 月，Valve Index 市占率达到 10.94%，相比上一月增长 3.25 ppt。

字节跳动：硬件为基，抖音赋能打造 VR 产业生态闭环

硬件售价持续降低，IPD（集成产品开发）瞳距调节、全彩透视等技术亮眼

2021 年 8 月，字节跳动花费 50 亿元人民币收购国内龙头 VR 硬件厂商 Pico。IDC 数据显示，2021 年第一季度 Pico 国内出货量约 8.6 万台，同比增长 76%，市场份额达到 37.6%，为国内第一大 VR 品牌，全球出货量约 9.7 万台，同比增长 44.7%，市场份额达到 8.9%。旗下 VR 产品分为 Neo 和 G 两大系列，其中 G 系列主打性价比，Neo 系列相对高端。2021 年 5 月，Pico 推出新一代 VR 产品 Pico Neo 3，该产品不仅实现了性能升级，价格相比上一代产品 Neo 2 还降低了近 2 000 元。Pico 产品的大幅度降价，有利于 VR 硬件在国内实现加速渗透。2022 年 9 月 22 日晚 8 点，Pico 发布 Pico 4 以及 Pico Pro 新款 VR 头显，全系标

配 Pancake 折叠光路设计，显示屏方面亦升级至双眼 4K+ 分辨率，并全系搭载 IPD 瞳距调节功能，超出市场预期。显示方案升级至 Pancake，使得轻薄优势突显，全彩透视功能亦较为亮眼。定价方面 Pico 4 海外售价 429 欧元起，约合人民币 3 000 元，基本符合市场此前预期。

字节跳动赋能 Pico 搭建 VR 内容生态，应用场景逐步完善

字节跳动作为全球内容社区独角兽之一，旗下抖音、今日头条、TikTok 等 App 均达到数亿级 MAU，具有大量高黏性用户和扎实的内容开发能力；同时字节跳动还布局游戏赛道，投资收购独立工作室。因此字节跳动收购 Pico 后，不仅可以为 Pico 带来亿级流量的营销资源，提高市场关注度，还可以通过自身软件实力赋能 Pico，提供更多优质内容，提升用户体验。我们认为，字节跳动将会复制此前 Meta 收购 Oculus 的成功经验，搭建完整的 VR 生态闭环，带动 Pico VR 出货量实现快速增长。

第十章

数字孪生：
空间再造、虚实交互

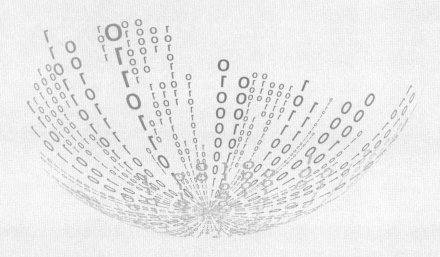

数字孪生兴起于航天、工业领域，指以 3D 数字化的方式将物理世界引入数字世界。目前，数字孪生这一概念主要指通过数字化、知识机理等技术构建数字模型，利用物联网等技术从真实物理世界转换得到通用数据，依托 AR/VR/MR/GIS 等技术将物理实体复现在数字世界中。凭借所创建的虚拟实体中的历史数据、实时数据和算法模型等信息，凭借人工智能、云计算、大数据等技术加持，对物理实体进行模拟、验证、预测，控制全生命周期过程的智能决策，最终赋能各垂直行业。

数字孪生城市：再造现实世界，走向虚实互动

当前，数字孪生技术已经被广泛应用于工程建设、自然资源管理、城市治理等领域，既可以支持城市规划、管理，又可以辅助水利、电力、环境、农业等领域的自然资源管理。上海市发布《上海市培育"元宇宙"新赛道行动方案（2022—2025 年）》，将"数字孪生城市"列为八大重点工程之一，提出通过城市基础设施数字孪生，对城市空间数据进行收集、管理和运营，进而在观光、交通等领域制定行业解决方案。我们认为数字孪生城市包含大量的 3D 场景，其建设本身也为元宇宙的发展积累了初期经验，数字孪生城市建设中积累的数据标准、场景素材和应用方案也可以复用到元宇宙中；而元宇宙提出了相对前沿的概念、

更高的技术要求，其注重真实性、交互性、丰富性的特征或将带动相关技术、产业发展，继而作用于数字孪生城市。

运行机制：数据为基、建模为体、仿真为用

数字孪生城市、自然资源管理的主要技术包括数据获取、建模渲染、仿真分析、交互控制等部分（见图10-1）。在数据获取环节，厂商通常使用遥感和物联网设备采集数据，再对城市时空大数据进行处理和融合。建模和渲染将城市的地理信息和其他多源数据转化为逼真的 3D 模型。仿真分析环节通常是对城市的运行情况进行模拟或监测，以辅助城市规划和运营。交互控制则建立在模拟分析的基础上，根据分析结果对现实世界进行自动控制，实现城市的智能化管理。

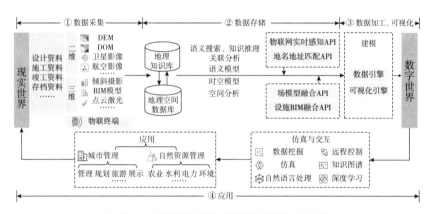

图 10-1　数字孪生城市、自然资源管理运行机理

资料来源：信通院，《数字孪生城市白皮书》（2021）；高艳才、陈丽等，《数字孪生城市——虚实融合开启智慧之门》（2019）；中金公司研究部。

数据为基：数据层次、类型多样，数据结构化、语义化重要性提升

数字孪生城市所需的数据横跨多个部门，具备不同的颗粒度和更新频率。根据华为《数字孪生城市白皮书》，数字孪生城市的基础数据框架依据颗粒度可分为宏观、中观、微观三层。[①] 城市宏观数据主要为地理信息，包括：基于卫星遥

---

① 华为，《数字孪生城市白皮书》。

感的静态城市地理信息，以及基于新型测绘手段对地理信息的增量更新。城市中观数据通常按照地理实体对信息进行分类，并将地理信息和城市中特有的专题数据结合，包括城区及建筑物数据、政府信息系统的业务数据、通信运营商数据等。城市微观数据包含各类物联网场景。地理信息等主要为描述城市情况的静态数据，但数字孪生城市要达到实时映射、虚实互现，还需要大量的动态数据，其收集往往通过物联网实现。

数字孪生城市涉及的数据层次、类型多样，采集方式亦在不断升级。卫星和航空摄影测量、倾斜摄影、激光雷达、物联网终端数据采集等是主要的数据采集方式，卫星和航空摄影测量的优势在于覆盖范围广、数据分辨率高，能够快速获取数据，但用这种方式进行 3D 建模可能存在严重的遮挡问题。倾斜摄影测量相比传统的垂直摄影测量，可以额外获得建筑物顶面和侧面的纹理，以及房屋的外框和高程信息。[1] 激光雷达能生成高密度、高精度的点云，能够准确计算采集对象的 3D 坐标。[2] 物联网终端则辅助接入大量的动态数据。目前，数字孪生城市的数据采集方式呈现出从航空摄影向倾斜摄影、激光扫描、物联感知演进的趋势。

数据结构化、语义化重要性逐渐提升。虽然使用倾斜摄影、激光雷达等技术可以快速得到大规模的 3D 地图，但从城市计算和智能分析的角度看，这些模型仍属于非结构化数据，计算机无法识别，继而限制数字孪生城市实现复杂分析功能。因此，需要利用语义化技术，对各类数据进行结构提取、属性挂接，主要涉及多模态、多尺度空间数据智能提取技术，语义化技术，深度学习技术等。

数据编码需要统一的标准，目前相关的数据标准正处在研制过程中。物理实体需要唯一编码以实现与数字世界的一一对应，为确保不同厂商的编码可以相互兼容、避免重复建设，统一标准的重要性提升。数据类标准是数字孪生城市的重要一环，其约定了城市数字孪生中数据的表达、处理、应用、服务。[3] 目前，在数据融合板块，已有部分标准对数据的编码、采集、共享进行了规范；但对数据

---

① 孙长奎、刘善磊、王圣尧等，浅谈无人机遥感技术在智慧城市建设中的应用，国土资源遥感，2018 年。

② 中国测绘学会，选择激光雷达还是摄影测量？你需要知道这些，中国测绘学会网站。

③ 全国信标委智慧城市标准工作组，《城市数字孪生标准化白皮书（2022 版）》。

资源、管理、服务方面的规范仍在探索的过程中。我们认为，数据编码标准以及数据结构化、语义化技术，能够让数字孪生城市从人眼可读转变为机器可分析，尽管这些技术目前仍在开发和研究阶段，但受重视程度正在不断提升。

建模为体：游戏引擎重视觉效果，GIS 引擎重空间分析，二者呈现融合趋势

建模，广义上属于数据生产的一环，模型的融合和渲染是数字孪生搭建平台提供的主要功能。建模阶段：较大尺度的地形模型可以通过计算机制图或遥感影像处理得到；较小尺度的建筑物及城市设施的模型来源多样，既可以通过对倾斜摄影、激光点云等 3D 数据进行单体化、语义化处理建立，也可以由 CAD 或 BIM 数据转换而来，或是通过参数化建模的方式实现。融合阶段：不同来源的模型根据地理位置定位，融合成城市 3D 模型。渲染阶段：向 3D 模型增加纹理、色彩、光影信息，输出城市 3D 图像。目前的数字孪生平台包括 GIS 软件、游戏引擎、可视化软件，均提供模型融合和渲染的功能，但因禀赋不同而各有侧重。

数字孪生城市所用的建模渲染引擎主要可分为游戏引擎、GIS 引擎、工业引擎 3 类。目前，在城市数字孪生领域主要使用的建模渲染引擎大致可分为：游戏引擎侧重于渲染效果的提升，代表为虚幻引擎（UE）、Unity 等；GIS 引擎侧重对地理信息的处理，典型案例为 Cesium 等；工业引擎着重进行仿真和模拟分析，如达索 3D. EXPERIENCE 等（见表 10–1）。相比工业和娱乐领域，城市数字孪生的独特性在于其对地理信息和 BIM 数据的需求。在目前数字孪生城市的建设案例中，游戏引擎和 GIS 引擎使用较多，而这两类引擎也呈现出融合发展的趋势。

游戏引擎：实时渲染能力优秀，配套资源丰富，对各类数据支持度提升。虚幻引擎是数字孪生城市构建中使用较多的引擎，其优势在于逼真的实时渲染能力，可以实现对城市及建筑外形的逼真还原。虚幻引擎是 Epic Games 旗下的游戏引擎，除游戏领域外，在建筑、交通、模拟训练等领域也有大量应用。据 CGarchitect 国际建筑三维大赛的调查，2020 年，52% 的建筑师会使用虚幻引擎制作实时项目。虚幻引擎在数字孪生领域的主要应用集中在城市、园区、机场的数字孪生中，在建筑可视化领域中具备以下几方面技术优势：出色的渲染效果、丰富的配套资源；支持各类数据接入，对 GIS 的支持程度更高；支持协作与共享，支持多种文件格式，以便整合不同来源和作者的设计数据。

表10-1 主要数字孪生可视化引擎对比

引擎	类别	所属公司	应用案例	优势	劣势
虚幻引擎	游戏引擎	Epic Games	· 虚拟赫尔辛基 · 虚拟惠灵顿 · 虚拟上海	· 视觉效果最好	· 开发成本非常高 · 对 GIS 支持不佳
Unity	游戏引擎	Unity Technologies	· 虚拟巴黎 · 芬兰奥卢港数字孪生 · 上海轨交可视化	· 视觉效果较好 · 能输出 web 适配的应用	· 开发成本非常高 · 对 GIS 支持不佳
Cesium	GIS 引擎	Cesium 公司	· 澳大利亚维多利亚州、新南威尔士州、昆士兰州的数字孪生	· GIS 数据支持能力异常强大	· 3D 视觉效果较差 · 应用开发较复杂
3D. EXPERIENCE	工业设计引擎	达索	· 虚拟新加坡	· 擅长模拟仿真	· 视觉效果一般 · GIS 兼容性较差

资料来源：各公司官网，中金公司研究部。

GIS 引擎：空间数据接入、处理能力突出，可视化能力不断提升。Cesium 等 3D GIS 引擎在应用于数字孪生城市开发时，具有优异的空间数据处理能力。Cesium 由航空软件公司 AGI 于 2012 年发布，如今已经成为极为流行的 3D GIS 开源项目之一，部分 GIS 厂商的前端 3D 版本也是基于 Cesium 引擎开发的。作为 GIS 引擎，Cesium 可以接入并且处理影像、地形、矢量等不同格式的数据，还可以进行 3D 空间分析，比如测算设计模型的挖方和填方体积等。Cesium 创建了专门用于 3D 地理空间数据传输和渲染的数据标准——3D Tiles[①]。在可视化方面，Cesium 在网页端进行实时渲染，视觉效果相对较差，但是可以通过 Cesium for Unreal 插件导入虚幻引擎，构造更精美的真实世界模拟场景。

从 Cesium 和虚幻引擎的发展可以看出，在数字孪生城市领域，GIS 引擎和游戏引擎呈现相互融合的趋势。游戏引擎对城市等大场景的渲染进行了优化：大

---

① 3D Tiles 是一种开放的三维空间数据标准，其设计目的主要是提升大的三维场景中模型的加载和渲染速度。将三维空间数据组织为 3D Tiles 格式，可以实现模型的按需加载和渲染，从而实现流畅的三维模型浏览体验。

型世界坐标（LWC）功能，支持 64 位浮点精度，扩大了可支持的场景范围；地理参考插件允许开发者将虚幻引擎中物体的位置与物理空间中的位置进行关联；世界分区系统将世界划分为网格，为创建城市规模的项目奠定了基础。GIS 引擎推出插件增强以提高视觉效果、扩展数据格式、加强交互：许多 GIS 引擎推出了虚幻引擎插件，以 Cesium for Unreal 为例，这一插件置于虚幻引擎，可以把 Cesium 中 3D Tiles 格式的三维数据导入虚幻引擎进行可视化，导入的模型也可以与虚幻引擎中的其他物体交互。同时，Cesium 宣布对 3D Tiles 数据格式进行扩展，未来的 3D Tiles Next 标准会高度语义化，将允许模拟更智能地与其环境展开交互。

仿真为用：计算、数据挖掘辅助城市运行决策

仿真计算是指通过仿真分析和数值计算，模拟建模对象在真实世界中的物理特性。 该技术早期主要应用于特种领域和航空航天领域，目前已经在工业生产、模拟测试等领域广泛应用。目前行业中主流的工业级仿真求解器主要包括 Ansys、Simulia 等，游戏领域中游戏引擎内置的物理引擎、声音引擎均可归类为仿真引擎。数字孪生城市中的仿真模拟有其自身特点。

▶ 城市级尺度

城市数字孪生并不仅仅针对某个具体的物体或事件，而是需要在整个城市的尺度上，对城市中交通、公安、气象、人流等各个领域的数据进行综合分析，通过跨领域的因果交互分析对城市的发展趋势进行推演。

▶ 实时数据驱动

传统的仿真实时性有限，往往是基于历史数据或经验参数离线推演。这一模式没有预测能力，也缺乏对实际数据的验证，精确度难以保障。而目前随着物联感知、移动通信、人工智能等技术的发展，在数字孪生城市中，广泛的物联网传感器可以收集模型所需的实时数据，基于此对仿真结果进行动态优化。

▶ 云化

在数字孪生城市中，大尺度、多维度的数据模拟，以及实时分析优化，都需要更充足的算力支持，传统的本地化部署难以满足。此外，在实际操作中往往需要使用多种不同的仿真软件，导致标准不同、数据不通等问题出现，我们认为仿

真软件的云化或成为发展趋势。[①]

对数字孪生城市、数字孪生自然资源中汇集的数据进行挖掘，可以辅助城市运行和制定资源管理决策。目前，部分数字孪生城市更侧重对城市进行3D建模，在很多实际案例中并不利用实时数据进行预测。但如果不进行进一步的分析预测，数字孪生城市中接入的3D数据和实时数据将面临严重的浪费。根据阿里云研究中心的统计，一座城市全部的摄像头记录的视频数据量，相当于1 000亿张图片，一个人要看完大约需要100多年时间，海量视频数据都在"沉睡"，能被监管者查阅的不到10%。[②]正因为数据量巨大、类型复杂，数字孪生城市分析更需要应用人工智能领域的数据挖掘、深度学习、自我优化等技术。其中，计算机视觉、自然语言处理、生物特征识别等技术，可以将语音、文字、图片、视频等非结构化数据结构化，为后续分析进行准备。而知识图谱技术，可以提取数据与数据间的关联，以发现城市运行规律，使深层次推理成为可能。

数字孪生城市：城市管理、景观复现、数据分析

不同国家的数字孪生城市建设有各自的侧重点。虚拟新加坡与"智慧国家"的策略相结合，具备交通路线、城市规划、模拟分析等多种智慧管理应用；虚拟赫尔辛基对当地名胜景观实现了逼真的还原，在旅游和虚拟活动中大显身手；虚拟惠灵顿则注重交通、环境数据的汇总、统计和展示，以辅助公共决策。

虚拟新加坡：全球首个数字孪生城市，具备诸多智能分析应用

虚拟新加坡是世界首个城市数字孪生平台。该项目启动于2015年，由新加坡政府和达索等联合打造，于2018年面向公众开放。3年内，新加坡政府累计投入7 300万美元，积累了50 TB数据。2020年，在IMD（瑞士洛桑国际管理发展学院）推出的智慧城市指数中，新加坡在全球109座城市中排名第一，显示了其数字化投入的成果。

---

① 信通院，《数字孪生城市白皮书》，2021年。
② 阿里云研究中心，《城市大脑：探索"数字孪生城市"白皮书》，2019年。

精准 3D 建模，整合建筑物语义信息，承载多领域静态、动态数据。 虚拟新加坡平台对城市进行精确的 3D 建模，整合和显示建筑物的语义信息和地理定位信息，平台可以利用这些信息进行更高级的模拟与分析，例如，虚拟新加坡平台可以计算通信网络的覆盖区域，提供覆盖较差区域的真实可视化，并突出显示 3D 城市模型中可以改进的区域。此外，平台承载了人口、气候等各个领域的静态、动态和实时数据。[①] 丰富的数据使得虚拟新加坡成为城市应用程序的整体集成平台，例如，虚拟新加坡内新体育中心的 3D 模型可用于建模和模拟人群分散，以建立紧急情况下的疏散程序。

虚拟新加坡平台具有丰富的应用。 平台汇总了来自公共和私营机构的信息，通过适当的安全和隐私保护，政府、企业、居民和研究部门可以在平台上实现不同的功能。平台在城市环境模拟仿真、规划与管理决策等领域实现丰富功能：提供无人驾驶导航、行人路线规划等功能；可视化城市规划中的待改造项目，以分析对居民、环境的影响，可以根据建筑物高度、屋顶面积、日照量等数据，分析建筑物太阳能生产潜力，预测太阳能生产量及其节约的能源成本等。

虚拟赫尔辛基：侧重建筑物的逼真还原，主要应用于旅游和娱乐领域

虚拟赫尔辛基侧重实景还原，提供逼真的城市 VR 体验。 项目启动于 2015 年，于 2018 年发布，由芬兰开发商 Zoan 基于虚幻引擎和赫尔辛基市的开放数据构建而成。平台将 3D 扫描模型、建筑物照片、手工建模相结合，实现了对细节的精细还原。[②]

平台实现了初步的 VR 旅游与娱乐。 虽然世界各地的许多景点都允许游客通过 VR 头显和 360 度视频进行探索，但 Virtual Helsinki 的概念更为宽广。游客可以自由移动，参与音乐会、展览、会议等活动，在虚拟商铺购买产品并通过邮寄的方式送到家中，甚至可以参观 20 世纪初的赫尔辛基，重温历史事件。在新冠肺炎疫情阻碍线下集会的情况下，虚拟赫尔辛基平台展示了举办虚拟活动的可能

---

① NRF：Virtual Singapore，NRF 官方网站。
② Myhelsinki：Virtual Helsinki，赫尔辛基官方网站。

性。2020年4月，超过140万^①虚拟观众在该平台观看了芬兰乐队JVG的演唱会。

虚拟惠灵顿：注重数据统计与展示，帮助居民参与公共决策

新西兰首都惠灵顿的数字孪生则注重数据汇总、统计和展示，以辅助公共决策。这一项目由 Build Media 公司用虚幻引擎制作，平台上集成了来自政府和非政府组织的传感器、地理空间、建筑、基础设施、在线数据等不同数据，可以供政府和相关机构进行城市规划和数据统计使用，也可以供居民在线访问。

▶ **惠灵顿数字孪生中汇总了大量与交通相关的数据，供居民和政府部门查看**

其中既包括空中交通可视化，也包括各类地面交通的统计，甚至包括自行车传感器数据，比如一个时间段内的出行次数、行进方向、所在位置以及停车场可用性等。

▶ **数据汇总到数字孪生平台不仅保证了政府、机构、居民所获数据的一致性，还使得各方可以协作更新数据**

2021年，惠灵顿政府推出了改善城市安全的交互式地图，居民可在地图上标记他们在城市中经历或目睹伤害、感到不安全的区域，并在交互地图上添加注释。

▶ **数字孪生模型可以支持市民参与公共规划**

例如，惠灵顿提出利用数字孪生绘制气候变化对城市的影响，项目完成后居民可以在数字孪生地图中模拟海平面上升不同高度后街道的积水范围和积水深度、计算自己的财产损失，并了解堤坝、树林等治理措施的效果。

数字孪生资源管理：行业分布广泛，政策驱动发展

水利：数字孪生流域在政策推动下快速发展

数字孪生流域的建设，作为推进智慧水利建设的核心与关键，受到水利部的高度重视。水利部自2021年11月起密集推出数字孪生流域建设的相关政策，先

---

① 《卫报》，Helsinki's huge VR gig hints at the potential of virtual tourism。

后明确了数字孪生流域建设的目标、概念、技术标准，并制定了先行先试方案。数字孪生流域目前处在规划和建设的阶段，但在湖泊或城市这样较小的范围，已经有数字孪生在水利领域的应用实例。利用数字孪生技术构建水务系统一张图，可以实现自然水系和城市管网统一管理，并实现多源数据的直观可视化。

电力：数字孪生在发、输、变、配、用全流程发挥作用

数字孪生可以针对复杂的电网场景，通过创造虚拟空间来进行生产过程的模拟，进而识别和分析出如何更高效、更安全地完成工作，在发、输、变、配、用全流程都有很大的应用潜力。以南方电网为例，根据《数字电网实践白皮书》数据，南方电网目前已完成 110 kV 及以上主网的数字孪生，其中 76 万基杆塔、4 794 座变电站坐标准确率达 99%；此外还包括西电东送"八交十一直"直流线路约 1.5 万千米，佛山供电局、汕头供电局全局 35 kV 及以上架空输电线路约 7 000 千米，以及 19 座试点变电站的 3D 数字孪生。

环境：支持城市碳排放检测、环保设施运营

数字孪生同样可以应用于环境保护，帮助降低碳排放。利用数字孪生技术，可以对城市不同区域、不同行业的碳排放情况实现动态化评估和精细化管理。例如，腾讯为北京碳排放动态化评估和管理提供了完整的数字孪生解决方案。以交通为例，通过实现摄像头等传感器的数据处理，数字孪生技术可评估交通拥挤情况和碳排放情况，并在云端模拟不同的交通控制方案，提高交通运行效率，减少能源损耗，在低碳的同时带来更好的出行体验。其可以支持碳排放管理与核算，而且可以区分时空细节特征，辅助对各类措施的效果评估。

农业：发展尚处初期，通过对农场等非生命体的数字孪生提供作业建议

数字孪生技术在农业中的应用尚处初步探索阶段，应用范围广泛，但多数仍停留在概念和理论模型阶段。农业数字孪生的对象包括牲畜棚等非生命体，也包括耕地、动物等生命体。大多数农业数字孪生针对农田、农场、景观和建筑物，对植物、农产品和供应链的数字孪生则相对较少。农业数字孪生的实际部署案例往往是对果园或农场进行监控，并收集相关指标，结合算法为种植作业提供建

议。比如，意大利的 Agricolus 农业平台集成了地理信息、土壤水分、天气预报、作物作业等各类数据，并以此提供种植建议，还能提供农场内部的任务协作功能。这一平台最初应用于橄榄树种植，目前已经在橄榄树栽培地区广泛使用，并拓展到其他作物品种。

AI+ 数字孪生应用：应用灿若繁星

数字孪生是数字化的高阶阶段，人工智能是数字孪生生态的底层关键技术。我们认为，随着人工智能、大数据、物联网等技术加速赋能传统建模仿真技术，在可以想象的未来，数字孪生将在虚拟世界创建与真实物理世界实时联动的资源优化配置体系，在制造、建筑、医疗、城市管理等各个领域发挥重要作用。人工智能是发展数字孪生的底层关键技术之一，主要贡献在于海量数据的处理以及系统的自我迭代优化两个方面，保证整个数字孪生系统有序运行。

在数字孪生的过程中，3D 建模与动作捕捉技术分别从宏观和微观两个角度建立连接物理世界与数字世界的基础。宏观层面，建模能将物理世界环境、系统等的形状、位置、接口、数据、状态等搭建为可以运行的模型，动捕则能在微观层面将人类或动物的实际运动转化为计算机可识别分析的数据形式，并进一步体现在虚拟世界中。动捕和建模分别将真实世界中的微观与宏观投射到虚拟世界当中，是基于现实世界构建元宇宙的技术基础。

三维重建：头部软件厂商布局，国内外落地初期，聚焦建筑和医疗

AI 解决稳定性与实时性问题，龙头纷纷布局

AI 有望解决三维重建应用过程中的稳定性和实时性问题。实际进行三维重建的相关应用，如在 SLAM（即时定位与地图构建）实时定位、AR 导航的过程中，常常面临两大问题，一是稳定性，二是实时性。SLAM 实时定位能够在纹理信息丰富的区域稳定工作，但是部分区域没有足够的纹理信息，或者存在相似的重复纹理，光线等外界条件也会干扰采集到的纹理信息，从而干扰系统的稳定性。此外，在低功耗的移动设备上实时计算、匹配城市级场景等大规模数据的难度也很大。

AI 结合 5G、边缘计算等技术有望解决 SLAM 实时定位的精度和稳定性问题。以商汤科技研发的 SenseSLAM 为例，它在计算方式上结合云、边、端，通过各类传感器（摄像机、GPS 数据、惯性测量单元等）融合的数据预先完成场景的三维重建，结合云、边、算力进行光照估计、真实感渲染、遮挡处理等，进行大尺度虚实融合处理，最后将处理好的高精度地图储存在云端。在实际使用时，再向终端传输高精度地图数据以优化终端的 SLAM 结果，从而实现低功耗设备在大空间内的高精度定位。

商汤科技自主研发的 SenseMARS 火星混合现实平台，能基于低成本的 AI 视觉，实现室内外精准定位和 AR 导航。 商汤科技的 SenseMARS 能够实现室内、室外等多种场景的 AR 特效、导航、导览等功能，支持高精度的数字化地图三维重建，可以在安卓、iOS、Web、小程序等多种系统和手机、平板电脑、XR 设备等多种设备上实现三维空间定位。SenseMARS 由商汤视觉实验室和浙江大学联合研发，其地图数据来源于各类传感器，可以基于单节点服务器，在 1 小时内采集约 2 万平方米的场景数据，并实现厘米级精度的三维重建，同时正确处理遮挡、碰撞等人机交互场景。

腾讯 WeMap 三维重建引擎融合各类信息，结合 AI 对位置、轨迹、交通、地块等数据进行智能分析，并生成高精度的三维地图，广泛应用于城市、交通、商业、环境等业务场景。 过去，三维数据采集和处理常常遇到分块接边处理困难、重建速度慢、各类数据融合过程繁杂等问题。腾讯 WeMap 能够高效重建大规模数据，通过智能纹理算法避免光照带来的阴影混乱，使得三维地图的色彩过渡更加均匀。结合腾讯过去在地图领域的案例积累，WeMap 能够构建实时的三维地图数据，并在此基础上提供各类应用和服务。腾讯 WeMap 由五大产品构成，包括数据工厂、数据管理平台、智能分析平台、可视化平台、产业地图服务平台，其中数据工厂和数据管理平台是底座，三大服务平台为客户提供各种应用服务，包括空间分析、时间模拟、融合位置服务、路况调度等。

三维重建市场广阔，海外大型软件公司纷纷切入

三维重建行业暂时未进入技术突破带来的需求爆发阶段，市场规模较小、增速较慢。知名咨询机构 Market Research Future（MRFR）估算，2022 年全球

三维重建行业市场规模约为 8.4 亿美元，预计 2021—2028 年年均复合增长率为 14.1%，预计 2028 年将达到 18.6 亿美元，市场增长的主要驱动力源于建筑、医疗保健行业对三维重建技术的需求增加，此外，三维重建技术也被应用于汽车、国防、工业、娱乐等领域。三维重建技术的主导区域为北美洲和欧洲，但中国也出现了四维时代、众趣科技、如视、旭东数字、EDDA 健康科技等头部企业。

海外数字原生领域龙头企业逐渐切入三维重建行业。Autodesk：创立于 1982 年的 Autodesk 从 CAD 软件起家，产品主要下游应用领域包括建筑、制造、媒体、教育和娱乐行业，此后切入三维重建领域；Bentley：拥有 4 500 余名员工，为 186 个国家和地区提供服务，年收入逾 10 亿美元，Bentley 旗下的 ContextCapture 软件将三维重建技术应用于设计、施工领域，主要通过 ContextCapture、ContextCapture 中心、ContextCapture 云服务 3 种销售方式进行销售，采用点云的形式进行三维重建，直接基于图像生成 3D 模型，提升设计、施工、运营等领域的模型效果。

由于局限于工业级的应用，也没有类似 AI、区块链领域高速增长的市场需求，三维重建的一级企业的融资呈现轮次多、金额小的特点，但这也倒逼了公司的商业化能力。以 Matterport 为例，其从 2011 年创立之初到 2022 年 8 月共经历了 13 轮融资，共从一级市场融资 4.09 亿美元，根据其公布的 2021 年财报，公司 2021 财年实现了年化经常性收入（ARR）6 610 万美元，总客户约达 50 万个，同比 2020 年增长 98%，公司预计 2022 年年化经常性收入有望达到 8 100 万美元，总收入约达 1.3 亿美元。而根据 Crunchbase 的信息，脱胎于瑞士洛桑联邦理工学院的 PIX4D 公司只进行过 5 轮融资，融资总金额仅为 260 万美元。PIX4D 在 2011 年成立后长期专注于三维重建，产品被广泛应用于测绘、农业、建筑、教育、电信等领域。

国内三维重建企业处于发展初期，主要从建筑和医疗领域切入

与海外类似，国内三维重建领域的初创企业也存在融资较为温和、变现能力较强的特点。国内三维重建企业主要从建筑、医疗两大领域切入进行商业化，由于建筑行业客户规模大、付费能力强，众趣科技、亦我信息等企业也分别获得了广联达、我爱我家等房地产建筑领域的产业投资加持。与海外公司类似，由于市场规模相对小、需求增速较为平缓，大多三维重建企业融资频率和融资金额相对

商汤科技这类人工智能企业较低，如四维时代、亦我信息、非白三维等企业的融资金额都不超过 1 亿元人民币，但也倒逼了三维重建初创企业的商业化能力。

动作捕捉：AI 提升精度与质量，动捕落地方兴未艾

消费级产品：光学式动捕产品尚不成熟

目前市场上暂时没有出现门槛低、效果理想的消费级动捕产品。以在消费级动捕产品领域较为成功的微软为例，微软 2010 年发布消费级动捕产品 Kinect V1，与 Xbox 360 捆绑销售，早期的 Kinect V1 产品由于动捕技术不完善、内容生态不丰富而退出市场。此后，微软在 2019 年重新发布 Azure Kinect DK 工具包，其集合了多款 AI 传感器，覆盖深度、视觉、声音和方向四大类别，包括 100 万像素 TOF 深度摄像头、1 200 万像素高清摄像头、7 个麦克风圆形阵列和方向传感器，但其主要为开发人员提供服务。目前市场暂未出现成熟的消费级动捕产品，但是在入门场景如个人虚拟主播，开始出现便宜好用的消费级动捕产品。

工业级产品：积极探索基于人工智能的光学式动捕产品

英特尔 3DAT 系统在 2022 年北京冬奥会中大放异彩。以冬奥会速度滑冰的大场地为例，3DAT 系统采集该场地范围内运动员的动作仅需要 3 个普通摄像头，即使是普通手机摄像头拍摄的训练视频也足以支持完成 3DAT 系统捕捉运动员的运动数据，且运动员无须佩戴任何传感器设备即可被捕捉到高度运动时的所有动作。

3DAT 技术能迅速生成被采集者生物力学数据参数集，实时展现动捕效果，便于教练进行运动员评估、指导调整。依靠英特尔基于卷积神经网络的深度学习算法支持，使用通用的推理 API，3DAT 能从拍摄的训练视频中精确地提取人体关键骨骼点信息特征，实时三维重建运动轨迹、姿态，最终输出坐标点或者特征图，为每位运动员建立独立的数据库，从而为教练员评估运动员并制订、调整训练计划提供科学参考，上述过程合计耗时仅十几分钟，大大提高了教练员的指导效率。

3DAT 系统未来有望逐渐渗透其他动作捕捉领域及非专业领域。3DAT 不仅

可以用于速度滑冰场景，还包括花样滑冰、越野滑雪及其他场景的运动捕捉，只要拥有训练好的模型，就能通过 OpenVINO 进行部署。根据英特尔的相关专家介绍，每个场景只要采集 5 万张图像，就能完成对某一场景动捕 AI 模型的训练和适配，而且算法还能基于具体需求做出调整。从更长期的视角看，我们认为类似 3DAT 系统这样的基于深度学习的无标记光学动捕系统将被逐渐应用在相关场景，包括游戏、VR/AR 等领域。而一旦这样的消费类场景出现方便、好用的动捕技术，将会催化该场景下内容生态的完善，从而带动对应场景 AR 内容的全面繁荣。

人工智能将引领光学式动捕技术持续进化

以深度学习为代表的 AI 技术在降低动作捕捉门槛的同时，也在提高了动作捕捉的质量。 通过研究动作捕捉相关算法，我们发现深度学习不仅降低了动作捕捉的门槛，也逐渐提高了动作捕捉技术的捕捉效果。以机器学习算法 PhysCap 为例，其由马克斯·普朗克研究所和 Facebook 现实实验室在 2020 年联合开发，可以基于每秒 25 帧的普通单反相机进行人体动作捕捉，并且实现物理上合理、实时和无标记的捕捉。

以强化学习为代表的 AI 技术可通过设定目标让机器求解，使其在这一过程中自主生成和调整动作。 采用动捕技术生成的动作虽然真实，但几乎完全固定，面对陌生任务或环境时难以自主调整。对此，深度思考公司在 2017 年采用强化学习思路进行机器人的动作生成，过程中并未明确为机器人设定行动，而是对机器人下达目标指令，机器人在多次训练后即可通过强化学习的反馈机制自主生成行走、跑步、跳跃等动作。腾讯四足机器人 Robotics X Max 亦采用类似的思路进行动作训练，让机器人利用强化学习算法学习动捕数据，根据外界变化自主生成动作及行为，从而使机器人在面对陌生障碍物时，也能灵活调整路线来完成既定目标。

随着对以深度学习为代表的 AI 算法的进一步探索，动作捕捉算法有望持续进化。 我们认为，近年来以深度学习为基础的动作捕捉算法相比以前已经有了长足的进步：一方面，门槛大幅降低，包括对摄影设备的要求、环境和算力的要求持续降低；另一方面，捕捉精度和画面质量也逐渐提高。近年来，大模型等技术被应用于图像领域，我们预计未来也将引领动作捕捉算法持续积累技术进步，继续朝着将动作捕捉大规模运用的方向努力。

国内布局厂商百家争鸣，AI 赋能下的应用进入第一梯队

海外动作捕捉技术探索历史较长，微软和英特尔等巨头方案完善，Leap Motion、Xsens 等后起新秀也奋起直追。以微软为主的巨头开启了对动作捕捉最早的探索，尽管受限于时代原因而存在一些不足，但其研发的产品 Kinect 是消费级动作捕捉和体感交互的鼻祖。英特尔则在 2014 年就推出了体感交互 RealSense 技术方案，通过深度摄像头实现空间定位和手势交互。此外，Leap Motion 等后起之秀也不可忽视。如 Leap Motion 专注于手指动作捕捉，其能在 150° 的视场范围内追踪手指，追踪精度达 0.01 毫米，远超普通的 3D 运动扫描技术。

目前已有大量中国企业进入动作捕捉领域进行积极探索，并得到广泛关注。海外专业媒体 BestStartup.Asia 在 2021 年进行相关调研，从中国大量的动作捕捉公司中评选出了"10 家中国顶级动作捕捉公司和初创公司"，公司覆盖各种规模，包括初创公司和成熟品牌。结合 BestStartup.Asia 的调研，国内动作捕捉领域较为领先的企业包括诺亦腾、相芯科技、中科深智、魔珐科技、轻威科技、幻境科技、云舶科技、度量科技、国承万通、瑞立视科技、青瞳视觉等。

数字孪生未来畅想

迈向更高阶的自动化、高精度、低功耗

计算机视觉自 20 世纪 60 年代起源后，每一次性能的提高都伴随自动化水平的提高。首先，深度学习出现前，传统计算机视觉依赖人工识别图像特征，需要工程师手写代码来提取图像特征。其次，深度学习的出现帮助人类解决了复杂特征刻画的流程，人类可以使用标注数据训练卷积神经网络，让机器帮助人类提取图像的特征，使得计算机视觉的精度取得了一次飞跃。但模型精度严重受到标注数据精度和数据量的制约，标注数据的生产在很多场景下无法实现，在能实现

的场景下也会耗费大量人力，这也是当前计算机视觉难以大规模落地的原因。最后，通过使用 Transformer、DERT 等架构，进行无监督的预训练，使得模型具备较为通用的智能，可以大大减少对标注数据的需求，解决人工标注数据难以获取以及成本高的问题。

GPT 系列模型以无须人工标记、无监督学习的方式学习视觉"智能"。Image GPT 通过采用密集的连接模式，可以在不对二维空间结构进行编码的情况下，实现性能超过采用传统编码。在主流的数据集上，Image GPT 在许多指标上超过前人的算法，或仅仅是稍逊一筹。Image GPT 分为预训练和微调两个部分，即使不知道图像的二维结构也可以通过自回归自动预测图像像素。

我们认为，下一步可能是自行生成仿真数据，解决长尾场景数据量少的问题。在当前预训练大模型的路线下，由于部分极端场景数据量少，难以有针对性地提高这类场景下的模型效果，同时视频数据相对于文本数据存在高质量数据量较少的问题，大模型最终效果受当前数据量的制约。因此我们认为一种可能的方案是通过计算机自行生成仿真数据，使得模型不断自我训练提升效果。

以特斯拉为例，特斯拉自动驾驶通过模拟迭代生成各类极端场景的数据。当前自动驾驶技术落地关键在于解决各类长尾场景，但是各类长尾场景的数据又难以获得，特斯拉自动驾驶团队一方面通过影子模式从终端收集数据，另一方面通过计算机生成仿真数据，包括难以溯源的数据、难以标记的数据、闭塞道路的数据等解决现实世界中案例较少的情况，进一步提高自动驾驶系统应对复杂情况的能力。

AI 助力合成图像数据的技术趋于成熟，仿真效果突出。过去，在软件项目托管平台 Github 上有很多合成视频数据的项目尝试，方法包括从统计原理到基于生成式对抗网络（GAN）的原理，但大都存在效果不够逼真、对使用者编程能力要求较高等问题，但近年来计算机生成图像正在变得越来越逼真。如 2021 年中科院自动化研究所发布的大规模计算机仿真图像数据集 NLPR–LSCGB，包括超过 7 万张生成图像，且效果逼真，在颜色、亮度、饱和度等指标上与真实图像接近。

元宇宙为数字孪生的发展提供前沿指引

元宇宙强调真实效果，对建模、渲染能力提出更高要求。数字建模引擎是支撑元宇宙实现的重要底层基础设施，但是目前3D建模引擎的发展程度距离真正理想中的实时高质量建模仿真、即时交互的元宇宙的要求还存在差距，底层建模技术仍将被驱动着不断进步。

元宇宙强调交互性，对虚实交互提出更高要求。目前数字孪生体已经能够实现部分基础的交互功能，比如，虚拟新加坡平台可以模拟城市规划建设的新设施，并分析其对于附近交通以及其他设施的影响，规划出更好的配套设施，也可以将城市建设方案与居民分享，便于方案推行并征集居民意见。我们认为元宇宙的发展将对虚实交互技术及其支持场景提出更高要求。

元宇宙强调丰富性，让数字孪生的对象逐渐复杂，维度逐渐增加。从对象上，数字孪生从最早针对航空、工业设计到现在针对数字工厂、区域交通、自然资源的模拟，对象逐渐复杂化。从维度上，以虚拟赫尔辛基为例，该数字孪生系统最早仅是对当地景点的1∶1复现，后续则推出了同一景点在不同历史阶段的模拟，实现了多个时间维度的数字孪生。在概念引领、各方共建的情景下，我们预计将涌现出更多具有数字资产生产力的公司。

元宇宙的蓬勃发展将对底层技术能力提出更高的要求，同步创造出更多应用场景和使用维度。数字孪生有望受到元宇宙的驱动，在模型精度、场景范围和应用深度上得到长足的发展（见图10-2）。我们认为，未来数字孪生城市建设的关

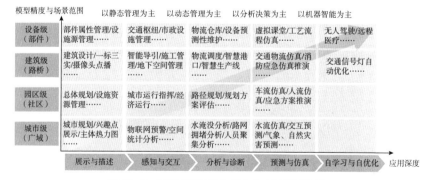

图10-2　不同模型精度和深度中应用场景举例

资料来源：信通院，中金公司研究部。

键包括：在数据融合阶段，对空间数据进行单体化、语义化处理，并建立数据融合的统一标准；在建模渲染阶段，实现地理信息分析和视觉效果的平衡；在应用阶段，提高应用的精度和深度，实现对具体设备、丰富场景的仿真分析、反向控制。

第十一章

数字原生：
人声鼎沸、幻化万千

AIGC：标杆模型及开源生态开启"工业化内容生产"时代

应用落地：AIGC 起于文本生成，AI 作画等跨模态应用是未来趋势

在深度学习模型支撑下，早期 AIGC 在文本生成领域开启的内容创作落地，逐渐向音频生成、图像生成等领域推广。深度学习带来 AI 在学术和应用落地领域的分水岭，大模型进一步将应用接近认知智能。2014 年起，AIGC 在文本理解、结构化协作领域小范围应用，按照特定模式提取情感语义，或按照框定模板生成结构化内容。在 2018 年 NLP 领域出现 BERT、GPT 系列大模型后，非结构化协作等高自由度创作具备落地空间。此外，AIGC 在音频—音频生成、图像—图像生成和视频—视频生成创作等领域跨越落地门槛，在单模态发展中呈现多点开花局面（见表 11-1）。

2022 年，随着 CLIP、Diffusion 大模型的诞生、迭代，进一步推动 DALL·E 2、Stable Diffusion 模型落地，文本生成图像等跨模态生成成为 AIGC 落地主线。在具备大模型基础、开源数据库中的海量图文对应数据、头部厂商的算力支撑以及门槛降低三要素条件后，DALL·E 2 于 2022 年将 AI 作画（文本跨模态生成图像）推向落地，Stable Diffusion 模型的开源标志着 AIGC 在 AI 作画领域跨模态应用的门槛大幅降低，开启了全民创作的工业化生产时代。此外，文本生成视

频等也在应用领域逐步推进，Meta 推出的 Make-A-Video 视频生成工具，可根据创作者的文本输入生成数秒的短视频，开启了 AIGC 早期多点开花的新范式。

表 11-1　AIGC 应用全景一览表

分类	具体分支	应用领域	代表公司案例
文本生成	文本理解	话题解析、文本情感分析	科大讯飞、阿里巴巴和微软亚洲研究院在文本理解挑战赛中的完全匹配得分均超过人类得分
	结构化写作	新闻撰写	Automated Insights 开发的 Wordsmith 可以生成评论文章
	非结构化写作	营销文案、剧情续写	Jasper 平台为社交媒体、广告营销、博客等产出标题、文案、脚本、文章等
	交互性文本	客服、游戏	OpenAI 与 Latitude 推出的游戏 AI Dungeon，可根据输入的动作或对话生成个性化内容
音频生成	语音克隆	地图导航	百度地图可根据输入的音频，生成专属导航语音
	语音机器人	客服、销售、培训	思必驰拥有外呼机器人、呼入机器人、陪练机器人等产品
	音乐生成	播客、电影、游戏	OpenAI 的 MuseNet 可利用 10 种乐器共同生成 4 分钟时长的音乐作品
图像生成	图像编辑与融合	设计、电影	谷歌的 Deep Dream Generator 可上传图像并选择风格，生成新图像
	基于 2D 图像生成 3D 模型	游戏、教育、产品测试	英伟达的 GANverse3D 可利用汽车照片生成 3D 模型，并在英伟达 Omniverse 中行驶
视频生成	画质增强修复	视频插帧、视频细节增强、老旧影像的修复与上色	当虹科技的画质增强修复技术帮助视频画质提升
	切换视频风格	电影风格转换、医学影像成像效果增强	腾讯天衍工作室在结直肠内镜项目中切换视频风格，优化医学影像视觉效果
	动态面部编辑	AI 换脸	Akool 的 Faceswap 平台拍摄样本视频便可编辑、替换模特面部
	视频内容创作	制作电影预告片、赛事精彩回顾	IBM 的 Watson 制作了 20 世纪福克斯的科幻电影《摩根》的预告片
跨模态生成	文本生成图像	传媒、娱乐	OpenAI 的 DALL·E 2 可通过输入文字生成高仿真图像
	文本生成视频	电影、短视频创作	Meta 的 Make-A-Video 输入文本可生成数秒的视频
	图像/视频生成文本	搜索引擎、问答系统	谷歌的 MUM 模型支持多模态复杂信息搜索

资料来源：量子位智库，中国信通院，中金公司研究部。

元宇宙数字世界：技术迭代、应用生态与全球产业趋势

文本生成：AIGC 的早期应用，从结构化向非结构化、交互性文本演进

文本生成的多场景应用助力提高生产效率与价值。 文本生成不仅能够应用于结构化写作等有较强规律性的文本，将劳动力从重复性工作中解放出来，而且能够运用到非结构化写作中，提供具有创意与个性价值的内容。交互性文本的出现，进一步体现了经济价值与人文价值的结合。

▶ 文本理解

文本生成的基础是文本理解，AI 的阅读理解能力较为成熟。在 2018 年斯坦福大学发起的 SQuAD（文本理解挑战赛）中，科大讯飞、阿里巴巴和微软亚洲研究院在阅读理解的完全匹配中得分均超过人类得分。在难度较高的情感分析方面，百度的 AI 开放平台可实现话题监控、口碑分析等应用，并推出了情感分类的开源项目 Senta，其中对于情感的理解在 NLP 自然语言理解层次上更进一步。

▶ 结构化写作

在文本生成领域，结构化写作应用较普遍。结构化写作一般具有标准框架，文本结构清晰，包括新闻撰写等场景。早在 2014 年，美国联合通讯社就与 Automated Insights 开发的 Wordsmith 平台合作[1]，例如商业记者在将公司的财务数据输入平台后，可生成关于利润变化的评论文章。

▶ 非结构化写作

应用场景聚焦营销文案，为未来重要发展方向。2021 年成立的 Jasper 平台以非结构化写作起家，涵盖社交媒体、广告营销、博客文章等方面，具体产出包括标题、广告文案、视频脚本、文章等。Jasper 创始人此前有市场营销和 SaaS 方面的创业经验，Meta 的广告就用了 Jasper 的应用。2022 年 10 月中旬，Jasper 在 A 轮融资筹集了 1.25 亿美元，估值达到 15 亿美元。[2] 据微软全球资深副总裁王永东介绍，在金融领域，小冰公司已经能够完成全部 26 类非标准化上市公司的公告摘要。[3] 据彩云科技官网介绍，在剧情续写方面，彩云科技旗下的彩云小

---

① 资料来源：人民网。

② 资料来源：Jasper 官网。

③ 资料来源：微软官网。

梦可完成多种文风的续写，2022 年彩云小梦入驻喜马拉雅平台，其续写的故事在喜马拉雅平台发布。

▶ 交互性文本：在客户服务和游戏场景方面快速发展

聊天型机器人在零售、医疗、教育、保险、旅游等行业均可提供服务，降低公司的人力成本。聆心智能将 AI 与心理诊疗相结合，参与筛查评估、干预康复、长期健康管理等环节。在游戏方面，OpenAI 与创业公司 Latitude 合作推出的 AI Dungeon，可根据玩家输入的角色动作或对话，生成个性化的下一阶段内容。

音频生成：语音克隆与机器人相对成熟，探索创造性音乐生成

音频生成在日常生活中的渗透率已经处于较高水平，例如餐饮、导航、客服、游戏等多场景，创造性音乐生成进入探索期。语音和音乐是音频生成的两大重点方向，其中利用语音机器人能够帮助企业减少人力成本、提高效率，音乐生成则对影视、游戏等各种媒体形式的配乐具有重要意义。

▶ 语音克隆

语音克隆利用个体的语音记录，能够合成与原语音较为相似的语音。例如，百度地图可以在多段语音输入的基础上生成专属导航语音，开源项目 MockingBird 可以利用 3~15 秒的语音完成克隆。但同时，语音克隆已出现大量诈骗案例，引发了人们对安全问题的担忧。

▶ 语音机器人

语音机器人一般具备自动接打电话、理解语音内容、完成交互的功能。思必驰拥有外呼机器人、呼入机器人、陪练机器人等多种产品，适应客服、销售、培训等场景。科大讯飞的智能电话机器人已应用于餐饮、快递、保险的客服业务，可降低超过 80% 的人力成本。

▶ 音乐生成

音乐生成是指基于预先录制的片段创建曲目，并转换为真实的音频，且可以通过调整节奏、乐器等进行修改，目前创造性音乐生成处于发展早期。Amper music 可以基于预先录制的片段创建音乐，使用门槛较低，用户不需要具备音乐理论，产出的作品可应用于播客、电影和游戏等场景。OpenAI 发布的 MuseNet 可以利用 10 种乐器共同生成长达 4 分钟的音乐作品，并能融合不同风格的乐曲，例如，将肖邦

的夜曲与流行风格相结合。2022 年，小冰的"虚拟人"夏语冰在央视演唱《路过人间》，声音及形象均为 AIGC 技术支撑，央视主持人评价其歌声"沁人心脾"。

图像生成：图像的灵活编辑与融合

图像的灵活编辑与融合是图像之间生成、转换的潜力所在。图像生成泛指由图像生成具有创意性的新图像，虽然目前图像生成在商业化道路上多有阻碍，难以成为终版产品，但其辅助创作能力将成为用户内容创作的重要帮手。

▶ **图像编辑与融合：AI 可以对图像进行灵活编辑与融合，目前成品细节仍有较大提升空间**

图像编辑是指对一张图像进行调整，图像融合指的是多张图像的结合。捏脸服务软件 Artbreeder 基于原有图像，通过参数调整，可以改变人像的年龄、性别等内容，并且可以将多张图片融合生成新图像；NovelAI 根据涂鸦草图或上传图片，可自动生成二次元风格的图片；在谷歌的 Deep Dream Generator 中，用户可以上传一张或多张图像并选择风格，生成艺术作品；RunwayML 可以通过输入文本调整已有图像。影响图像生成商业化进程的主要是 AI 细节处理的问题，包括比例失调等。

▶ **基于 2D 图像生成 3D 模型**

2021 年，英伟达基于 GAN 模型的 GANverse3D 可以将平面图像放大成 3D 模型，并在虚拟环境中实现可视化和控制。例如，利用汽车照片可以生成 3D 模型，并在英伟达 Omniverse 中行驶。NeRF 技术利用同一场景的多个视图可以生成 3D 模型，2022 年，谷歌提出升级版的 LOLNeRF，仅需输入单一视角的 2D 图像即可生成 3D 模型。国内也具备 3D AIGC 的前沿探索，小小牛公司的 Wonder Painter 基于用户的绘制或照片，可生成 3D 图像，目前已初步应用于游戏、教育领域。

视频生成：AIGC 助力视频内容创作及品质升级

视频生成是图像生成的延伸，B 端商业化方兴未艾。依托视觉分析、动作分析等视频元素分析，以及物体跟踪等技术，AIGC 能够实现视频的属性变化、可编辑与内容创作。在应用层面，目前视频生成主要在 B 端商业化发力，C 端用户多为体验与测试。

▶ 画质增强修复

国内厂商当虹科技在画质增强类产品生产方面已较为成熟，其中包括视频插帧、视频细节增强、提升视频画质、老旧影像的修复与上色。

▶ 切换视频风格

主要用于电影风格转换、医学影像成像效果增强。以腾讯天衍实验室在2020年发布的视频风格转换为例，一般结直肠内镜项目能够通过内镜观察息肉，但颜色的不同会带来域偏移问题，导致输出效果较差。天衍实验室提出新型无监督域自适应，能够在切换视频风格的同时不改变图像内容本身，缓和偏移导致的性能下降，优化医学影像视觉效果。

▶ 动态面部编辑

以 Akool 公司旗下的 Faceswap 平台为例，只需要拍摄样本视频便可编辑、替换模特面部，大幅节约拍摄时间与费用。

▶ 视频内容创作

例如，制作电影预告片、赛事精彩回顾。2016 年，IBM 的 AI 系统 Watson 学习了 100 部恐怖电影预告片，进行文字、画面、声音等信息分析，标记对应氛围与情感。在完成学习后，Watson 制作了 20 世纪福克斯的科幻电影《摩根》的预告片，实现了视频的内容创作。

跨模态生成：AIGC 颠覆传统内容生产模式的关键发力点，打开文本、图像、视频的跨模态想象空间

2022 年 AIGC 最为广泛的应用为文本生成图像，其背后的跨模态生成或将成为 AIGC 的中长期发力点。跨模态生成是指在不改变语义的条件下，数据以不同的形式相互转换，包含文本、图像、视频等模态。近年来，随着 GAN、CLIP、Diffusion 等模型的迭代，文本和图像之间的转换壁垒正逐渐被打破；Meta 和谷歌分别发布 Make-A-Video 和 Imagen Video、Phenaki 项目，进一步打通了文本到视频的想象空间，基于文本的创作拥有了全新的突破口。

▶ 文本生成图像：该领域在跨模态生成中属于相对成熟的应用

2021 年 1 月，OpenAI 发布 DALL·E，并于 2022 年 4 月发布升级版 DALL·E 2，掀起 AI 作画在国内外的关注潮；紧随其后，Stability AI 于 2022 年 8 月发布了

Stable Diffusion 框架，并建立了开源生态，成为 AI 作画的又一催化剂。

DALL·E 2：DALL·E 由 OpenAI 推出，并于 2021 年通过 Azure OpenAI 服务开始将其技术商业化，2022 年发布升级版 DALL·E 2。DALL·E 2 目前采取付费购买次数的商业模式，加入 Open Beta 项目后，用户首月可获得 50 个免费点数，每一个点数对应一次绘图，之后每个月免费补充 15 个点数，目前的价格是 15 美元 115 个点数。相较 DALL·E，DALL·E 2 除了能够生成更真实、更准确的图像，还能够更完整地表达场景，并通过自然语言描述对现有图像进行增删元素等编辑；而相较该领域内的其他模型，DALL·E 2 的可控性较高，空间结构关系处理优异，高写实的图像仿真度较强。DALL·E 2 的技术成熟和率先落地将 AI 作画从想象照进现实，成为 AIGC 在 2022 年热度提升的重要推动力。

Stable Diffusion：Stability AI 成立于 2020 年，2022 年 10 月凭借推出并开源 Stable Diffusion 的热度融资 1.01 亿美元，投后估值超 10 亿美元，在种子轮融资阶段即晋升为独角兽。Stable Diffusion 不仅使用户仅在消费级显卡上就能够快速生成高分辨率、高清晰度的图像，而且所建立的开源生态，大大降低了用户的使用门槛。

文心·一格：百度依托飞桨、文心大模型推出的首款 AI 作画产品，支持文本生成国风、油画、水彩、水粉、动漫、写实等十余种不同风格的图像，在为专业内容创作者提供创作平台的同时，也为入门级用户、大众用户实现想象力落地提供可能。

Tiamat：成立于 2021 年的 Tiamat 由上海科技大学技术团队孵化，目前应用内嵌在飞书中，2022 年 10 月获 DCM 数百万美元的天使轮投资。[①] 基于中文架构的 Tiamat 支持复杂描述（例如中国古诗词等）和移动端使用，提供更贴合中文使用者习惯、理解中文古诗词的方法，树立差异化壁垒。

▶ 文本生成视频：AIGC 的热度延伸到文本生成视频领域，受限于技术成熟度，处在较为早期阶段，距离真正落地使用尚有距离

2022 年 9 月，Meta 发布了用文本生成视频的 Make-A-Video，其能够基于

---

① 资料来源：Crunchbase 官网。

几个词或句生成数秒的短视频。Make-A-Video 是 2022 年 7 月 Meta 发布的文本生成图像模型 Make-A-Scene 的进一步升级，通过向 Make-A-Video 输入文本即可生成数秒的视频，支持不同的视频风格。除了通过文本生成视频，Make-A-Video 还能够通过输入单个或两个图像来创建运动，即图像生成视频。但目前 Make-A-Video 仍有较大的发展空间，生成的视频有明显的缺点，例如物体的模糊与扭曲，也不能生成更多的场景来详细、连贯地讲述故事。仅一周后，谷歌发布 Imagen Video、Phenaki，分别定位于生成高画质、长时段视频；2022 年 11 月，谷歌首次发布将二者相结合的视频，兼顾了品质与时长。

▶ 图像 / 视频生成文本

2021 年，谷歌发布 MUM 模型（多任务统一模型），用以支持多模态复杂信息搜索，得出相关搜索结果。目前 MUM 模型可理解文本与图像信息，未来将拓展至视频与音频形式。2020 年，AIGC 商汤智影视频创作引擎推出的"视频元素分析"服务，能够提取并分析视频中的多种元素，例如人物、场景、道具、台词等信息，自动生成分镜头脚本，准确率达 98%，并提取视频关键元素，有效减少脚本撰写时间，助力广告商节约内容制作成本。

发展节奏：AIGC 带来内容创作模式变革，落地尚在早期且仍存在不足

2022 年是 AIGC 从学术界走向应用的元年，未来空间广阔。应用场景视角下，AIGC 在技术、商业模式、差异化、伦理等领域均遇发展瓶颈，国内发展节奏落后于海外。

▶ AIGC 技术遇瓶颈，目前仍为生产工具属性

AIGC 是新技术范式，基于大规模预训练自监督模型，无须标注数据，基于海量数据、持续优化的底层算力可实现更大范围的想象力变现。尹学渊提出，AIGC 在特定领域已经能够发挥较大商业价值，但离工业化生产尚存在较大差距，目前仍作为生产工具，需要融合到场景中。[①]

---

① 资料来源：每日经济新闻。

▶ 商业模式处在探索期，C 端商业落地先行

除企业知识库类 AI 应用产品外，国内目前 B 端 AI 应用的落地方式更多为大模型赋能原有应用。B 端企业客户对于新兴技术的接受和应用趋势相对 C 端客户更为保守，B 端重型应用的更新迭代速度较慢，且客户具有更强的黏性，因此创业公司重塑、颠覆原有头部厂商占有的市场格局的难度要比 C 端更大。目前，海外如 ERP 领域的 SAP、Microsoft、Oracle，CRM 领域的 Salesforce 等厂商已经将 AI 能力融入了现有的产品体系。

▶ 开源生态下技术难言壁垒，差异化有待形成

AIGC 背后的大规模预训练模型需要大体量资本支持，早期训练由微软（注资 OpenAI）、百度等国内外巨头支撑，随着 GPT、Diffusion 等模型开源，诸多创业公司基于开源生态进行模型二次开发和改进，AIGC 在垂直领域的差异化有望逐步形成，未来在算法、素材等层面的差异化有望建立深层次壁垒，例如 Tiamat 在描线端予以优化，夯实了中国风图像生成的优势地位；通过向文心·一格输入如"pixiv"等关键词能够将画风引导至二次元风格。此外，在开源背景下，垂直领域的早期用户反馈积累有望带来先发优势，但未拉开代差，以 Midjourney 为例，截至 2022 年 10 月，已有 400 余万次用户对图片的标记进行反馈，在开源背景下，对标完全开源版本的性能优势在 1–1.2x，尚未实现代差优势。

▶ 知识产权及伦理问题尚未解决

在国内外的制度体系下，AIGC 难以称为作者，虽然在深度学习模型的支持下，AIGC 作品具有随机性、算法特异性，但生成的图片和视频属于平台、开源生态或是创作者，相关版权问题尚无定论，开源数据库中的公开图文资源，也让众多版权机构心存担忧。此外，AIGC 生成图像的监管机制尚不健全，对应的隐私保护、恶意内容急需整治方法。

虚拟人："人"潮汹涌，探路未来

虚拟人行业热度持续，元宇宙视角下再论虚拟人。尽管元宇宙尚处不断扩充定义的进程中，但市场高度重视虚拟人在其中扮演的关键角色。近年来，虚拟人案例持续涌现，行业在技术与应用层面展开探索。我们将在下文进一步分析不同

类型虚拟人的商业化能力，并基于元宇宙概念与框架，探讨虚拟人的潜在价值与发展路径。

如何看待虚拟人在元宇宙中的定位

广义上看，虚拟人是指以虚拟形式存在、具备拟人化特征的虚拟形象。在特征定义层面，虚拟人需在外观形象、人格塑造、表达交互等维度实现对人类的模仿。在技术层面，虚拟人的制作流程涵盖外形呈现技术，包括建模渲染、动作捕捉、VR/AR 等，以及表达交互技术，例如自然语言处理、语音交互等人工智能技术。其中，根据虚拟人行为是否完全智能，可进一步划分为真人驱动型虚拟人和 AI 驱动型虚拟人。在应用层面，当前虚拟人以虚拟偶像、虚拟 KOL（关键意见领袖）等直接面向 C 端的应用为主，并逐步拓展至虚拟员工、虚拟助手等 B 端场景。综合近期行业观点，虚拟人可从拟人程度、交互程度、智能程度和开放程度等 4 个方面进行标准衡量与质量评估（见图 11-1）。

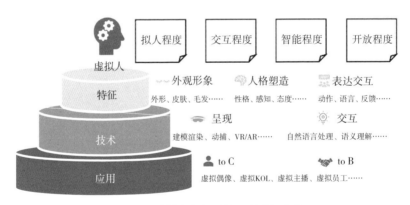

图 11-1　虚拟人定义：特征、技术与应用

资料来源：速途元宇宙研究院，中国城市副中心应用场景产业联盟，商汤智能产业研究院，中金公司研究部。

中短期视角：虚拟人技术逐步落地，应用场景持续拓宽，或为元宇宙发展打好基础。从整体市场趋势看，得益于虚拟人自身供给优化，以及市场对元宇宙概念的关注度提升，2021 年以来虚拟人行业热度持续走高。根据速途元宇宙研究院测算，2022年虚拟人市场规模同比增长64.5%，增速达到近3年峰值，未来成长空间较大。从产业链条看，虚拟人行业围绕虚拟人的技术生产、应用运营及用户/客户触达展开，相关企业数量快速增加，2021年国内与虚拟人相关的企业数量已接近17万家。从行业应用看，得益于建模渲染、动作捕捉、人工智能等技术进展，近期虚拟人应用落地频繁且风格和场景逐渐多元。虚拟人作为虚实融合的创新形态，可视作元宇宙概念下技术、内容与产业协同升级的初步尝试，行业有望以此为抓手，逐步加深对相关概念和应用的接受度和容纳度，推动元宇宙在用户、企业、社会等层面逐级释放价值（见图11-2）。

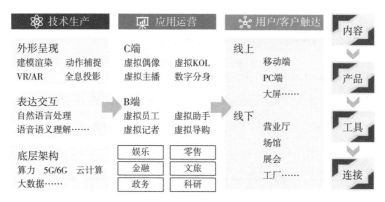

图11-2　虚拟人产业链围绕生产、运营与触达展开

资料来源：速途元宇宙研究院，中国城市副中心应用场景产业联盟，商汤智能产业研究院，中金公司研究部。

长期视角：虚拟人作为元宇宙关键构成要素之一，有望为元宇宙中虚拟身份的构建打好基础。 近期虚拟人的应用价值仍围绕着线下场景线上化的趋势行进，可视作对现有商业模式的延续。展望元宇宙，当技术进展能够实现虚拟人的低成本量产、个性化定制及全智能交互时，虚拟人有望推广至多行业应用，以数字分身、AI共生等形式，成为连接虚拟世界与现实世界的入口，在人文与科技的交会点上释放价值。

技术节奏：深度学习是虚拟人发展的分水岭

回溯虚拟人发展史，以深度学习为代表的 AI 技术引领虚拟人步入发展新阶段。虚拟人由多种技术共同驱动，于20世纪80年代显现雏形，形象以手绘为主；21 世纪初，CG（计算机动画）、渲染等计算机技术逐步取代人工，此阶段以日本二次元少女偶像"初音未来"为代表，具备拟人化的声音和性格，但交互性较弱。随着深度学习（2012 年）、大模型（2018 年）等 AI 技术路线受到学界和业界的认可，AIGC、CV、NLP 等人工智能技术将虚拟人的拟人化和智能化特质带入新阶段，AI 合成主播、开发商虚拟销售、能自如与人互动的英伟达 Toy Jensen 先后诞生，具体历史及取得的突破如图 11-3 所示。

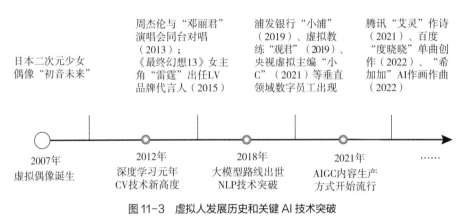

图 11-3　虚拟人发展历史和关键 AI 技术突破

资料来源：CSDN，路易威登官网，第一财经，央视网，量子位网站，中金公司研究部。

依据 AI 渗透程度，具备深度理解智能与较高自动化水平的虚拟人可定义为"AI 虚拟人"。商汤智能产业研究院认为，在"拟人化"和"自动化"两个维度上，虚拟人可被分成 L1~L5 这 5 个等级，其中 L4 和 L5 等级为"AI 虚拟人"。早期虚拟人拟人化的主要进展在于形象写实和动作协调逼真，AI 虚拟人则是将思想与理解智能注入虚拟实体，在大部分领域具备通用性智能交互能力，AI 内核在商业零售、金融服务、文旅政务等领域部分取代了人的功能；同时，AI 在场景落地的过程中不断产生增量需求和数据，持续反哺迭代算法，打开虚拟人能力空间，形成正增长飞轮。

国内 AI 在虚拟人中的应用尚处于较初级阶段，国外底层 AI 技术更为成熟且应用更加广泛。目前国内虚拟人多为真人动捕驱动，AI 技术在虚拟人方面的应用尚停留在模型实现初级对话功能、赋予初级对话功能的阶段。出于技术限制及互联网文化属性等原因，虚拟偶像 / 主播及虚拟员工赛道在国内受到较多关注。国外虚拟人市场起步更早、底层技术更先进，多采用"高保真 + 实时 AI"的驱动方式，在外观真实度和互动智能度上更为领先，应用场景也更为丰富，且相比国内更强调虚拟人的情感陪伴或生活助理功能。综合国内外发展趋势，伴随 AI 技术的进一步突破，我们预计未来多模态 AI 虚拟人将成为主流，该类型虚拟人可拥有更高阶的智能，在元宇宙中扮演重要角色。

应用落地：内容消费、产品服务及效率工具的多维价值探索

"人"即内容，虚实融合，升级内容产业消费体验

▶ 由实入虚，偶像产业的工业化尝试

虚拟偶像以直播为主要运营方式，变现途径相对多元。 在业务运营方面，当前的虚拟偶像多数以虚拟形象出现在社交社区平台，扮演者（又称"中之人"）通过直播形式与用户进行互动沟通。在商业变现方面，直播打赏分成、广告营销、周边衍生、演出活动等均为潜在变现途径。

虚拟偶像与真人偶像的业务环节类似，而业务逻辑和商业化侧重则有所不同。 对比虚拟偶像运营公司 ANYCOLOR（NIJISANJI 彩虹社）和真人偶像经纪公司乐华娱乐的商业模式，二者的相似之处在于：公司的业务均始于人才的挖掘与培养，再经过团队商业化运营实现变现。差异之处则在于：在人才发掘逻辑方面，ANYCOLOR 的虚拟偶像由技术和创意团队制作人物设定和虚拟外形，再在长期招募中挑选合适的"中之人"；乐华娱乐的真人偶像则以人才选拔为源头，再经过较长时间的培养提升其业务能力。在商业变现逻辑方面，虚拟偶像通过与用户高强度实时互动建立强私域渠道和价值，其变现方式也以 C 端为主；国内真人偶像则主要在公域媒体曝光，以 B 端变现为主，包括出席商务活动、参演影视作品及参加综艺节目等（见图 11-4）。

图 11-4　虚拟偶像与真人偶像的经营模式对比

资料来源：各公司公告，中金公司研究部。

虚拟偶像"由实入虚"，可视作偶像产业对头部依赖和外部风险等问题的一次化解尝试。

人才培养层面：真人偶像前期投入较高，而虚拟偶像团队创作成分更大。根据乐华娱乐公司公告，在人才选拔上，练习生需要经过 3 年的专业培训才能成为正式签约艺人，在此过程中公司负担与培训相关的所有开支，前期链条较长，且存在沉没成本风险。相较于真人偶像的全流程培养模式，虚拟偶像"角色创造→匹配"的模式削弱了业务对真人的强调，而将重心放在"角色"上，一方面部分降低了虚拟偶像的门槛，缩短了前期的人才培养周期和资源投入，另一方面亦增强了公司对虚拟偶像 IP 的把控力。

模式推广层面：虚拟偶像生产更易标准化，在量产和地区推广上潜力更大。在量产方面，由于真人偶像的培养难度较高，因此每年推出的艺人数量有限，易于产生头部依赖风险；相较而言，虚拟偶像的运营流程与内容 IP 生产更类似，存在一定量产潜力，公司既能够通过多元化人物和外形设定，增加用户喜好覆盖，亦可降低公司对单一艺人的依赖。在地区推广方面，虚拟偶像的优势在于团队可通过调整虚拟形象设计，迎合不同地区用户的审美差异。此外相较于影视作品、节目等，直播的内容承载力和普适性更强，同时公司亦可通过招募本土"中之人"减少文化差异。

行为风险方面：由于通常情况下团队对于"中之人"身份保密，因此部分降低了与真人行为相关的不确定性因素。同时，虚拟偶像以线上活动为主，受到外部环境等因素的影响相对有限，能够与用户保持高频次、高强度的互动。

▶ 由虚入实，IP 的形态延展与内容融合

纵向延伸，虚拟人借助社交社区平台赋能角色成为 IP。 媒介渠道变革赋予了内容 IP 更多形态，虚拟人可视作其中的一种创新形态。

从虚拟角色到虚拟人："走出"作品，在社交社区平台与用户直接交互。 漫画、动画、游戏等虚构程度更高的内容类型有望借助社交平台实现 IP 的更多可能性。例如，虚拟角色 Barbie 自 2015 年起在 YouTube 平台发布视频，主题包括粉丝问答、好友挑战、生活建议等。通过社交内容运营，Barbie 完成从虚拟角色到虚拟人的转变，在原生的动画内容外获取成长潜力。

商业化潜力：更长的生命周期与更多元的变现价值。 从生命周期角度，当虚拟角色从原生内容形态中逐步"独立"，并以虚拟人的形式存在，其灵活的内容演化或能较好适应用户喜好的变迁，在更长的时间范围释放价值。从商业化形态角度，相较于虚拟角色，虚拟人因具备触达用户的多样化渠道，潜在商业形态更多元，包括内容植入、社交账号合作、演出直播等。虚拟人柳夜熙以短剧形式出现在抖音、小红书、微博等平台，已相继与娇韵诗、小鹏汽车等品牌达成广告合作。

横向融合，虚拟人开启元宇宙视角下的体验式叙事。 元宇宙中的下一代叙事方式或不再局限于影视作品、游戏等单一内容形态，而是以内容为核心，给用户提供融合式的体验。

虚拟人本身即形态结合的产物。 在媒介渠道层面，虚拟人能够多途径触达用户，包括线上的社交网络、直播平台，线下的全息投影等。在内容形态层面，虚拟人是 IP 线上与线下形态的中间产物，其既存在于虚构作品中，亦能与现实世界产生交互，近期亦出现了融合多种内容形态的虚拟人 IP。日本艾回唱片、讲谈社、大日本印刷三家公司联合推出虚拟艺人 IP"十五少女"，由艾回唱片负责音乐、讲谈社负责小说、大日本印刷负责虚拟空间等。

▶ 虚拟人让虚拟世界"活"起来

在内容层面，"人"是构筑世界的关键元素之一，叙事由人物关系展开，而世界又是在叙事基础上建立的。以迪士尼为例，旗下虚拟角色拥有较长的运营周

期，并在过程中演化为多种形态。角色矩阵在线下成为主题乐园，而在线上亦能构建出新作品，例如，在电影《无敌破坏王2：大闹互联网》中即出现了14位公主同时在场的剧情。

在技术层面，若虚拟角色在AI等技术助力下实现与用户实时智能互动，用户将获得更具真实感的体验。2021年12月，Epic Games旗下游戏引擎虚幻引擎发布《黑客帝国觉醒：虚幻引擎5体验》，其中的虚拟人由虚幻引擎旗下虚拟人制作工具MetaHuman Creator产出，并由AI系统驱动。此外，动画公司七创社于2021年5月宣布与小冰公司达成合作，双方计划联手推出基于《凹凸世界》IP的元宇宙游戏，作品的世界观、剧情和角色将由小冰框架完全驱动。

"人"即产品与效率，有技术亦有温度

虚拟人B端应用潜力较大，市场结构有望从以内容型为主，向内容型与工具型并重演进。 虚拟人应用于B端的价值有两点：对外，虚拟人有望帮助企业向用户提供更好的产品触达和服务体验；对内，虚拟人或能降低重复性工作中的人力浪费，作为数字化系统的具象形态提升工作效率和质量。

▶ *产品体验：虚拟人传递更好的产品触达和服务体验*

短期借势元宇宙话题营销，中长期以数字化和虚拟化产品服务加深品牌基底。 自2021年以来，多家品牌开展"元宇宙"相关主题营销，主要形式包括：启用或推出虚拟代言人、发布数字藏品、举办线上虚拟发布会、开设线上展厅等。主要驱动因素包括以下几点：

短期：热点话题助力品牌触达年轻用户群体。 话题层面，自2021年以来，元宇宙概念热度持续上升，公众围绕元宇宙的定义、组成要素等展开讨论，带动包括虚拟人在内的虚拟营销受到品牌关注。用户层面，年轻群体与互联网共同发展，对虚拟文化接受度较高。年轻用户对虚拟文化有关注度，虚拟场域的创新活动形态或能助力品牌获取注意力。

中长期：虚实融合焕新用户的品牌服务与体验。 元宇宙概念下，品牌在"人货场"3个维度均有机会向用户提供更好的产品和服务。IDC预测，2023年，60%的企业或向用户提供沉浸式体验，通过模拟线下实体感受的互动方式实现差异化，并解决用户的数字化疲劳。

在"人"的层面：**虚拟人或能成为品牌与用户沟通的直接渠道，向用户提供"有温度"的服务**。品牌形象的具象化：品牌虚拟代言人可通过外形、运营等方式放大品牌特征，相对固定的形象也为用户的认知和长期情感沉淀提供了锚点。目前，包括伊利、花西子、屈臣氏、肯德基在内的多家品牌已推出品牌虚拟代言人。有温度和信任感的服务：尽管机器人或自动化系统已能实现服务效率提升，但在部分场景，如理财服务、医疗健康等，与"人"沟通仍是重要的消费体验。伴随 AI、VR/AR 等技术的升级，虚拟销售、客服等或能承担为用户提供个性化咨询和讲解服务的功能。多家互联网公司已推出虚拟客服解决方案，如中国移动旗下移动云推出虚拟客服，网易云信亦推出了金融行业的虚拟客服解决方案。

在"货"的层面：**虚拟商品延展品牌 IP，传递品牌价值**。目前，数字藏品为品牌虚拟物品的重要形式之一，因其具备唯一性、永久性、不可复制、不可分割等特点，在虚拟场域强化了品牌的社交货币属性，将品牌形象与用户的身份认同进行连接。展望未来，品牌有望在强化虚实商品间的联系、挖掘虚拟商品的"实用功效"等方面在元宇宙中进一步演绎"货"的价值。

在"场"的层面：**重现线下体验，追求品牌的"永久在线"**。元宇宙概念下的虚实融合不仅局限于对于线下活动在形式层面的复刻，在品牌与用户的接触方式和交互体验上亦能释放价值。品牌曝光层面，品牌广告内容或能与用户的线上活动进行更自然的融合。网易手游《逆水寒》披露，游戏或采取广告方式变现，在游戏原生场景中进行广告植入，例如用户的虚拟分身在游戏中喝水，瓶身即打上品牌标识。品牌交互层面，在虚拟场域体验"实体"店铺。百度旗下虚拟世界"希壤"为品牌提供虚拟场域开设数字展厅、入驻商业街等，目前已有来自汽车、服饰、消费品等行业的品牌落地"希壤"中的"蓝宇宙"赛博商业街区。在虚拟场域开设"实体"店面或为品牌重现线下消费体验的第一步，未来伴随技术升级，品牌或能在虚拟场域实现"永久"营业。

▶ 效率工具：虚拟人助力行业数字化升级

虚拟员工入场，企业数字化转型加速。AI 驱动型虚拟人在多行业存在应用潜力，背后的人工智能等相关技术为驱动因素。IDC 在"2021 年中国人工智能市场十大预测"中提到，到 2024 年，45% 的重复工作任务或由 AI、机器人和机器人流程自动化（RPA）提供支持的"数字员工"实现自动化或增强。近年来已有部分行业出现相关应用案例，例如万科财务部虚拟员工崔筱盼负责催办的单据核销率达到了 91.4%；虚拟教练观君以智能运动分析模型助力中国冰雪项目国家队在 2022 年北京冬奥会夺金。

虚拟主持人：从文本到音视频的生产流程自动化。2022 年，全国两会期间多位虚拟主持人参与了报道工作，其中包括央视频推出的虚拟主播"AI 王冠"。"AI 王冠"与其原型（总台财经主持人王冠）在神态和声音上高度一致，且能够在技术和内容团队的支持下，完成数据收集、趋势研判、可视化包装、虚拟人播报等流程。此前，广电总局在《广播电视和网络视听"十四五"科技发展规划》中明确提出，将面向新闻、综艺、体育、财经、气象等电视节目，探索虚拟形象、语音驱动、动作捕捉等技术，提升节目制作效率及质量。"AI 王冠"等虚拟主持人突破了真人的生理和物理限制，提升了信息传递的时效性，体现了技术对内容生产和媒体融合的赋能。

虚拟主播：从主播人才培养到直播间运营的效率提升。在人才培养方面，虚拟人或能解决功能型直播场景下的主播需求缺口。根据艾媒咨询统计，2022 年中国直播人才需求为 1 500 万人，同比增长 25.0%。其中，就电商直播场景而言，主播需要在人物设定、专业知识、口才表达等方面进行培养，对于中小卖家或企业而言，前期成本投入相对较高，后期亦存在主播流失等不确定性，而 AI 虚拟人解决方案，也就是采购即使用，降低了沉没成本风险，或为更优解。在运营效率方面，AI 主播分担真人主播工作量，填补效率空缺。电商主播相关工作内容除了上线直播，还包括直播内容准备、设备调试、选品，以及直播复盘等工作，工作强度较大。未来电商直播等功能型场景，或形成"真人主播 +AI 主播"搭档的模式，由真人形成直播间 IP，辅以 AI 提高效率。目前已有多家品牌启用 AI 直播模式，蓝色光标、科大讯飞等平台亦推出虚拟直播间、虚拟主播产品等服务。

数字员工：效率和灵活为主要诉求，有待技术进一步升级。根据艾媒咨询调研，多数用户认为数字员工的优势在于降低劳动成本，实现全天候工作以及提高工作效率，而当前的不足之处主要为解决问题的能力有限，且过程相对僵化（见图 11-5）。

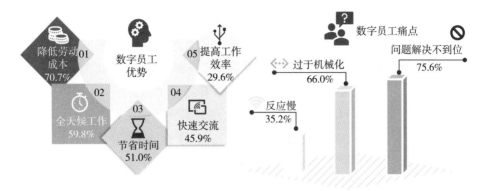

注：数据来自用户调研，调研时间为2022年4月。

图 11-5　效率和灵活是用户对数字员工的主要诉求和痛点

资料来源：艾媒咨询，中金公司研究部。

未来畅想："AIGC+虚拟人"二浪叠加，道术并举，内外兼修

技术演进：内容制作技术和底层 AI 模型有望不断迭代升级

▶ 制作技术进步：虚拟世界和虚拟人"外在"拟人化程度近乎真实

以 3D 渲染为代表的 AIGC 制作技术进步将使虚拟世界和虚拟人的"外在"更加真实。渲染方式可以分为离线渲染和实时渲染，前者在渲染完毕后再统一播放画面，可以将细节做得十分逼真，主要用于影视制作；后者则是在渲染的同时就输出画面，可以实现与画面的实时交互，但由于实时计算对系统资源消耗较大，需要牺牲一定的画面质量，主要用于游戏制作。由于元宇宙需要实现成员与成员之间以及成员与环境之间的实时互动，高质量的实时渲染必不可少，而 AI 一方面可以通过加速渲染、提升渲染性能等方式帮助提升实时画面真实度，另一方面甚至可以在无手动干预的情况下生成虚拟世界并自动渲染，二者均是未来制作技术进步的重要方向。

▶ 交互能力突破：虚拟人的"内在"将更加丰满

以 NLP 为代表的底层技术突破将使得虚拟人的"内在"更加丰满。目前虚拟人在运算智能上已超越人类，在感知智能上与人类越发接近，但在认知智能上

和人类还存在着很大的差距，自主思考和与人交互的能力仍处于较为初级的阶段。例如，当今智能客服还无法取代人类客服，聊天机器人仍存在回答问题模式固定、知识储备较匮乏、在多轮对话中不能有效上下衔接等一系列问题。然而随着以 NLP 为代表的多模态、多语言、知识图谱等底层技术的突破，未来虚拟人的"内在"将更加丰满、智能程度将进一步提升。

▶ 数字分身与虚拟身份：虚拟人能否帮助用户从"在线"到"在场"？

数字分身技术下沉，虚拟社交热度上升。在技术工具方面，近期多家公司推出了打造数字分身的工具或平台，包括蓝色光标的"分身有术"、科大讯飞的"AI 虚拟人直播系统"、海马云的"云原生虚拟人方案"等。在场景应用方面，目前数字分身的应用仍然集中在娱乐和社交领域，其中虚拟社交热度上升明显。根据移动数据分析提供商 Data.ai 的统计，2022 年第一季度，虚拟形象社交 App 全球下载量相较 2021 年同期增长 60%，相较 2020 年第一季度增长 215%。国内多家互联网公司亦推出虚拟社交活动平台，拓宽了数字分身的使用场景。

从技术升级到制度完善，数字分身尚处发轫之始。在技术层面，目前虚拟人在质量、成本和用户体验 3 个维度均存在较大的提升空间，且处于互相掣肘阶段，正处在从"展品"向"产品"、从展示和宣传意义迈向实际使用价值和商业化效果的阶段。在制度层面，数字分身及其背后代表的虚拟身份尚未有明确制度进行规范，待探讨的问题包括：数字分身在虚拟场域中的行为如何监管、责任如何界定；虚拟身份与真实身份之间的联系与并行准则；高沉浸度的线上场域是否会引发人类的行为改变，以及产生心理影响等。

应用方向：AI 伙伴陪伴"排忧"，通用虚拟助理帮助"解难"

展望未来，AI 伙伴和通用虚拟助理能够与人类产生情感连接、提供个性化服务，二者有望随 AI 技术的进步获得大规模应用推广。各垂直行业内的虚拟客服通常只能就特定问题进行较为简单的问答交互，并且面向的用户较为广泛。相比之下，由更高阶 AI 技术驱动的"AI 伙伴"能够在与人沟通交流时不断学习，实现情感陪伴上的个性化，通常以聊天机器人或 AI 心理咨询师等角色出现，可为使用者"排忧"；从非可视化设备发展而来的通用虚拟助理能够基于用户日常需求提供相应服务，实现生活服务上的个性化，通常以手机及智能设备厂商的虚拟助手拟人化形象出现，可为使用者"解难"。随着 NLP 等 AI 技术的进步，二者有望迎来类似当今虚拟偶像和客服的大规模应用推广期。

▶ 工具需求与情感需求：虚拟人能否实现科技向善?

工具需求：虚拟人实现虚拟与现实的连接。现阶段虚拟人工具的应用仍以"替代与备选"为核心，即在部分重复性劳动或存在物理限制的工作方向上进行探索。展望未来，虚拟人因其虚实融合特性，有望成为元宇宙与现实世界的接口：一方面，用户能够通过虚实身份转换，串联线上与线下活动；另一方面，当前以移动互联网产品、数字化系统等形式存在的应用与服务，未来或进一步与虚拟人产生形态联动，帮助技术实现与用户"共情"。

情感需求：虚拟人提供陪伴、关怀等人文关照。在人工智能技术发展的助力下，虚拟人的理解、表达与交互有望进一步提升，进而在人类情绪和感知等方面释放价值。2016 年，神舟十一号宇航员在太空中利用 VR 与亲人"见面"缓解思念；小冰公司中标 2025 年日本大阪世博会项目，将为当地 60 万个老年家庭提供 AI 陪伴者。

风险篇

第十二章

元宇宙的隐私保护：

技术与监管

近年来，元宇宙的概念备受热议，富有想象力，可能对互联网、游戏、媒体、工业、旅游等传统产业产生不可忽视的影响，也将出现多样化的应用场景。[①] 与现实世界对应，作为虚拟数字世界的元宇宙将同样拥有一套经济社会系统，建立新的规则秩序。在这些规则秩序里，隐私保护将是其中重要的一块拼图，以防范海量用户和行为数据被不当利用的潜在风险。

为了更好地监管元宇宙的产业秩序，规范其发展，保护用户利益，本章将深入探讨适用于元宇宙的隐私保护技术体系及产业监管问题。之所以要先重点讨论技术，是因为在互联网时代，人们提出了"以设计保护隐私"的重要理念，认为信息系统的技术措施是隐私保护的第一道屏障，应将保护隐私的理念以技术手段运用到产品和服务设计中，来实现事先预防和事后救济。[②] 国际上的众多法律和技术标准都吸收了该理念。[③]

具体而言，本章将依次回答如下问题：第一，元宇宙的隐私保护有哪些特点和要求；第二，元宇宙的隐私保护需要什么样的技术体系；第三，除了通过技术保护隐私，还应如何设置监管政策来增强隐私保护；第四，如何同时平衡好隐私

[①] 清华大学，《元宇宙发展研究报告 2.0 版》，2022 年。

[②] Deloitte, Privacy by design setting: A new standard for privacy certification, 2015.

[③] 例如，欧盟 GDPR，国际标准 ISO/IEC 27001、27002，美国加州和联邦的《消费者隐私法案》或草案。

保护和必要监管之间的关系；第五，元宇宙是否可能存在与现实世界不一样的监管模式。

需要说明的是，隐私通常是指单个或一群自然人（比如家庭）的私人生活相关信息，法律和哲学基础是人类个体的尊严[1]，一般不包含法人组织、行政机构的机密信息。尽管如此，本章探讨的技术和部分监管原则同样适用于保护组织的机密信息。比如当企业整体作为一个用户加入元宇宙时，它可能就是区块链上的一个普通节点，在元宇宙内相关的数据保护措施与同样作为节点的自然人个体用户是基本一致的。

元宇宙内隐私保护的重要意义和基本要求

隐私保护是元宇宙产业发展的重要前提

近年来，在我们所熟悉的互联网平台经济中，保护用户隐私和数据安全是一个热门主题词，我国和欧美都出台了多部法律来规范相关行为。对于萌芽之中的元宇宙产业而言，隐私保护同样关键，是产业健康发展的一个重要前提条件。在某种程度上，其意义比传统互联网内的隐私保护更突出。

首先，相比于传统互联网，元宇宙具有实时、沉浸感等特征，收集的个人数据种类更多、更敏感。 传统互联网应用，如微信、抖音获得的用户数据通常包括文字、照片、语音视频、浏览记录等。这些可以是异步、非实时的信息，未必能追溯推定出特定自然人的个人敏感信息，例如同一段文字、同一张照片可以由不同人发出来。但是元宇宙不一样，它通常需要 VR/AR 头盔、可穿戴设备等终端载体，用户在空间内的一切个体属性和行为都以数字化的形式被实时、精确地记录下来。例如，用户戴上特制头盔和手套之后，细微的表情、眼睛动作都会被捕捉，连血压、呼吸和脑电波等生理数据也会被收集。[2] 这些数据不仅是实时同步的，而且属于典型的个人敏感信息，通过它们能够更准确地定位到某个自然人。

---

[1] Decrew, Judith. 2018. Privacy. Stanford Encyclopedia of Philosophy.

[2] 申军，《元宇宙法律问题之初探：以沉浸式物体为例》，《中国法律评论》，2022 年第 2 期。

其次，相比于传统互联网，元宇宙具有"超真实"特性[①]，逼真模拟现实世界的多样化场景，收集到的个人数据维度会更全面。传统互联网的一个应用只能获得单一场景下的数据，例如淘宝主要获得一个人的购物数据，QQ主要获得聊天记录，但元宇宙的一个应用可能同时包括购物、聊天、游戏、运动等丰富的场景信息。这意味着，相比于大量日常生活行为未被记录的现实世界，在元宇宙中，用户的所有行为和偏好有可能都会被记录，由此拼接出更立体、更真实的用户画像。

所以，一旦元宇宙应用的隐私数据被泄露，泄露的数据量会比传统互联网应用更多，对用户的影响可能会更大。这就意味着元宇宙的隐私保护应该更严格。

元宇宙隐私保护的三大要求

在元宇宙中，保护用户数据和隐私并不意味着不使用数据、让数据"沉睡"，而是要平衡好保障用户权益与合法合规应用数据之间的关系。为此，我们从元宇宙的本质出发分析平台系统应该具备什么样的功能。业内普遍认为，元宇宙是基于Web 3.0技术和运行机制的数字空间。[②] 在Web 1.0里，用户只能被动地接受和消费内容，它产生的是"信息"，例如，新浪、雅虎等门户网站。Web 2.0是指用户能够自主创造和传播内容、与服务器交互的网络平台，即能读写内容，于是产生了用户"数据"，例如，抖音、知乎、B站等。如今的传统互联网正处于Web 1.0和Web 2.0形态。在这两种形态里，用户仅仅是互联网平台的使用者，不能享有平台繁荣之后的经济收益分红，最多只能获得一定的奖励积分来换取平台上售卖的服务或商品。

与前两代互联网相比，Web 3.0是指用户不仅能够接收和生产网络内容，还能根据贡献来拥有网络平台的所有权、分享平台产生的经济利益的全新互联网形

---

① 袁昱，《全球视野下的元宇宙全景与展望》，2022年。
② 李鸣，《元宇宙是以区块链为核心的Web 3.0数字生态》，2022年。

态。[①] 平台会给用户分发权益凭证，每一份凭证都代表用户拥有平台利润的分红权。用户在平台上越活跃、对平台流量内容的运营贡献越大，越能获得更多收益凭证。所以对用户来说，Web 3.0 应用在为自己创造"资产"。比特币就是最早的 Web 3.0 应用，每个矿工节点完成区块打包，就能获得一定量比特币。社区越繁荣，比特币的价值可能越高，从而给矿工带来的激励也越大，比特币这个收益凭证越能够成为矿工的资产。

在隐私保护问题上，作为"进阶版"互联网，Web 3.0 形态的数字空间首先应延续前两代互联网的最基本要求，保障数据从进入空间起就要安全可信，不会轻易被泄露和删改。全生命周期安全可信是整个数字空间的秩序基础，没有基本的隐私安全，数据不可靠，一切也就无从谈起。

与前两代互联网不同，"进阶"体现为 Web 3.0 赋予了用户一定的平台所有权和其他附加权利，这给元宇宙隐私保护带来了新内涵（见表 12-1）。在 Web 1.0 和 Web 2.0 的隐私保护法律和政策体系里，数据控制者是核心角色，数据治理是体系的重要组成部分。[②] 数据是互联网经济收益的重要来源，所以对它的控制权在很大程度上影响了数据权益的分配，是网络的经济规则；数据治理则是网络公共空间内众多数据问题的决策模式，确定了数据规则的制定、传播和执行。[③] 在 Web 3.0 里，二者同样不可或缺。不过，传统互联网的数据控制者是网络和平台运营方，可以凭借数据占有商业利益，主导平台治理；但在基于 Web

---

① Citi Bank. 2022. Metaverse and money. 值得注意的是，有很多人认为，Web 3.0 的核心特征是去中心——用户可无须批准进入网络，数据被分散存储在用户自己的备份上。但我们认为，不一定需要完全去中心化，多中心模型也在一定程度上支撑 Web 3.0，可经批准让用户加入，数据也不一定要完全分散存储在用户节点上，可以多备份存储在平台或受用户信任的服务器上。Web 3.0 最本质的特征是强调用户享有一定的所有权和收益分享，为实现这一点，自然会衍生出去中心或多中心的数据控制和治理模式。

② 我国的《数据安全法》《个人信息保护法》，以及各项相关标准都强调突出网络运营者或数据控制者的管理规程和义务、应急处置方式等，政府本身也是网络治理体系的关键角色。

③ Tiwana, A., Konsynski, B., & Bush, A. A. Platform evolution: Coevolution of platform architecture, governance, and environmental dynamics. Information Systems Research, 21(4), 675–687, 2010. Steurer, R. Disentangling governance: a synoptic view of regulation by government, business and civil society. Policy Sciences, 46(4), 387–410, 2013.

3.0 的元宇宙内，作为隐私主体的用户既然同样拥有平台所有权和收益权，那么就要拿回对隐私数据的控制权，才能真正保护好自己的权利。如果用户没有数据控制权，那么平台就有可能存在"道德风险"，依靠数据谋利却不分享收益。同时，作为所有者的一部分，用户也应获得必要的平等治理权利，否则用户对平台的"游戏规则"就没有话语权，不易真正长期保障自己的权益。正如在股份制企业中，小股东除了所有权和收益权，也同样享有投票治理的权利，否则利益可能被大股东侵害。

表 12-1　传统互联网与元宇宙的隐私保护要求对比

维度	内涵	传统互联网	元宇宙
数据安全性	秩序基础	全周期安全可信	与传统互联网一样
数据控制权	经济规则	由互联网平台所有者和运营者占有和控制	用户自主控制隐私数据
数据治理权	决策模式	由平台中心化治理	用户与平台所有者、运营者共同分布式治理

资料来源：中金研究院。

　　由此可知，**在元宇宙内兼顾隐私保护和合规利用，系统至少应满足 3 个基本要求，分别是数据全生命周期安全可信、用户自主控制数据、支持各方进行分布式协同治理。**安全可信是三代互联网的共同要求，自主控制和分布式治理则是 Web 3.0 的进阶要求。

数据全生命周期安全可信

　　根据"以设计保护隐私"的核心原则，隐私保护的最基本要求是用户数据从收集到处置的全生命周期都要合规，保证安全可信。[1] 现实世界和传统互联网应该如此，元宇宙内同样不例外。隐私数据的生命周期涵盖数据收集、传输、存

---

[1] Cavoukian, Ann. Privacy by Design : The 7 Foundational Principles Implementation and MApping of Fair Information Practices. 国家标准《信息安全技术个人信息安全规范》，GB/T 35273–2020，2010。

储、使用、共享、转让、披露和处置销毁等全流程环节，每一个环节都不应被未授权的第三方获取，做到数据安全、操作过程可信任。例如，数据的存储应保证安全可靠、较难被攻击泄露，也不能被随意篡改；数据在不同使用方之间传递的过程中，应获得用户授权，做到传递全过程可追踪、可审计。

用户自主控制数据

在传统的互联网平台里，平台常常通过与用户签署隐私协议，来获得收集、存储、处理、向第三方披露用户数据的权利，实际上其控制了数据。用户如果不同意隐私协议则无法使用核心功能，所以用户的选择权很小，常常被迫让渡或在无意识状态下让渡这些权利。用户的身份信息和行为数据都被记录在平台上，数据的控制权由平台企业掌握，企业能将这些数据用于商业用途，用户缺乏自由处置权和收益分享权。而且，这样中心化的管理方式有较大的委托代理风险，更容易存在隐私泄露和滥用隐患。

区别于前两代互联网，**Web 3.0 的一个根本性特征是将权利交还给用户，用户对自己的数据有充分的自主权**，具体体现为能自主管理网络空间里的数字身份，能自主控制所产生的一切行为数据。[①] 这里，我们强调控制权而非所有权，是因为用户数据的所有权是一个争议巨大的问题。虽然原始数据是用户产生的，但企业付出了很大的数据清洗和处理成本，形成了可用的标准化数据，那么这份数据就包含了双方的劳动，强调独占的所有权概念就陷入了争议。然而控制权的争议较小，国际上隐私立法实践均已达成共识。美国《1974 年隐私法案》、《加州消费者隐私法案》和欧盟《通用数据保护条例》等法律都把关键放在消费者对个人数据使用和流动的控制上，而不是强调将所有权授予某个主体。[②] 当用户获得数据的控制权后，平台就很难在未经许可的情况下独占并进一步使用数据的商业利益。

作为 Web 3.0 的典型形态，元宇宙同样要求用户能自主控制身份和行为数据。用户自主地管理在元宇宙不同场景空间里产生的内容、资产和行为数据，避

---

① 姚前，《Web 3.0：渐行渐近的新一代互联网》，《中国金融》，2022 年第 6 期。
② 罗汉堂，《理解大数据：数字时代的数据和隐私》，2021 年。

免了隐私数据被滥用的风险。而且，在自主授权的前提下，用户可以将数据提供给其他主体，从而分享数据产生的收益。

分布式协同治理

区别于现实世界，元宇宙是分布式的经济社会系统。**所谓"分布式经济"，可理解为一个由多个具有对等地位的行为主体共建的社会网络，这些主体按照透明预设的激励机制和治理规则，自发地进行社会分工、交换并分享收益，协同管理整个系统。**[①] 在一个元宇宙里，许多用户以虚拟身份加入其中，按照全新的商业和社会规则体系互动，构成多样化的自组织，协作创造出各种新内容和商业价值，正是体现了分布式经济的特性。

在这样一个分布式经济系统中，如果要分析利用多方用户数据，协同创造价值，应实现3个目标[②]：第一，让不同来源的数据可互相识别、可信赖、可检验，为此，数据存储和流通的基础设施应互联互通；第二，设计合理的流通激励机制，给予数据贡献者合理的回报，这样才能形成良性的数据分享协同机制；第三，让数据主体、控制者、操作者和使用者等各方角色都有机会和权利来共同协商数据保护和应用的规则机制，处理各种情况。其中，所有者是指隐私数据直接指向的自然人，控制者是指能够决定数据处理目的和方式的相关方，操作者是指根据控制者指令来具体处理数据的相关方。[③]

元宇宙隐私保护的技术路径

由于元宇宙的隐私保护应满足数据全生命周期安全可信、用户自主控制数据、分布式协同治理三大基本要求，以区块链、隐私计算、分布式身份等为代表的技术体系成为元宇宙重要的技术基础。这些技术的架构都在不同程度上体现了"分布式系统"的特点，即一簇松散耦合的节点在网络上依据既定的协议和算法

---

① 马智涛、姚辉亚、李斌等，《分布式商业》，中信出版社，2020年。
② 微众银行，《数据新基建白皮书》，2020年。
③ 国际标准化组织 ISO 标准。Information technology-Security techniques-Privacy framework（ISO/IEC 29100）.

来合作执行任务。① 区块链本身就是一个点对点的网络架构；隐私计算让多个独立数据源在数据不流动的情况下互相通信，来完成计算任务；分布式身份系统依赖多方合作来校验身份及其对应信息。

区块链让数据安全可信地存储和流通

区块链是一个点对点分布式构建的数据集合，各节点之间基于共识机制达成一致结果，并通过密码技术连接起来。② 它具有多中心、极难篡改、智能合约等特性，用来解决数据资产的存储和流通问题，并支持多方之间的可靠协同。

区块链的基本形式是多节点共同组网、共同维护数据，天然地构建了多中心协作模式。所有节点共享透明和无法篡改的信息，不依赖于某个中介，通过共识规则和智能合约集体维护系统的运转，链上的多种通证手段有助于激励用户积极参与。而且，基于密码学技术，数据一旦上链就极难被篡改，从而能实现可靠的存证和数据确权，数据的后续流传过程也能全程留痕、可追踪。

在元宇宙内，用户的身份、资产、行为等数据都要求自主掌握而不是寄存于某个中心化平台，因此用户与用户、用户与机构之间构成了多层次、多样化的分布式网络，区块链有助于在这个网络里完成数字资产交易、数据分享等行为。

隐私计算让多方更可靠地互相协同，分享数据价值

隐私计算是指面向隐私信息的采集、存储、处理、发布（含交换）、销毁等全生命周期过程的计算理论和技术，在保证数据提供方不泄露敏感数据的前提下，分析计算数据并能验证计算结果，安全地实现数据价值。③ 隐私计算并不是单一技术，而是包含了人工智能、密码学、数据科学等多学科的综合性技术体系。根据实际用途不同，它的具体技术路线包括联邦学习、安全多方计算、可信

---

① University of Washington. 2007. Introduction to Distributed Systems.
② 国家标准，《信息技术区块链和分布式记账技术参考架构》，2020 年。
③ 李凤华、李晖、牛犇、陈金俊，《隐私计算——概念、计算框架及其未来发展趋势》，《工程（英文版）》，2019 年第 6 期。

计算等。联邦学习用于让分布在多个机构之间的数据在不出库的情况下进行联合机器学习、建模和预测；安全多方计算则是利用密码学和分布式技术让多方交互来检验或计算数据，但不披露数据明文信息；可信计算是把数据放在具有防护能力的硬件环境中隔离计算，以保证数据安全。

隐私计算能在处理和分析计算数据的过程中保持数据不透明、不泄露、无法被计算方以及其他非授权方获取。这样，拥有独特数据的各个参与方能够以数据不出本地或以加密传递的新颖形式分享出去[①]，从而分享了"价值""知识""信息"而不是原始数据，做到数据"可用不可见"。由此，潜在的数据价值被挖掘释放，但又不损害数据所有者的权益和隐私。[②] 元宇宙的分布式治理以多方共享数据为基础，且需要保证所有被分享数据的安全，因此需要隐私计算技术的支撑。

自主控制的分布式数字身份是元宇宙的核心要素

数字身份是数字经济产业的一个核心要素，是互联网世界中对实体独一无二的标识和表征，它通过一组特定的数字序列将物理世界中的某个实体映射到数字世界当中，用户凭借数字身份控制着应用里的个人账户，账户里记录了用户的属性和行为数据。账户数据存储在应用运营方的服务器里，由运营方负责管理并保障数据存储安全。这种依托他人的数字身份和数据体系有 5 个突出问题：第一，用户不知道产品运营方将如何处理这些数据，隐私风险很大；第二，不同的应用产品之间的账户互不打通，用户往往需要开立新的账户；第三，用户在跨系统的数据流转上处于被动地位，如果不同应用的运营方之间没有信息传输协议，用户很难在不同应用之间主动发起数据迁移请求，即缺乏"个人信息可携带权"[③]；第四，产品系统出故障，账户及其数据有可能都会被损坏；第五，用户一旦销户，就会丢失数据，重新开户又要反复填写信息。这些问题的根源是，账户的控制权完全归属于应用服务提供商，用户并不自行掌握账户及其内部数据。

---

① 在联邦学习中，数据不出本地，各节点之间传递模型训练的参数；在安全多方计算中，数据会进行一定的变化、改造后传递。

② 徐磊、魏思远，《金融业隐私计算的内涵、应用和发展趋势》，《中国银行业》，2021 年第 11 期。

③ 金链盟，观韬中茂，《DDTP 分布式数据传输协议白皮书》，金融科技微洞察，2021 年。

元宇宙里同样有多个应用场景，也可能有账户，但是出于自主控制隐私数据的基本要求，用户需要通过一个自主管理的数字"身份"来统合多个应用的账户。[①]用户能凭借这个数字身份在不同场景里切换，身份所对应的数据则存储于区块链等分布式存储基础设施上。用户通过数字身份来统一、自主地管理自己在不同场景里产生的行为和资产数据，不必将控制权交给其他机构。只有用户授权，其他机构才能去查验身份所对应的数据。为了实现上述目标，基于区块链和公私密钥体系的分布式身份是非常合适的技术解决方案。

分布式身份方案由分布式身份标识符和可验证凭证组成。每一个分布式身份标识符唯一地对应着一个实体，比如代表一个人、一个物体等，是对不同实体的独特标识。[②]凭证则记录了身份主体拥有的数据。只有用户用身份对应的密钥授权，其他人才能查验凭证里的数据，用户可以自主完成分布式身份创建、验证和隐私数据管理等工作。

元宇宙隐私保护的监管路径

以监管促进隐私保护

分布式技术体系能让用户自主控制个人数据，做到数据全流程的安全可信、存储和分享。除了这些分布式技术，必要的常规软件安全技术也是标配，例如身份管理、密钥管理、网络安全等。但是这些专业的隐私和安全技术仅仅是第一道防线，不足以让人们高枕无忧，产业的监管和治理必不可少，至少有以下4个原因。

第一，隐私保护技术的效果和性能尚未成熟，存在着一定的瓶颈或隐患。例如，联邦学习和可信执行环境的安全性、区块链的交易性能都需要改进提升。[③]

---

① 李鸣（2022），姚前（2022）。

② 一个实体可以创建多个标识符，但一个标识符只能对应一个实体。

③ 关于联邦学习的效果和性能不足，可参见：杨强、刘洋等，《联邦学习》，中国工信出版社，2020年；关于可信执行环境的安全隐患，可参见《硬件化方案坚不可摧？揭秘可信硬件TEE的是非功过》。

在技术不完备的情况下，监管需要通过各种规则来控制侵犯隐私的行为。

第二，应用隐私保护技术时，需要元宇宙平台运营商和技术供应商建立完善的技术治理体系。这个治理体系应对技术产品的选型、维护、审计、应急处置等做出相应的人员和流程管理规定，为此有必要制定监管指引或产业技术标准。[①]

第三，未来会出现多个供应商搭建的元宇宙平台，以提供更宽广多样的场景，除了应用跨链技术，各个公司还需要协作来解决平台之间的身份和数据兼容问题，甚至可能需要统一的工具来管理用户安全，保证用户能安全方便地用一个数字身份"单点登录"访问不同平台。为促进跨平台、跨供应商的兼容，维护市场秩序和数据安全，产业监管要发挥应有作用。

第四，元宇宙虽然是一个虚拟世界，但它的重要价值是通过模拟现实世界的制造、办公、教育、科研等真实场景（例如"数字孪生"），用以服务这些场景的生产生活需求。[②] 那么在与现实世界交互时，一些应用业务场景应该受到现实世界监管的一定制约，就要在其中引入现实世界的规则。如果不对虚拟世界加以约束，虚拟世界的风险可能会外溢到现实世界。比如虚拟世界尚未建立金融支付和资产交易的监管，与现实世界存在监管套利的空间，如果虚拟世界的风险不可控，当参与者足够多、投入资金量足够大时，就有可能对现实世界产生较大的负外部性。

以服务条款和社区规范等"软法"规则完善平台内治理

产业监管的具体作用路径既包括政府直接通过法律和政策予以明确要求，也包括推动从业机构进行市场自律、营造自治的社会规范等。[③] 其中，相比于具有硬约束效力的前者（称为"硬法"），后者属于"软法"范畴。所谓"软法"是指不能运用国家强制力保证实施的法律规范，其中包含各种社会组织创制的自治

---

① 云计算、区块链等新兴技术的应用标准都有类似的治理要求，例如，金融行业标准《云计算技术金融应用规范》JR/T 0168–2018，以及《金融分布式账本技术安全规范》JR/T 0184–2020。

② 何哲，《虚拟化与元宇宙：人类文明演化的奇点与治理》，《电子政务》，2022 年第 1 期。

③ Lessig, Lawrence. Code and other Laws of Cyberspace, New York: Basic Books, 1999.

和自律规范、倡导性规则。^①"软法"虽然不依靠国家强制力来约束行为，但对于调整社会关系、规范人们行为具有较重要的意义，在现代社会公共治理中具有越来越突出的地位。^②例如，在信息技术领域，比较宽松的开源协议如 MIT、Apache 等可视作该领域内的"软法"。

在元宇宙的隐私保护问题上，推动科技公司建立起平台和社区的自我治理能力就属于"软法"路径的监管，是树立隐私保护的第二道防线。这里的平台是指构建和承载内容的元宇宙数字空间，而社区是指元宇宙内部不同场景里的一个个虚拟用户群体组织。具体的做法是科技公司拟定必要的平台服务条款，在内部各个社区则形成了自治的行为规范。平台服务条款既公布了运营商向用户的隐私承诺和权利义务，也约定了一些合规和隐私保护方面的行为准则，一旦发现有人违反，用户和平台运营商可以依据条款举报和追责。服务条款中还有一部分被称为"社区标准"，为各个社区自行形成次一级秩序奠定共同基础。这些都可能被写入代码执行。除了平台统一的服务条款和社区标准，各个社区可以按照条款和标准要求，形成自治的规范进行补充，发挥各个社区的主观能动性。

举一个知名游戏《Second Life》的例子来具体说明^③，这个游戏在较大程度上接近元宇宙构想。《Second Life》是由 Linden 实验室在 2003 年推出的网络虚拟游戏，每个用户都是里面的"居民"，大家可以在里面创造各种各样的东西和举办活动，如社交、交易、建造房屋、乘坐交通工具等，它还有自己的一套货币体系。平台运营商 Linden 实验室创设了一套《Linden 法》，由平台服务条款和社区标准组成，被写入代码，这就是一种"软法"。服务条款规定用户必须遵从平台既定的行为规则；社区标准则规定居民享有合理的隐私权，向其他居民分享个人主页公开登记范围外的个人信息（例如，性别、宗教、年龄、婚姻状态等）就是侵犯隐私，禁止未经居民同意的监控谈话、张贴分享对话日志。一旦居民违反《Linden 法》，受到侵犯的居民就可以上报，用户账号就可能受到游戏的惩罚，

---

① 罗豪才、宋功德，《软法亦法》，法律出版社，2009 年。

② 《要重视软法作用》，《检察日报》，2014 年 9 月 4 日。

③ 关于《Second Life》的介绍资料主要源于：Leenes, R. E. Privacy regulation in the metaverse. In B. Whithworth, & A. Moor（Eds.）, Handbook of Research on Socio-technical Design and Social Networking Systems. *Information Science Reference*，2009。

从轻到重依次为警告、临时吊销、流放注销。《Second Life》内部的不同社区有一定的自治，平台会尽量减少对各个社区的干预。

以政策法规和技术标准等"硬法"推进平台外监管

平台服务条款和社区规范等"软法"只适用元宇宙平台内部的隐私保护治理，但在平台之外，还有涉及元宇宙的隐私问题。如前所述，第一，平台运营商和技术供应商需要建立隐私保护的技术治理体系，更好地运用技术；第二，不同运营商之间要兼容协调，让用户可以以单一身份访问多个平台、自主迁移数据；第三，元宇宙的业务应用可能会涉及许多现实中的数据和隐私保护问题。为了解决这些问题，需要政策法规和技术标准等有现实约束力的"硬法"来发挥作用。之所以称为"硬法"，是因为政策法规有一定的强制力保障，部分技术标准由政府机构颁布，也具有强制性。

对于技术治理体系和技术兼容问题，制定行业乃至国家技术标准是常见的监管行为，保障技术的可靠性和互操作性。[①] 例如，中国人民银行颁发的金融行业标准《金融分布式账本技术安全规范》和《云计算技术金融应用规范》对技术供应商提出了安全的治理结构和管理职责要求，国际组织 ISO 和 IEEE 等也在制定相关的区块链标准，这对于元宇宙区块链底座的安全运行十分重要，不论底座是建立在公链上还是建立在联盟链上。此外，业内也正在推进区块链的跨链标准制定，让不同区块链底层框架形成兼容。这些标准将有助于元宇宙隐私保护技术治理体系的健全和不同平台运营商的兼容协调，让用户数据迁移和平台切换更方便。

元宇宙的现实应用可能涉及敏感的数据流动问题。现实世界里的数据流动已经有明确的法律法规，如欧盟《通用数据保护条例》和我国《个人信息保护法》《数据安全法》等。元宇宙应同样受到这些现行监管政策的制约。不过在元宇宙里，现行监管措施可能需要做一些修订拓展，以更好地适应元宇宙的实际情况。

---

① 苏竣，《公共科技政策导论》，科学出版社，2014 年。

元宇宙的数据流动更复杂，可能会跨境流动，也可能跨越虚拟和现实世界

前者是指来自不同国家的用户在元宇宙内的信息传递，信息从本国用户节点传递到异国服务器上；后者是指用户的隐私信息先从现实世界进入元宇宙，就涉及数据在两个世界之间的流动。

比如，个人数据跨境传输是一个尤其敏感的问题。设想一个大规模元宇宙医疗社区，汇聚了全球许多医生，他们注册成为用户。中国病人在虚拟空间里遇到一个美国医生，授权医生获取自己的病历数据以及高精度可穿戴设备测量的实时体态和生理数据，这些数据需要传输到美国医生的工作室来用他的设备软件进行分析。反过来有一天美国病人也可能向中国医生寻求帮助。这样就发生了个人健康数据的跨境传输，涉及美国《健康保险携带和责任法案》和我国《个人信息保护法》。《个人信息保护法》规定，关键信息基础设施运营者和处理个人信息达到国家网信部门规定数量的个人信息处理者，应当将在境内收集和产生的个人信息存储在境内，除非通过国家网信部门组织的安全评估才能对外传输。《健康保险携带和责任法案》规定，对任何形式的个人健康保健信息的存储、维护和传输都必须遵循安全条例。如果医疗社区里的病人或医生是欧盟居民，或者数据处理发生在欧盟内部，那么数据传输和处理还会受到《通用数据保护条例》的制约。[1]

现行的这些监管法律如何与元宇宙应用场景相适应，是一个新的课题。我们可以从欧盟和美国的经验上获得一些启示。欧盟与美国为了调和欧盟用户隐私保护和美国互联网公司业务之间的矛盾，先后缔结了《安全港协议》《隐私盾协议》，以及最新的《跨大西洋数据隐私框架》等双边隐私保护条约，以开设企业白名单和美国政府加强监督的方法来折中处理问题。这些条约虽然不能完全解决双方之间的根本分歧，但在相当长的一段时间内维系了美国互联网公司在欧盟的正常业务。[2] 中国在发展元宇宙产业时，与其他国家缔结双边或多边隐私条约，可能是一个阶段性的解决方法。

---

[1]　徐磊，《重磅！欧盟正式发布〈GDPR 适用地域指南〉》，2020 年。

[2]　刘耀华，《欧美失去"隐私盾"后》，《环球》，2020 年第 11 期；Schwartz PM. Global data privacy : The EU way. New York Univ Law Rev. 2019, 94（4）：771–818。

法律规范的对象可能发生变化

现行数据监管法律政策的规范对象是中心化开发运营的平台，但具备 Web 3.0 特征的元宇宙很可能是一个分布式的平台，数据都存储在用户自己或者受委托信任的节点上，各个节点构成了一个"分布式自组织"（DAO）。DAO 是一个非传统的组织形态，有一套全新的经济协作机制，**目前全球尚无监管 DAO 的法律框架，其中的数据和隐私更加无法监管，因此监管 DAO 上的数据将是一个更棘手的课题。**

平衡隐私保护与公共秩序维护

保护隐私的同时要维护公共秩序

根据隐私法学里的"隐私情境理论"，个人隐私及数据流动并不是一个被绝对保护的权利，而要基于具体的语境来判断适当性。在不同语境中，特定的主体可能有特定的权利和能力，数据并不一定能保持绝对私密。①

映射到传统互联网空间，"合理保障"网络空间里的言论自由权利就是一个重要的法律问题，不能与国家、社会和经济的公共秩序相违背。 网络空间是一个公共领域，所以法律虽然保障言论自由，但这个自由是有边界的，不能假借这种自由权利来侵犯别人的合法权益，不能任意造谣诽谤甚至发表突破公序良俗、破坏国家社会安全的言论，或者任由用户泄露一些自身在现实世界工作所获得的国家安全和商业机密，实施危害行为。一旦出现这样的行为，网络运营者就有权依据法律法规进行"删帖""封号"，情节严重者还负有法律责任。不论在中国还是美国，这都是成立的。1996 年，美国立法允许互联网运营者出于"善意"删掉有害的内容；2018 年又出台新法案，禁止性贩卖内容在网络传播。因此，传统

---

① Nissenbaum, Helen. *Privacy in Context: Technology, Policy, and the Integrity of Social Life*. Stanford University Press, 2010. 倪蕴帷，《隐私权在美国法中的理论演进与概念重构——基于情境脉络完整性理论的分析及其对中国法的启示》，《政治与法律》，2019 年第 10 期。

互联网空间需要国家监管力量来维持必要的公共秩序，对隐私进行绝对保护。

现在要从传统互联网进化到元宇宙，重要的问题就是，在隐私和数据方面，元宇宙是否应沿袭传统互联网和现实世界的做法，同样保持必要的监管和内容审查？与传统互联网一样，个人自由与公共秩序的兼顾平衡原则同样适用于元宇宙。元宇宙的强隐私保护并不意味着内容的绝对自由，许多内容恰恰来自用户的自主创作和互动结果。微软公司安全负责人指出，元宇宙内可能存在虚拟暴力、色情、恐怖主义和反政府等违法内容。美国非营利性组织"反诽谤联盟"发布报告，该组织调查了网络多人互动游戏中的仇恨、骚扰等破坏性行为和不良信息，发现 74% 的成年网游玩家遭遇过游戏内外的文字、语音、图片等骚扰，29% 遭遇过网络"人肉"暴力，导致不少人在现实世界里出现社交障碍。[①] 该报告呼吁政府要制定严格的法律来打击在线社交和游戏中的此类不法行为。这些问题在元宇宙内同样会发生。因此，没有"绝对化"的隐私，不能以保护个人数据和自由权利为理由庇护破坏公共秩序的违法言论和内容，必须有相应的内容审核监管制度加以限制。

中心化监管审查的模式有较多难点

尽管元宇宙内需要维护公共秩序，但仍有不少意见指出，假如政府和元宇宙平台公司中心化自上而下地对用户行为数据进行"穿透式监管"，会面临诸多难点和挑战。所谓中心化，既有可能是设置数据信息贯通的枢纽服务器，也有可能是采取在区块链上设置高权限的监管节点、将隐私计算的可信执行环境放在监管机构等措施。中心化监管审查的难点既有技术和标准上的障碍，也与元宇宙的本质属性矛盾，还涉及跨国监管的兼容性问题。

第一，元宇宙的数字内容格式比传统互联网平台和 2D 媒体更为复杂，自上而下的内容审查技术很难做到在隐私、安全、时效和准确之间的平衡。[②] 传统媒

---

① ADL. Free to Play? Hate, Harassment, and Positive Social Experiences in Online Games, 2019.

② Londoño. The Erosion of Intermediary Liability Protections Can End the Metaverse Before It Even Starts. ITIF Report, Juan 2022; Castro, Daniel. Content Moderation in Multi-User Immersive Experiences: AR/VR and the Future of Online Speech. ITIF Report, 2022.

体和互联网主要呈现静态的文字、图片和录制音视频内容，但多人互动、沉浸式体验的元宇宙还呈现多人实时语音对话、视觉展示和行为表达等高维信息，更加丰富。目前技术上还很难做到自上而下的高效实时审查，即使借助一些 AI 算法来进行自动化监测[①]，效果也欠佳，会误判或漏掉大量变种的"互联网语言"；如果事后再审查监管，不仅效果大打折扣——因为事情已经发生了，还会引起用户在隐私方面的担忧。[②]

第二，**元宇宙的多元化场景让自上而下进行内容审查和尊重隐私的标准尺度较难把握**。例如，在元宇宙里，有些场景是用户在虚拟的公众广场上发言，有些则是用户在私人房间里谈话；有些是儿童之间的玩耍打闹，有些则是成年人的对话。不同场景内，用户对隐私和安全的期望有差异，隐私与合法性的边界不一样，审查不宜执行同样的标准。当场景不断增加时，中心化审查标准变多，不仅会让标准制定变得困难，审查判断难度增加，拉低了监管效率，而且监管功能多版本化可能也会进一步增加技术开发的困难和成本。

第三，**对用户数据进行中心化监管审查，会给元宇宙套上"环形监狱"，不利于吸引用户、产生丰富的场景应用**。由于区块链和隐私计算的强保护特性，政府和平台公司通常需要设置能穿透底层数据的"超级权限"。但这样的"上帝视角"意味着元宇宙用户面对着英国哲学家边沁提出的"环形监狱"危险。[③]"环形监狱"允许一个警卫在中间的高塔上监视所有的犯人，而犯人不知道自己此刻是否在被监控。在现实世界里，用户的很多言行社交并不会被时时刻刻监管到，但虚拟世界却是被时刻监控的"环形监狱"，从本质上就抹去了个人自主和社会边界之间的"留白"区，隐私权就不存在了。[④]那么原本彰显分布式、自主掌控隐私数据的元宇宙对用户还有多少吸引力，还能产生多少丰富的互动场景呢？元宇宙平台的发展就可能因而受限。

第四，**元宇宙产业要走向国际化经营和竞争，必然要面对各国对隐私"穿透**

[①] 例如，Robolx 从 2017 年起接入第三方公司 Community Sift 的"人类互动审核系统"，通过人工智能实时和手动追溯惩罚的方法保障未成年人的游戏纯净性。

[②] Londoño. Lessons from Social Media for Creating a Safe Metaverse. ITIF Report. Juan 2022.

[③] 福柯，《规训与惩罚：监狱的诞生》，生活·读书·新知三联书店，2013 年。

[④] Cohen, Julie E. Turning Privacy Inside Out. Theoretical Inquiries in Law, 20 (1): 1–31, 2019.

式监管"的不同司法立场。国内的元宇宙平台不仅在一国之内发展,也需要走向国际化经营,跨国经营的平台必然会容纳不同国籍的用户,服务器也会分布在不同国家。然而,不同国家对隐私和数据的穿透式监管立场迥异,会对正常的跨境应用造成困扰。再次以美国和欧盟的根本分歧为例,欧盟将隐私权作为基本人权的一部分,不容政府侵犯;美国却认为国家安全比个人隐私更重要,政府可以以安全为名义监控收集国内公民数据,于是出现了"斯诺登事件",双方之间的数据传输和隐私保护双边条约的根本分歧一直未能消除,反复出现矛盾,导致条约多次废止和重修。[①]

以分布式治理维持监管和隐私保护的灰度均衡

对数据和内容是否违法实行完全的中心化监管审查面临着一系列难题,由元宇宙内社区和用户自发执行的分布式治理可能是现阶段较为可行、能产生一定作用的解决方法。**这种分布式治理与元宇宙分布式的技术和应用本质是相通的。具体的实现手段是赋予用户民主监督权利,告知用户在不同场景和社区中会面临什么样的监管要求和社区规范,即前文所述的"软法"规则。让用户既自我约束,又能监督别人的行为,且用户对场景内的经历会进行明确预期,决定自己是否进入场景。**

在分布式治理过程中,当用户遇到不符合该场景下公共秩序要求的言论行为,或感到被冒犯骚扰时,他们可以采取两种方式来执行监督。第一种方式是给别人打分评级,给有破坏性行为和传播不良信息的人打低分,这样系统就会记录,便于进行后续监督。这个分数不能在元宇宙内公开可见,以防止污名化,加剧人群之间的分裂,每个当事人可查询自己的分数(类似现在的征信系统)并保留申诉权。但这种方式容易将元宇宙蜕化为一个个"信息茧房""回声壁",将用户群体对立、间隔开来。第二种方式是检举上报不法行为。但如果上报给平台的算法或运营者来实施监督,算法是否足够智能来判定复杂问题,平台运营者又是

---

① 贾开,《跨境数据流动的全球治理:权力冲突与政策合作》,汕头大学学报(人文社会科学版),2017 年第 5 期。

否具有必备的法律素养与公心，是否有可能在社区内部造成矛盾和分裂？另外，使用社区"软法"自治还有一个理论上的"治理攻击"风险，即用户通过某种手段短时间内获取超过51%的优势投票权，就有可能修改社区治理规则来损害其他用户的权利。例如，在 DeFi 场景下，有些项目推出了治理代币，用户就有可能通过借贷等形式突然从外面获得大量治理代币，实行攻击。[①]

尽管会有缺陷，但分布式治理确保了元宇宙在隐私保护和秩序维护上形成灰度均衡状态。[②] 所谓"灰度均衡"是指模糊、不确定的中间稳定态，监管者不可能保证时时刻刻都没有不良信息，也不可能同时消灭它，但反过来不良信息也不可能在短时间内蔓延，用户不可能同时获得所有不良信息。现实世界的管理往往是一种灰度的均衡，在很多事情上不会绝对管制，也不会绝对放任，而是一种松紧适宜、动态调整的平衡。在一个大规模用户、丰富应用场景的元宇宙内，适当的灰度均衡可能是治理成本小的方式，实现了隐私保护有效和政府监管有作为之间的平衡。

这种宽松的监管治理方式可能更有利于早期阶段的元宇宙产业快速发展。美国 1996 年《通信规范法案》第 230 条规定，互联网服务的运营商不应被视为出版商，因此不对使用其服务的第三方言论承担法律责任。这个条文被认为保护了早期互联网公司的发展，为搜索引擎、社交媒体等服务的出现和发展构建了法律保护。[③]尽管该法条在近几年面临着较多争议[④]，我国也不可能完全照搬，但它的启示是宽松的环境有利于新兴产业的早期发展。在元宇宙发展早期，可先不必设置过多的中心化监管手段，可根据情况适时添加完善。

---

① 在 Maker 项目中就有人曾经利用闪电贷发起过攻击获利，不过后来 Maker 项目修改了协议，延迟了治理攻击的可能性。但是在其他项目中，可能仍然存在类似漏洞。
② 参见《Metaverse，谁要我们跑步进入环形监狱？》，2021 年。
③ 黄宇帅，《美国网络治理追踪：〈通信规范法案〉第 230 条的历史、现状与未来》，《网络信息法学研究》，2021 年第 1 期。
④ 袁纪辉，《平台责任改革：美国〈通信规范法案〉第 230 条修改事件观察》，2020 年。

以分布式的技术和自发治理实现有效的保护和监管

隐私保护是元宇宙产业健康发展的必要前提。由于元宇宙是一个与传统差异很大、尚未成形的新兴事物，还处于概念探讨、技术研究和原型尝试阶段，什么样的技术和监管是更好的隐私保护路径，能否做到有效保护和监管，将是一个长期的开放性问题。**这里的"有效"既包含了效果的意义，让用户的数据隐私得到合法的保护和尊重，又包含了效率的意义，让监管能以较低的成本维护好元宇宙内的必要秩序，不损害产业发展的经济效率。**

为了实现有效、适当的隐私保护，元宇宙系统应当实现3个基本要求：数据全生命周期安全可信、用户有能力自主控制数据、支持各方进行分布式协同治理。为了实现这3个基本要求，分布式的技术和治理将是主要的可行思路，能为制定相关技术政策和监管政策提供启示。

分布式的技术是以区块链为底层架构，隐私计算协议和算法为核心组件，分布式身份为基础模块。其中，区块链和隐私计算互补融合，让数据安全可信地存储和流通，多方共享数据价值；分布式身份技术能让用户自主控制元宇宙内的数字身份及其对应数据。这3个技术以及其他数据安全类技术都尚处于前沿攻关阶段，也列入了各项金融科技、数字经济发展规划，备受关注。区块链在国内已经有超过7年的热度。伴随隐私保护和数据安全相关法律法规的落地，隐私计算从2021年起也成为热门赛道。

鉴于目前众多厂商都在研发相关技术，推进应用落地，**建议加快制定多层次的隐私保护相关技术标准，促进产品技术规范发展，提高不同厂商之间的互操作性。**多层次标准是指根据技术和产业成熟度，在国际、国家、行业和团体4个层次上补缺补齐，构建高质量的国内技术标准体系，积极参与并争取国际技术话语权，以适应元宇宙平台国际化发展的需求。之所以要重点关注不同厂商技术之间的互操作性，是为搭建互联互通的元宇宙应用打下技术基础，以消除不同架构区块链、不同数字身份技术规范、不同隐私计算框架之间的兼容性问题。

分布式的自发治理是指依靠元宇宙内部社区和用户的自主力量，重视平台服务条款和社区规范等"软法"规则的作用，以实现保护隐私和必要监管的平衡。首先，它有助于补充政策法规和技术标准等传统"硬法"的外部监管力量，树立隐私保护的"第二道防线"。其次，"软法"还有助于维持元宇宙内的公序良俗，让产业在法治的轨道上健康发展。由于元宇宙的数字内容格式和场景丰富多样，还可能涉及跨国场景，对传统的中心化监管和内容审查模式有很大的挑战，也不利于吸引用户。由社区和用户依据"软法"自发执行的治理能作为主要支撑，实现监管与保护的灰度均衡状态。

这种分布式的自发治理思路能与传统的中心化、自上而下的监管互补，可以适应 DAO 和元宇宙丰富场景的需求，更容易被多样化的用户所接受。由于不同应用场景下的隐私边界不一样，用户言行的合法性边界和监管等级也有差异，**建议将来在探索开发元宇宙应用时，要同步研究该场景下适用的隐私保护规范，形成具有操作性、区分不同等级的准则要求，以便社区执行。**

其实，除了应用于隐私保护，**分布式的自发治理思路还能在元宇宙的其他合规与内部治理问题上发挥作用。**元宇宙在数字空间内模拟了现实世界的复杂关系，因此现实世界的种种矛盾和复杂关系可能同样发生在元宇宙内，若遇上现实世界里就缺乏明确法律或规则的纠纷，元宇宙里则同样难以自上而下地进行裁决。更何况元宇宙强调用户之间的平等和去中心化，往往缺少像现实世界的"大家长"、领导等权威的科层体系来压制矛盾和判决纠纷。因此，如何在各种背景用户之间妥善解决争议、协调利益，化解克服部分用户的机会主义倾向，维护元宇宙内的经济系统和市场体系，是一个很有挑战性的问题。2009 年诺贝尔经济学奖得主奥斯特罗姆研究发现，现实世界里地位平等的人有能力形成多中心的自主组织，克服集体行动的内在缺陷，自发地管理好共享而有限的公共资源。[①]那么元宇宙内依靠用户和社区的自发治理来维护好公共系统秩序，实现良性发展，也完全有可能，有待未来在新应用不断萌发的过程中，开发者、运营者、用户和监管方共同探索。

---

① Ostrom, E. *Governing the Commons: The Evolution of Institutions for Collective Action.* Cambridge University Press, 1990.